[英]阿瑟·亨利·约翰逊 —— 著　　杨春 —— 译

宗教改革运动、
REFORMATION,
尼德兰革命
NETHERLANDS'
REVOLUTION AND
与法兰西内战
FRENCH CIVIL WAR

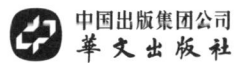

图书在版编目（CIP）数据

宗教改革运动、尼德兰革命与法兰西内战 /（英）阿瑟·亨利·约翰逊著；杨春译. -- 北京：华文出版社，2020.10

（华文全球史）

ISBN 978-7-5075-5362-8

Ⅰ.①宗… Ⅱ.①阿… ②杨… Ⅲ.①宗教改革运动—宗教史—欧洲—中世纪②法兰西内战 Ⅳ.①B979.5 ②K565.44

中国版本图书馆CIP数据核字(2020)第189505号

宗教改革运动、尼德兰革命与法兰西内战

作　　者：	[英] 阿瑟·亨利·约翰逊
译　　者：	杨　春
选题策划：	华盛章世
插图供应：	029—85504182
责任编辑：	景洋子　魏丹丹
出版发行：	华文出版社
社　　址：	北京市西城区广外大街305号8区2号楼
邮政编码：	100055
网　　址：	http://www.hwcbs.com.cn
电　　话：	总编室010—58336239
	发行部010—58336212
经　　销：	新华书店
印　　刷：	三河市国英印务有限公司
开　　本：	710×1000　1/16
印　　张：	28
字　　数：	348千字
版　　次：	2020年10月第1版
印　　次：	2020年10月第1次印刷
标准书号：	ISBN 978-7-5075-5362-8
定　　价：	110.00元

版权所有　侵权必究

出版前言

随着中国开放的大门越开越大，关注世界各国尤其是西方国家文明的源流、发展和未来已经成为当下世界史研究的一个热点。为了成系统地推出一套强调"史源性"且在现有世界史出版物中具有拾遗补阙价值的作品，我们经过认真论证，推出了"华文全球史"系列，首次出版约一百个品种。

"华文全球史"系列从书目选择到译者的确定，从书稿中图片的采用到人名地名的规范，都有比较严格的遴选规定、编审要求和成稿检查，目的就是要奉献给读者一套具有学术性、权威性和高质量的世界史系列图书。

书目的选择。本系列图书重视世界史学科建设，视角宽阔，层级明晰，数量均衡，有所突出。计划出版的"华文全球史"中，既有通史，也有专题史，还有回忆录，基本上是世界历史著作中的上乘之作，填补了国内同类作品出版的空白。

人名地名规范。本系列图书中人名地名，翻译规范，重视专业性。在人名翻译方面，我们坚持"姓名皆全"的原则，加大考据力度，从而实现了有姓必有名，有名必有姓，方便了读者的使用。在注释方面，书中既有原书注，完整地保留了原著中的注释；也有译者注，体现了译者的研究性成果。

书中的插图。本系列图书的一个重要特点是书中都有功能性插图，这些插图全方位、多层次、宽视角反映当时重大历史事件，或与事件的场景密切相关,涉及政治、军事、经济、社会、外交、人物、地理、民俗、生活等方面的绘画作品与摄影作品。功能性插图与文字结合,赋予文字视觉的艺术,丰富了文字的内涵。

译者的确定。本系列图书的翻译主要凭借的是一个以大学教师为主的翻译团队,团队中不乏知名教授和相关领域的资深人士。他们治学严谨,译笔优美,为确保质量奉献良多。

"华文全球史"系列作为一套具有较高学术价值的优秀的世界历史丛书,对增加读者的知识,开阔读者的视野,具有积极的意义。同时要看到,一方面很多西方历史学家的观点符合事实,另一方面不少西方历史学家的观点是错误的,对于这些,我们希望读者不要不加分析地全盘接受或全盘否定,而是要批判地吸收外国文化中有益的东西。

华文出版社
2019年8月

目 录

001 **第 1 章**
宗教改革运动兴起

025 **第 2 章**
约翰·加尔文与日内瓦

037 **第 3 章**
迫害新教徒及宗教裁判所

053 **第 4 章**
卡洛斯王子之谜

063 **第 5 章**
西班牙人与摩尔人和土耳其人的战争

081 **第 6 章**
勒班陀战役

| 091 | 第 7 章
征服葡萄牙 |

| 099 | 第 8 章
腓力二世的国内统治 |

| 119 | 第 9 章
尼德兰动荡之源：宗教改革方案 |

| 147 | 第 10 章
"破坏圣像运动"引起的连锁反应 |

| 157 | 第 11 章
尼德兰革命爆发 |

| 173 | 第 12 章
拿骚的路易之死 |

| 191 | 第 13 章
尼德兰革命的转机 |

| 203 | 第 14 章
奥地利的约翰之死 |

219	**第 15 章** 奥兰治亲王威廉被暗杀
233	**第 16 章** 莱斯特伯爵罗伯特·达德利进入尼德兰
247	**第 17 章** 无敌舰队失败的远征
267	**第 18 章** 尼德兰独立的实现
293	**第 19 章** 宗教迫害的加剧：从弗朗索瓦一世到亨利二世
305	**第 20 章** 吉斯家族与"安博瓦兹阴谋"
323	**第 21 章** 查理九世统治时期法兰西五次内战
365	**第 22 章** 法兰西第六次、第七次与第八次内战

385	第 23 章
	亨利四世、法兰西第九次内战与法兰西恢复统一

405	第 24 章
	《韦尔万和约》签订后的欧洲

| 417 | 译名对照表 |

第1章

宗教改革运动兴起

精彩看点

欧洲历史一致性的丧失——"因信称义"学说——戴蒂尼会——依纳爵·罗耀拉——第三次特伦特宗教会议——保罗四世、庇护五世和西克斯图斯五世——反对宗教改革的政治势力随着神圣罗马帝国皇帝查理五世的退位和驾崩，欧洲历史失去了一致性。这种一致性来自查理五世的政策和他与众不同的个性。尽管如此，宗教改革运动成了利益博弈的焦点，影响了整个欧洲，并成为今后三十年或者更长时间政治运动的起点。宗教改革的起因是人们对教会状况的强烈不满，而新教本身正是这种不满的产物。就像13世纪出现的多明我会和方济会一样，宗教改革运动也兴起于西班牙和意大利。在教皇亚历山大六世时代，当教皇亚历山大六世面对世俗利益患得患失时，当教皇亚历山大六世丧失来自信徒的尊重时，阿拉贡国王斐迪南二世和卡斯蒂尔女王伊莎贝拉一世在西班牙开启了彻底的教会改革。枢机主教西门乃斯·德·西斯内罗斯全心投入，积极推进改革。一个新的神学学派应运而生，复兴了13世纪多明我会伟大领袖托马斯·阿奎那的教义，并以纯洁和热情的生活理念统一认识。宗教改革运动起初没有得到教皇亚历山大六世的支持。阿拉贡国王斐迪南二世决心在宗教事务上保持独立，甚至经常违背教皇亚历山大六世的意愿行事。然而，宗教改革的精神很快传到了意大利。教皇阿德里安六世曾经担任过西班牙摄政，受宗教运动的影响较深。1523年到1534年，担任教皇期间，他试图将改革扩展到整个教会，但徒劳无功。1559年到1565年，在教皇庇护四世与耶稣会创始人依纳爵·罗耀拉、伊阿古·莱内斯和方济·沙勿略的领导下，宗教改革运动得到了教会的大力支持。

教皇亚历山大六世

阿拉贡国王斐迪南二世

卡斯蒂尔女王伊莎贝拉一世

枢机主教西门乃斯·德·西斯内罗斯

意大利从来没有陷入由路德派引发的思想困境。毫无疑问,一小群以加斯帕罗·孔塔里尼为首的文人学者接受了"因信称义"学说,但他们的人数较少,不代表意大利的主流。有些人对神学问题的探讨越来越深入,或质疑基督教真理,或讨论灵魂的不朽。与此同时,大多数虔诚的信徒对教会感到满意,并深受来自西班牙改革精神的影响,这些改革的目的就像季罗拉莫·萨沃纳罗拉倡导的那样,旨在使教义影响人们的生活和行为。

16世纪初,意大利成立了许多修会。其中,戴蒂尼会最令人感兴趣。在戴蒂尼会的成员中,卡拉法——后来的教皇保罗四世,是创始人之一。戴蒂尼会成员

加斯帕罗·孔塔里尼

依纳爵·罗耀拉

不是修士,而是世俗神父。他们致力于布道,管理圣礼,照顾病人,一心一意地关注贫穷。历史悠久的方济会甚至派生出了主张改革的嘉布遣修会。

然而,一个由西班牙人创立的修会,在即将到来的宗教改革运动中扮演最重要的角色。修会创始人是依纳爵·罗耀拉。1491年,依纳爵·罗耀拉出生于一

马丁·路德

个显赫的贵族家庭,早年从军,为人侠义。1521年,潘普洛纳战役期间,他受重伤,终身残废。依纳爵·罗耀拉放弃了从军的梦想,经历了与马丁·路德同样的精神危机之后,转而致力于服务圣母玛利亚和圣婴基督。1523年,依纳爵·罗耀拉前往耶路撒冷朝圣,然后返回西班牙。他第一次尝试布道就被怀疑是异端,被责令在继续传教前学习神学。1528年,依纳爵·罗耀拉来到巴黎继续学习。在巴黎,他结识了三个对自己影响深远的人:彼得·费伯,萨沃德的一个牧羊人的儿子；方济·沙勿略和伊阿古·莱内斯。方济·沙勿略和伊阿古·莱内斯是他的西班牙同胞。1534年8月，四人组成了一个修会，彼得·费伯是四人中唯一的神职人员，他们发誓要虔诚。完成学业后，四人打算结伴前往耶路撒冷，过贫穷的生活，致力于照顾天主教教徒或使异教徒皈依天主教。如果理想不能实现，四人愿意到教皇指定的任何地方去服务。1537年，修会增至十人。他们肩负着使命，开始了前往耶路撒冷的朝圣之旅。然而，威尼斯和土耳其之间的战争阻止了他们的步伐。依纳爵·罗耀拉和他的兄弟们开始了解卡拉法和戴

方济·沙勿略

蒂尼会。很快，他们的目标改变了。他们决心把精力投入到天主教世界。即使在这时，四人的磨难也没有结束。他们被指控为异端，虽然后来被宣告无罪，但直到1540年才被教皇保罗三世确认为"耶稣之友"。依纳爵·罗耀拉当选为耶稣会第一任会长，该修会由六个级别的人员组成：初学修士、学者、管理耶稣会收入的世俗助理（他们有助于减轻修会其他会员的工作）、精神生活方面的助理、信奉三个誓约者及信奉四个誓约者。其中，精神生活方面的助理是修会的普通积极分子，根据他们的人数选出教区神父。信奉三个誓约者都是男

教皇保罗三世

耶稣会会徽

性。由于特殊原因,他们不经低层次选拔,并且其职位类似于精神生活方面的助理。信奉四个誓约者享有圣职的所有特权,会长由他们推选。耶稣会会长指定省一级的教区会长。信奉四个誓约者除了坚持"服从、虔诚、清贫"的誓言,还必须绝对效忠教皇,尽管教皇的权威有限。派遣传教士和召回传教士的权力由会长掌握。要达到最高等级——会长级,除非已经被定为信奉三个誓约者,否则必须逐级修炼,但世俗助理这个级别除外。世俗助理的修炼期长达三十一年。直到成为精神生活方面的助理,接下来他才可能成为信奉四个誓约者。会长从各省信奉四个誓约者中选出,每个省有两名成员。耶稣会的行为准则把绝对服从的原则与最大的行动自由完美地结合起来。耶稣会的观点虽然效仿了戴蒂尼会,但更激进。耶稣会摒弃了修士的习惯,摆脱了繁琐的宗教习俗,不再禁欲。耶稣会放弃了摧残身体的禁食礼和守夜礼,并且废除了繁琐的宗教仪式，也不把自己限制在任何特殊的职责上，从而获得了其他教团成员没有的自由。耶稣会的最终决策权由会长掌握。未经会长特别许可，耶稣会成员不得在教廷任职，不得拥有财产，必须与亲朋好友断绝关系，毫无保留地服从上级和会长的命令，即使这违背自身的理智和良知。依纳爵·罗耀拉说："你有责任立刻服从上级的召唤，即使你只差一个字母也要放下笔来奉命行动。如果我的良心不允许我服从，我至少应该将我的判断向一个上级或多个上级汇报。否则，我做得远远不够好。"对于耶稣会成员而言，他们没有任何秘密可言。任何人不能脱离上级的监管去写信或读信。每个忏悔者和每个耶稣会成员都有义务向会长汇报他想知道的一切，包括任何与行为或思想有关的事情。在耶稣会规定范围内，会长本人虽然有绝对权威，有权提名和罢免高官，但不能在没有咨询最高宗教会议的情况下去改变耶稣会的基本规则。总会长经常受到被选出来的助理监督，可以被普通的忠实信徒罢免。因此，所有个体都融入了耶稣会，服从高于理智、感情和冲动。服从如同束缚的铁链，被监视系统强化。耶稣会不遗余力地宣讲、布道，引导和控制人的思想。耶稣会通过教育影响年轻人，通过传教和忏悔影响老年人。耶稣会相信，只要获得年轻人就会拥有未来，耶稣会建立学校。学校里的教育，如同其他工作一样，都是无偿的。人们静静地走进学校，坐在听课的椅子上。为了使忏悔成为指导人们获得良知的有效工具，耶稣会很快建立了一套诡辩制度。于是，人们的罪过能得到很好的解释。有了这些解释，道德行为的原则性就削弱了，只要目标正确，可以不择手段。然而，耶稣会并不局限于教育或精神方面。耶稣会中的一些人成了国王的忏悔神父，一些人投身于社会和政治活动。他们在欧洲的每个法庭上都支持正统教义，并设法清除不喜欢的人。耶稣会的发展和它的神圣原则一样很了不起。1556年，也就是耶稣会成立十六年，依纳爵·罗耀拉去世时，耶稣会已经有两千名普通成员和四十五名发誓成员，遍及十二个教省，分布在一百多所教会学校和教区。在伊阿古·莱内斯接替依纳爵·罗耀拉担任总会长后，耶稣会已经很完善，会员的增长速度很快，尤其是在意大利和西班牙。不久，不仅在欧洲，而且在印度和美洲，人们都接受了耶稣会的传教士。正如人们预料的那样，耶稣会一开始就遭到了许多非议，尤其是来自资深修道院和修士的敌意。后来，耶稣会行事独立，与教皇产生了严重的分歧。因为教皇拥有一支恪尽职守的部队，所以罗马教会仍有实力决定教派冲突的走向。召开特伦特宗教会议是罗马教会采取的第一步行动，宗教裁判所则是最终有效的斗争武器。

1552年，第二次特伦特宗教会议解散，原因是萨克森公爵莫里斯率部向因斯布鲁克挺进，造成了混乱。1562年1月，教皇庇护四世召开了第三次特

特伦特宗教会议

伦特宗教会议,也是最后一次宗教会议。这次会议对接纳新教徒代表已经没有争议。然而,对天主教国家而言,特伦特宗教会议举足轻重,任重道远。它必须确定教皇与教会之间的关系,解决仍然存在争议的宗教信仰问题,并进行各方都认可的、必要的内部改革。神圣罗马帝国皇帝斐迪南一世和法

神圣罗马帝国皇帝斐迪南一世

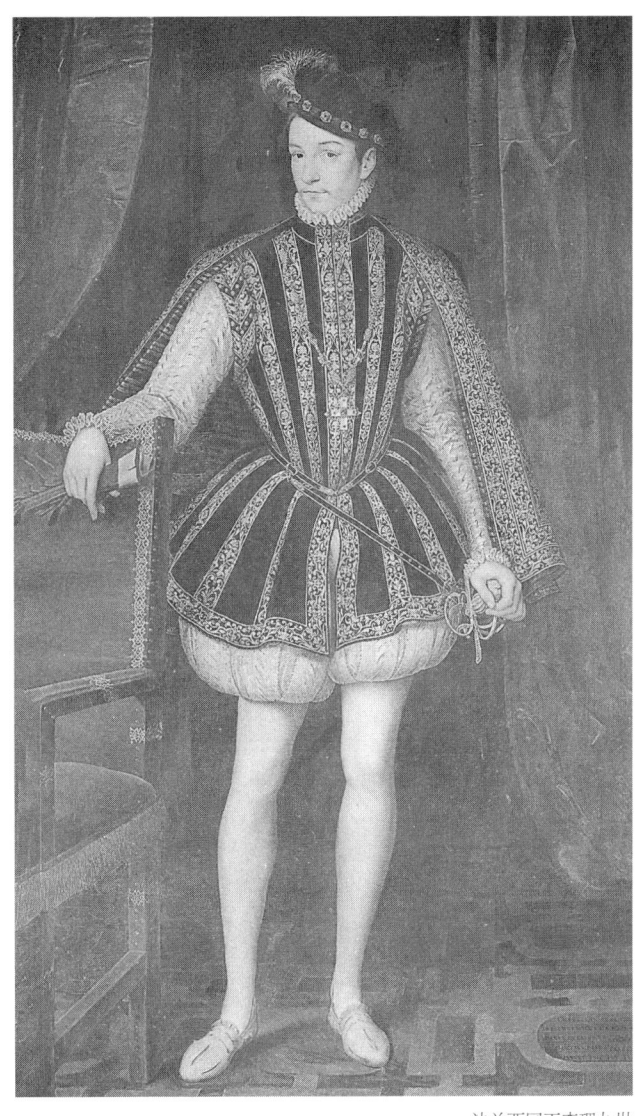

法兰西国王查理九世

兰西国王查理九世都希望教会改革能带来和睦,或者至少能与新教徒和解。因此,他们要求允许神职人员结婚,两种类型的圣餐仪式都应赋予世俗人员,教会的礼拜仪式应使用当地的语言。法兰西人在洛林枢机主教夏尔·德·洛林的带领下,提出更激进的建议,认为最高宗教会议的决策权优于教皇。这个

康斯坦茨宗教会议

提议曾在1414年到1418年历届康斯坦茨宗教会议上和1431年到1443年的巴塞尔宗教会议上提出过。西班牙人虽然反对德意志人和法兰西人提出的许多要求，但急于阻止对教义的任何改变，反对教皇庇护四世的提议，并希望把大主教视作神职机构精神方面的权威代表，而不仅仅是教皇庇护四世的代表。相反，教皇庇护四世方面则渴望确认教皇至高无上的地位，然后尽快解散最高宗教会议。如果教皇庇护四世的对手联合起来，如果德意志代表和法兰西代表人数更多一些，特伦特宗教会议就可能取得积极成果，因为所有人都决心维护最高宗教会议的独立性，不受教皇庇护四世的控制。特伦特宗教会议代表还希望限制教皇庇护四世的权威，并改革滥用宗教特权的行为，尤其是罗马教廷在金钱方面的敲诈行为。不幸的是，特伦特宗教会议代表的分裂给了教皇庇护四世一个迫切想抓住的机会。法兰西代表和西班牙代表之间有关优先权的争执被1563年任命为最高宗教会议主席的枢机主教乔瓦尼·莫罗内利用。枢机主教乔瓦尼·莫罗内警告斐迪南一世和查理九世，主教势力太强大会带来危险,并提醒他们,天主教徒之间的持续争吵只会让异端渔翁得利。斐迪南一世和查理九世被敦促向教皇庇护四世而不是向最高宗教会议寻求改革支持。因为最高宗教会议宣布向世俗人士授予圣杯的事宜将由教皇庇护四世决定,所以斐迪南一世便承诺,在特伦特宗教会议结束后,将做出让步,并确认教皇庇护四世的儿子马克西米利安当选为罗马国王的事宜。洛林枢机主

教皇庇护四世

教夏尔·德·洛林是法兰西教会在特伦特宗教会议中的首席代表。他得到了法兰西王国的授权,甚至可能被选为下届教皇。出于对家族利益的考虑,洛林枢机主教夏尔·德·洛林加入了教皇庇护四世的阵营,此举影响了法兰西宫廷的态度。为了进一步安抚欧洲主权国家,特伦特宗教会议将以往已经通过的、以不恰当的方式触及世俗权力的条款统统撤销;同时部分地取消了针对法兰西国王和神圣罗马帝国皇帝的条款,从而确保教皇庇护四世政策的胜利。意大利代表的人数最多,一致站在教皇庇护四世一边,得到了耶稣会总会长伊阿

洛林枢机主教夏尔·德·洛林

米兰大主教卡洛·博罗梅奥

古·莱内斯和米兰大主教卡洛·博罗梅奥的大力支持。在迄今为止一直拥护他们的西班牙代表的帮助下，意大利人成功地按照自己的意愿确定了一些重要的教义，并成功地抵制了宗教改革，但涉及内部改革的一些细小问题除外。

现在，教皇庇护四世获得了期望获得的一切，于是急切地想要结束特伦特宗教会议。对此，只有西班牙人表示反对。腓力二世担心如果特伦特宗教会议不能继续举行，直到所有争议得到解决，教会和教廷的改革就不会彻底实

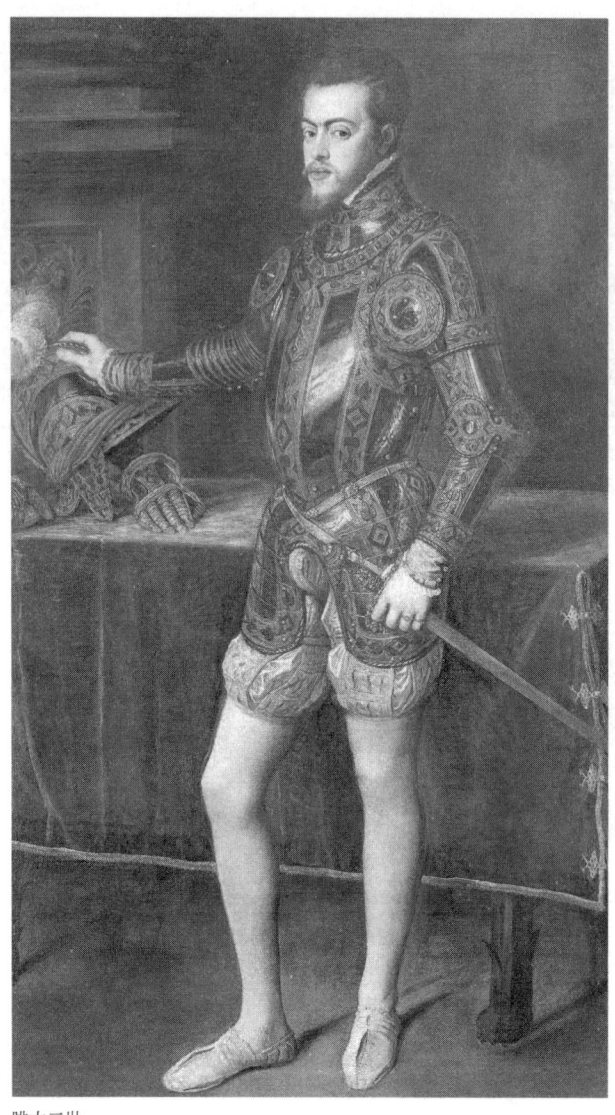

腓力二世

施。教皇庇护四世方面拿出一份教皇重病的报告,最终战胜了腓力二世的反对意见,因为在特伦特宗教会议延续时,如果有代表缺席,将导致严重问题发生。1563年12月3日,特伦特宗教会议终于结束。虽然有些教义还没有确定,但赎罪券、炼狱、圣礼和圣徒祷告等得到崭新的阐释。新的信条取代了有争议的问题，取代了有疑问的传统，在迄今未知的信仰问题上，建立了统一认识。在宗教改革问题上，特伦特宗教会议决定对下级神职人员实行更严格的纪律，并制止他们滥用职权，但唯独没有采取任何行动触及教皇与枢机主教的特权。因此，特伦特宗教会议可以说已经确定了反对宗教改革的条款。西方天主教会从此开始了分裂。

特伦特宗教会议决议被意大利、葡萄牙和波兰等主要国家毫无保留地接受。在德意志，在1566年奥格斯堡帝国议会上，特伦特宗教会议决议得到了天主教诸侯的批准。腓力二世也确认了特伦特宗教会议决议中"保留皇室特权"的条款。法兰西对特伦特宗教会议决议做出区别对待：承认有关信条的教令。事实上，特伦特宗教会议后来宣布，凡涉及宗教的条款，不需要世俗权力的确认。然而，一些涉及教会纪律和干涉法兰西天主教会的教令遭到"最高法院"和一些下级神职人员的反对。在实践中，特伦特宗教会议决议虽然逐渐被接受，甚至被1615年三级会议中的神职人员承认，但从来没有被法兰西王室正式批准。

为了执行特伦特宗教会议已经确定的教会原则，1542年7月21日，教皇保罗三世根据枢机主教卡拉法——后来的教皇保罗四世——的建议，发布敕令，授权成立了宗教裁判所最高法庭。宗教裁判所最高法庭以1483年阿拉贡国王斐迪南二世和卡斯蒂尔女王伊莎贝拉一世在西班牙建立的法庭为基础。六名枢机主教被任命为阿尔卑斯山脉南北各地的审判员，并有权将权力下放给其他神职人员。他们管辖从等级最高到等级最低的所有神职人员；未经宗教裁判所最高法庭许可，任何书都不能印刷；宗教裁判所最高法庭有权使用监禁、没收财产和宣判死刑等惩罚手段。对于宗教裁判所最高法庭的判决，除了向教皇提出上诉，无处可以上诉。欧洲各国实行宗教裁判所的程度无疑取决于该国世俗君主的态度，但在意大利，实行宗教裁判所没有什么困难。西班牙宗教法庭也愿意合作。于是，宗教裁判所的宗旨毫无例外地被严格执行了。

从对宗教的虔诚和对传教的狂热中，我们能觉察到反对宗教改革运动的

格列高利十三世

影响。这种影响也体现在庇护四世的外甥米兰大主教卡洛·博罗梅奥及思想观念发生变化的其他教皇身上。在这些人中，保罗四世、庇护五世和西克斯图斯五世都是时代的代表，而庇护四世和格列高利十三世虽然不是狂热之徒，但无法阻挡时代的潮流。因此，教皇的政策基本上是一致的：教皇放弃了有害无益的裙带制，其中，庇护五世最终禁止了所有教会财产的转让；教皇改革了罗马法庭；加强了教会纪律，改善了教堂服务。教皇的政策维护枢机主教的圣职，坚持主教住在教区，另外，给教皇国建立起了行政体系和财政体系，这是教皇国迄今一直缺乏的制度。同时，教皇放弃了在意大利扩张的想法，不再与西班牙统治者斗争。尽管和欧洲的世俗君主打交道有困难，教皇还是支持君主的权威和正统事业。教皇与正统君主、诸侯结盟，授予正统君主年幼的子嗣主教权限，并使用教会收入拨款给他们。从此，罗马教会确定了自己的教义，杜绝了臭名昭著的滥用宗教特权的行为，在内部组建了一支忠诚的服务队伍，并以宗教裁判所的恐怖"武装"教会。通过这种方式，罗马教会增强了实力。罗马教会又通过复兴教会以前的教团组织和宗教热情，与欧洲君主结成同盟，进一步阻止异端的发展。在可能的情况下，罗马教会试图夺回因失误而失去的地盘。

在反对宗教改革的过程中，世俗政治领域的最重要倡导者是西班牙的腓力二世和法兰西的吉斯家族。腓力二世的目标一直是实施父亲查理五世的战略，并随机应变。神圣罗马帝国和德意志的丧失，迫使他更多地依靠西班牙。新教在德意志和英格兰的胜利摧毁了他所有的希望，除非使用武力，但这是不可能的。在一个强大而被广泛接受的君主政体支持下，腓力二世从未放弃重塑天主教权威的努力。吉斯家族的政治野心及其试图把苏格兰玛丽女王推上

苏格兰玛丽女王

英格兰王位上的企图，引起了腓力二世的担忧。腓力二世希望自己能得到英格兰。因此，第一步就应防止英格兰人与吉斯家族友好合作使吉斯家族控制法兰西。但不久，疑虑消除了。最终，腓力二世与吉斯家族成了盟友，一起对欧洲施加影响。由此，尼德兰革命与法兰西内战之间的联系形成了，这使人们对本世纪结束前的欧洲历史有了进一步认识。

第2章

约翰·加尔文与日内瓦

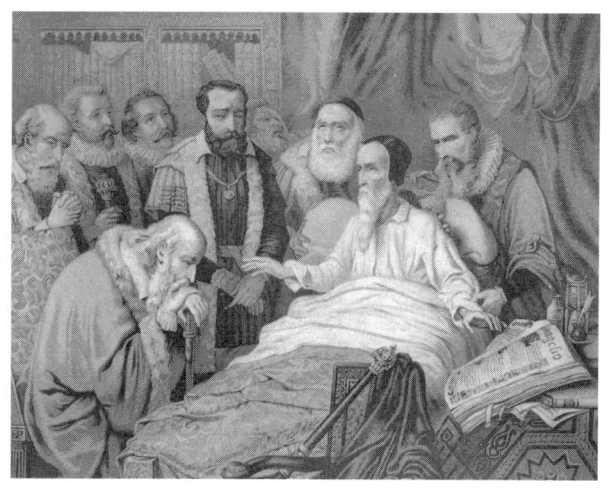

精彩看点

约翰·加尔文——路德派的信徒减少——威廉·法雷尔——日内瓦内部危机——约翰·加尔文的学生西奥多·贝扎——法兰西占领瑞士——加尔文教义的主要特点——日内瓦成为宗教改革的要塞

正当罗马天主教蓄势待发时，其死对头——新教——正在接受约翰·加尔文的改组。

值得注意的是，除了神圣罗马帝国和斯堪的纳维亚半岛各王国，路德派从未在某个地区长期扎根。即使在神圣罗马帝国，16世纪中叶以来，路德派的信徒也在减少。其中原因有三个：

一、马丁·路德的许多学说，特别是关于释罪和圣餐仪式的论述太晦涩，不足以吸引普通人，甚至在德意志人中间也是如此，导致了尖锐的争论和可悲的分裂。

二、由于神圣罗马帝国政治形势产生的影响，路德派运动和诸侯的利益紧密相连，结果不能激发人们对民主的诉求。即使在德意志，农民起义、再洗礼派的崛起和乌尔里希·茨温利改革的短暂成功，也说明了路德派未能赢得下层阶级的积极参与。因为恐惧，路德派从大张旗鼓的造势中退却了，变得日益保守了。在很大程度上，路德派失去了虔诚信徒的支持。

三、马丁·路德在使用武力问题上顾虑重重。虽然他最终批准付诸武力，但战争主要是由当权者发起的防御之战，并且当权者没有与起义军联合作战。马丁·路德不知道如何领导一场宗教和政治的改革运动，也不想在德意志境外推动传教事业。因此，宗教改革运动不得不另寻他途。

约翰·加尔文

　　法兰西人一向善于向欧洲诠释新思想。他们逻辑缜密,掌握崭新的方法,极富组织和语言天赋,加上无与伦比的灵活,在宗教运动中很好地发挥了作用。这些天赋在法兰西人约翰·加尔文的身上得到淋漓尽致的展现。

　　约翰·加尔文是皮卡第努瓦永主教辖区财政检察官的儿子,生于1509年。十二岁时,他被任命为大教堂的受禄牧师,并接受了削发仪式。后来,约翰·加尔文尽管成为教区牧师,但没有继续担任神职,因为他父亲认为法律职业前途更好,于是把他送到了奥尔良,然后到布尔日学习法律。其间,约翰·加尔文受到路德派传教士的影响,特别是雅克·勒费夫尔。雅克·勒费夫尔是皮卡第人,也是一位法兰西新教教父。1534年,约翰·加尔文受到弗朗索瓦一世迫害,被赶出了法兰西,退隐到了巴塞尔。二十五岁时,约翰·加尔文在巴塞尔出版了重要著作《基督教要义》第一版,这是一本基督教手册。后来,该著作的内容增加了,包含了约翰·加尔文神学体系的完整纲要,这可能是这位年轻人所写的影响最深远的书。

弗朗索瓦一世

1536年，当约翰·加尔文经过日内瓦时，被法兰西流亡者威廉·法雷尔郑重的恳请说服，放弃了极其钟爱的学业，转而投身于日内瓦的传教事业。日内瓦之所以具有重要意义，是因为它控制着罗讷河山谷及通过这里的商道。日内瓦实行市政自治，但受主教教区的管辖，并受到萨伏依公爵查理三世的威胁。萨伏依公爵查理三世控制着日内瓦周边的公国。日内瓦爱国者的一贯目标就是要将日内瓦从教会和世俗权威的双重枷锁中解放出来。本着这一目标，日内瓦爱国者于1519年与弗莱堡结盟，1526年与伯尔尼结盟。随后，他们与萨伏依公爵查理三世的斗争断断续续地进行着。1535年，在威廉·法雷尔的鼓动下，日

威廉·法雷尔

萨伏依公爵查理三世

内瓦接受路德派教义。于是,局势日趋紧张了。1536年,萨伏依公爵查理三世和伯尔尼人之间爆发了战争。当时,瑞士人成功地占领了整个沃州,从而解除了萨伏依公爵查理三世对日内瓦的所有威胁。

此时,约翰·加尔文被说服留在日内瓦,开始按照《基督教要义》的模式建立基督教教会。不过,约翰·加尔文创立的严密宗教体系遭到反对。1538年,他被迫离威廉·法雷尔而去。

1541年9月,日内瓦因内部纷争而分裂。纷争来自人们害怕被萨伏依公爵查理三世占领,因为萨伏依公爵查理三世得到城内天主教徒的支持;也来自害怕伯尔尼人向新教徒示好，召回宗教改革者，并接受改革派政教一体的制度。于是，在保留自治政府的前提下，城内设立了宗教法庭，由牧师和十二名经选举产生的长老组成。长老都是城市两届议会中提名的神职人员。宗教法庭的管辖范围名义上仅限于道德和教规方面，只能通过忏悔和剥夺圣礼来惩戒，但因为惩罚最后由世俗当局实施，所以各种小过错也都成了罪行。惩罚都是最严厉的。所有犯错的人都被法律强制参加公共礼拜，并参加圣餐仪式。穿违禁衣服，在婚礼上跳舞，嘲笑约翰·加尔文布道，都是违法行为。流放，监禁，有时甚至是死刑，都是对不贞洁的惩罚。孩子因殴打父母也会遭到砍头。像这样的罪过都要受到如此严厉的惩罚，异端邪说难逃厄运就不足为奇了。1547年，雅克·格吕埃被处决，1553年，迈克尔·塞尔维特被处火刑。无情的暴政使人想

迈克尔·塞尔维特

迈克尔·塞尔维特被处火刑

起季罗拉莫·萨沃纳罗拉的统治。反对派没有容身之地。于是，一个名为"自由党"的组织成立了。它努力缓解严酷的惩戒，维护世俗权威的独立性。尽管如此，约翰·加尔文在法兰西流亡者的协助下，成功地保住了至高无上地位。这

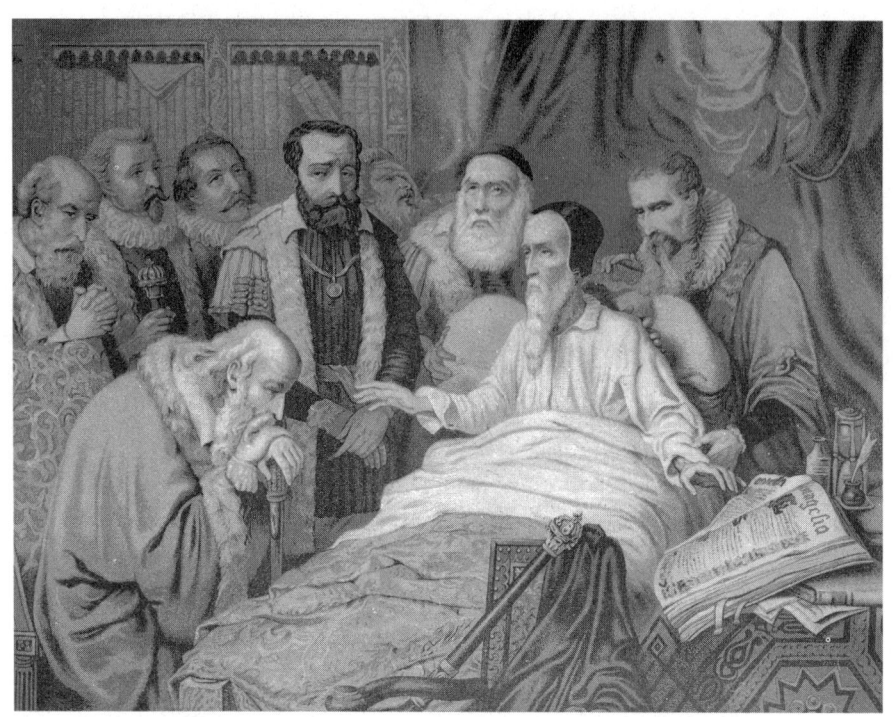

约翰·加尔文的最后时刻

些法兰西流亡者混进日内瓦,获得了合法身份,并在政府中任职。1564年10月,约翰·加尔文去世,他的学生西奥多·贝扎继承了他的衣钵。

1543年,法兰西占领了瑞士,日内瓦不再害怕受到萨伏依公爵查理三世军队的攻击。约翰·加尔文去世时,萨伏依公爵查理三世虽然从伯尔尼获得了1536年占领的日内瓦湖以南的所有土地,但并没有进犯日内瓦。日内瓦仍然是独立的共和国,并不时与瑞士的一些州结盟,直至1815年最终成为瑞士邦联的一员。

加尔文教义的主要特点是兼容并蓄。约翰·加尔文的教义非常密切地遵循着乌尔里希·茨温利的信条,即预定论、圣餐礼和《圣经》不可置疑的权威,但如果这样,就意味着公开对抗罗马天主教教义,尽管约翰·加尔文认为,离开宗教将得不到救赎。约翰·加尔文赋予宗教至高无上的权威,重申大量天主教教义，并恢复了犹太教的精神。约翰·加尔文创立的宗教尽管不完全禁欲，但令人备感苦闷。除了某种文学形式，该教义不能激发任何艺术创作热情。约翰·加尔文虽然在民主基础上建立政教合一的制度，但剥夺了所有个体的自由，远未发扬宽容精神，"迫害"成了加尔文派的代名词。约翰·加尔文强烈的预定论观点，如果遵循，会导致宿命论，对世界观造成致命打击，并使行动陷于瘫痪，这种情形有例可证。但凡心智健全的人都不愿永远被唾弃，随心所欲，一意孤行。加尔文主义最终培养出了一批像创始者约翰·加尔文、约翰·诺克斯和西奥多·贝扎一样的人物。他们有着百折不挠的意志、非凡的献身精神和坚强不屈的毅力，为反对罗马天主教的宗教派别树立了效仿的榜样。

约翰·诺克斯

从此，日内瓦将成为宗教改革者的要塞，流浪者的避难所，无数宣传小册子的出版家园，传教士的容身之地；成为以共和制为基础、最激进的新教形式的代表；成为耶稣会的盟友，反对宗教改革者的天然敌人，以及以西班牙为首的欧洲天主教君主势力的敌人。

第3章
迫害新教徒及宗教裁判所

精彩看点

腓力二世来到西班牙——腓力二世偏执、顽固的宗教观点——腓力二世致力于废除新教——宗教裁判所——西班牙教会——用来惩罚政治犯的宗教裁判所

1559年4月5日,《卡托康布雷齐条约》签订。这时,腓力二世已经三十二岁了。他结过婚,失去了两任妻子。第一任妻子是葡萄牙的伊莎贝拉,1544年7月8日生下了卡洛斯王子后去世;第二任妻子是英格兰女王玛丽一世,1558年11月

《卡托康布雷齐条约》签订现场,腓力二世与法兰西国王亨利二世握手致意

17日驾崩。处理好与尼德兰有关的事务后,腓力二世便乘船前往西班牙。一阵狂风骤雨迎面而来,船队中有九艘失踪了,腓力二世乘小船在西班牙海岸登陆。从此,他再也没有离开西班牙。

在此之前,腓力二世没有表现出后来在西班牙持有的偏执、顽固的宗教观点。那时,腓力二世暂居英格兰,一心想调解与英格兰人的关系,但无功而返。腓力二世反对妻子英格兰女王玛丽一世采取的迫害新教徒的手段,出面保

英格兰女王玛丽一世

伊丽莎白女王

护伊丽莎白公主。在伊丽莎白成为女王后,腓力二世率先向她求婚。求婚被拒后,腓力二世与伊丽莎白女王继续保持友好关系。腓力二世甚至默默地支持苏格兰的加尔文主义者,反对吉斯的玛丽和她的女儿——苏格兰女王玛丽一世。然而,他一踏上西班牙土地,一切就改变了。西班牙是欧洲宗教狂热的代表。腓力二世迫不及待地拥护这个国家的正统观点。从此,增强自己权威与发展天主教不谋而合。在腓力二世看来,改革者的观点就是邪说,是对权威的背叛。腓力二世认定自己一生的原则就是在他的绝对统治下,彻底消灭邪恶的异端。

早在查理五世时代，几个侨居国外的西班牙人就接受了宗教改革的观点，例如将《新约》翻译成西班牙语的弗朗西斯·德·恩齐纳斯与反三位一体论者迈克尔·塞尔维特。1520年到1552年，弗朗西斯·德·恩齐纳斯担任牛津大学希腊语助理教授。1553年，迈克尔·塞尔维特在日内瓦遭受排挤。直到1558年，新教才开始影响西班牙。这时，不但《新约》的西班牙文译本及各种新教书籍已经开始在西班牙流传，而且相当多的宗教改革派团体已秘密形成，特别是在塞维利亚、瓦拉多利德和萨莫拉等城镇及阿拉贡王国。在获得有关异教徒内部的情报后，1558年2月，教皇保罗四世发布了简要的声明，敦促大审判官要不遗余力地消灭邪恶势力。病危的查理五世也摒弃前嫌，要求摄政乔安娜（查理

摄政乔安娜

宗教裁判所

五世之女）与腓力二世本人听从教皇保罗四世的诫谕。腓力二世当然不需要催促。他发布了一个从尼德兰照抄过来的法令：所有买卖或阅读违禁书籍的人都要被判刑。他还恢复了一个法令。根据该法令，原告将获得受惩罚者四分之一的财产。1554年，教皇保罗四世颁布敕书，强制执行宗教法律，勒令所有信徒敦促忏悔者告发嫌疑人。他还授权宗教裁判所把那些已经悔改的人送交世俗权力机构审判。其目的"不是从定罪的角度考虑，而是为了惩罚"，并从西班牙教会的收入中拿出一笔款项来支付宗教裁判所的费用。

宗教裁判所是可怕的。1478年，阿拉贡国王斐迪南二世和卡斯蒂尔女王伊莎贝拉一世最终确立的宗教裁判所，包含一个由律师和神学家组成的最高委员会，主要是多明我会修士，这是腓力二世特别赞赏的宗教机构。最高委员会主席是由国王亲自任命的大审判官担任，下设许多下属法庭，并由武装的"捕吏"保护。审判秘密进行。受审者会受到威胁或者利诱，被迫去告发他们的敌人、朋友,甚至亲属。宗教裁判所使用间谍手段,滥用刑讯逼供。原本最无辜的言语,往往经多明我会神学家微妙篡改,便被诬陷为异端邪说。惩罚方式包括没收财产、苦行、监禁,大罪之人最后被交给世俗权力机构,处以火刑。在教皇保罗四世和西班牙国王腓力二世前所未有的的共同支持下,大审判官塞维利亚大主教费尔南多·瓦尔德斯,全力以赴地开展工作。在塞维利亚,第一天逮捕八百人。1559年5月12日,在瓦拉多利德街头,第一次实施火刑。第二次火刑

塞维利亚大主教费尔南多·瓦尔德斯

瓦卢瓦的伊丽莎白

将在隆重庆祝腓力二世抵达西班牙时举行,第三次火刑是在1560年,伴随腓力二世的婚礼,在狂欢节当天举行。腓力二世的第三任妻子是瓦卢瓦的伊丽莎白。的确,多年来,如果没有被神化的火刑,任何盛大的仪式都留有遗憾,西班牙人喜欢观看火刑胜过观看斗牛。宗教裁判所的残忍或许被夸大了,但至少有一点可以确定,那就是,在其他国家可以容忍的一些观点,在西班牙却遭到残

瓦卢瓦的伊丽莎白打扮得更像一个寡妇而不是新娘。当她被带到一辆马车上,载着她离开法兰西去嫁给西班牙国王腓力二世时,她神魂颠倒

宗教裁判所对犯人实施火刑

酷压制。不仅所有的科学推测都成为禁忌，而且西班牙学者被禁止访问其他国家，同时即使对最严格的正统观念有最轻微的偏离，也会受到严厉的打击。

宗教裁判所甚至被用来针对教会。神职人员和教士的数量非常多，他们的财富极其庞大，特别是在卡斯蒂尔。在欧洲，教会完全处于王室的控制之下。对教会神职的提名完全掌握在国王的手中。教皇的干涉，除非得到国王的许可，否则会遭到坚决的抵制。教会至少三分之一的收入落入王室的国库。国王的权力也因耶稣会修士对王室的忠诚而增强。然而，腓力二世倚重多明我会。多明我会成员无知、偏执的程度，不亚于他们对王室意志的屈从。多明我会成员控制着宗教裁判所的宗教法庭，不仅西班牙最虔诚的圣徒特蕾莎遭受过惩罚，就连强大的耶稣会修士，甚至主教本人也不例外。至少有九名主教被判处各种忏悔罪，就连托莱多大主教巴托洛梅·卡兰萨也遭到攻击。这位博学而热

托莱多大主教巴托洛梅·卡兰萨

教皇庇护五世

情的高级教士,曾在特伦特宗教会议上担任过重要职务,查理五世在他的怀中驾崩。1559年8月,巴托洛梅·卡兰萨遭到指控,罪名是其观点异端。他的案子审判时间长达七年。教皇庇护五世坚持要求案子交罗马处理。教皇庇护五世死后,案子便再次被拖延,直到1576年4月,新教皇格列高利十三世才最终做出决定。巴托洛梅·卡兰萨被指控持有与路德教义相似的观点,被要求放弃其著作中的十六个命题,并被勒令做忏悔,主教职务被暂停五年以上,同时被禁足,只能在奥维多的多明我会修道院内活动。

由于宗教裁判所的努力,西班牙的新教终于被连根拔起,但不幸的是,它的成功违背了"迫害无法扼杀虔诚的宗教信仰"这一深入人心的理念。它的成功摧毁了一切聪明才智的独创性,西班牙很快沦落为欧洲最落后的国家之一。除了《堂吉诃德》的作者米格尔·德·塞万提斯和诗人佩德罗·卡尔德隆·德拉

佩德罗·卡尔德隆·德拉巴尔卡

安东尼奥·佩雷斯

巴尔卡，西班牙再没有培养出一位杰出的作家。宗教法庭的"魔掌"不仅限于消灭异端邪说和严格控制神职人员。它完全由王室的亲信组成，成为王室的工具，被用来抓捕政治犯，罚没法人的财产。海关人员因允许马匹越过边境而被宗教法庭带走，借口是他们在为胡格诺派教徒服务。安东尼奥·佩雷斯——声名狼藉的的腓力二世的秘书，也被阿拉贡的宗教法庭审讯。外国使者乐意服从宗教法庭的命令。教皇格列高利十三世有时会对这些滥用宗教法庭权力的行为表示抗议,但腓力二世说,"他对宗教法庭的顾虑将摧毁天主教"。在腓力二世统治的很长一段时期,宗教裁判所一直是王室谦卑的"奴仆"。

第4章

卡洛斯王子之谜[①]

---

① 关于卡洛斯王子之谜,可参见威廉·H.普雷斯科特所著《腓力二世》第6卷;亨利·福内伦所著《腓力二世》第11卷;路易·普洛斯珀·盖查德所著《卡洛斯王子和腓力二世》。——原注

精彩看点

腓力二世的宗教狂热毁了卡洛斯王子——卡洛斯王子与瓦卢瓦的伊丽莎白——悲剧性的传说——腓力二世给葡萄牙王后的信——卡洛斯王子被囚禁的原因——卡洛斯王子是被毒死的吗？——瓦卢瓦的伊丽莎白之死

根据一些历史学权威专家的说法，腓力二世的宗教狂热毁了自己的儿子——王储卡洛斯。这位不幸的王子的一生被父亲腓力二世的敌人肆意诋毁，以至从16世纪开始，真相就扑朔迷离，成为最受欢迎的热门话题。一些人认为，父子之间的隔阂是因为腓力二世怀疑王子和他的继母瓦卢瓦的伊丽莎白之间有暧昧关系。弗里德里希·冯·席勒等人持有这种观点，并把卡洛斯王子塑造成悲剧人物。

我们发现，在《卡托康布雷齐条约》的谈判中，有人建议卡洛斯王子应与瓦卢瓦的伊丽莎白结婚，但这个提议后来被否定了，结果瓦卢瓦的伊丽莎白和卡洛斯王子的父亲腓力二世喜结连理。据说，瓦卢瓦的伊丽莎白慢慢地爱上了卡洛斯王子，而卡洛斯王子从来也没有原谅过父亲抢走了自己的新娘。腓力二世充满忌妒，为了报复，就把儿子关进了监狱，最后儿子和不忠的妻子都被毒死。然而，这个悲剧性的传说难以成立。《卡托康布雷齐条约》签订之日，卡洛斯王子才十二岁，传说没有得到当近任何历史学权威专家的支持。就连奥兰治亲王威廉在自己的《申辩》中，虽然指责腓力二世毒害了两人，但对腓力二世的动机只字未提。

还有一种不太可能的传说认为卡洛斯王子私下认同弗拉芒人的不满，或者至少有点倾向于支持新教的邪说，并认为这种传说可以解释卡洛斯王子希

葡萄牙王后奥地利的凯瑟琳

望得到尼德兰政府信任,而腓力二世不愿公布自己打击卡洛斯王子的理由。在给姑姑葡萄牙王后奥地利的凯瑟琳的信中,腓力二世谈到了"愿为上帝牺牲自己的血和肉。为了全人类,愿为上帝和人民服务"。然而,这种说法与第三种更有可能的假设比较吻合,即卡洛斯王子是个疯子。我们知道,1545年7月出生的卡洛斯王子,从小体弱多病,常受高烧和坏脾气的折磨。随着年龄的增长,卡洛斯王子变得鲁莽、傲慢、爱使用暴力和过分依恋他人。1562年4月,卡洛斯王子头朝地摔下楼梯，不得不做头颅穿孔手术，这更增加了他的暴力倾向。从这时起，他的行为就像疯子一样。卡洛斯王子用污浊的绰号侮辱有地位的妇女，曾两次吞下昂贵的珠宝，仅仅因为鞋子不合脚就强迫鞋匠吃炖过的靴子皮。卡洛斯王子猛烈地攻击阿尔瓦公爵费尔南多·阿尔瓦雷斯·德·托莱多，因为阿尔瓦公爵费尔南多·阿尔瓦雷斯·德·托莱多被派到尼德兰而自己没有去成，甚

阿尔瓦公爵费尔南多·阿尔瓦雷斯·德·托莱多

至还攻击奥地利的约翰①，因为奥地利的约翰也跟着去了尼德兰。卡洛斯王子曾扬言，想谋杀一位他讨厌的人，并事先寻求赦免。卡洛斯王子试图离开西班牙，很可能是为了反对自己的父亲。威尼斯驻西班牙大使对卡洛斯王子的疯狂深信不疑，这一点从腓力二世给教皇的密函中得到了证实。虽然密函的原件丢失了，但译文保存了下来。信中提到的卡洛斯王子的疯癫，很好地解释了卡洛

奥地利的约翰

---

① 奥地利的约翰，1547年2月24日出生，1578年10月1日去世。他是查理五世的私生子。——译者注

卡洛斯王子

斯王子受到的对待。当然,我们或许会怀疑这种解释,因为腓力二世应该很想保守这样一个秘密,即自己的祖母卡斯蒂尔的乔安娜的精神病会在她曾孙身上重现。据我们所知,在狱中,卡洛斯王子的待遇不是很糟糕。毫无疑问,卡洛斯王子受到了严密的监视,既不被允许谈论政治,也不允许得知任何外面的消息,只能阅读圣贤之书,但监护他的人都出身良好,乐于和他交谈。在狱中,卡洛斯王子既没有受到折磨,也没有挨饿。

奥兰治亲王威廉

我们至今没有弄清楚这位不幸的王子是不是他父亲下令毒死的。这一说法是由奥兰治亲王威廉和安东尼奥·佩雷斯提出的。安东尼奥·佩雷斯在卡洛斯王子死时，正为腓力二世效力。当时，许多人都相信了这一说法。然而，奥兰治亲王威廉和安东尼奥·佩雷斯都是腓力二世的死敌，尽管不幸的腓力二世为了达到目的不排除使用谋杀手段，但我们仍然认为，对腓力二世杀害卡洛斯王子的指控缺乏有力证据。

1568年7月24日，卡洛斯王子去世不到三个月，他的继母瓦卢瓦的伊丽莎白也进了坟墓。1568年10月3日，不管是否中毒，瓦卢瓦的伊丽莎白都死于分娩。1570年，腓力二世迎娶了第四任妻子奥地利的安妮。奥地利的安妮是腓力二世的堂侄女，神圣罗马帝国皇帝马克西米利安二世之女，而马克西米利安二世是

奥地利的安妮

腓力二世的叔叔神圣罗马帝国皇帝斐迪南一世之子。1580年10月26日，奥地利的安妮去世。安妮所生的孩子几乎都夭折了，除了第四个孩子腓力。后来，腓力继承了父亲的王位，史称"腓力三世"。

第5章
西班牙人与摩尔人和土耳其人的战争

精彩看点

摩尔人的状况——远征巴巴里海盗——解马耳他岛之围——1560年到1567年的法令——摩尔人暴动——阿本·胡梅亚当选国王——暴动的局限性——蒙德哈尔侯爵路易斯·乌尔塔多·德·门多萨的建议未被采纳——格拉纳达大屠杀——奥地利的约翰担任最高司令——格拉纳达的摩尔人迁往内陆——阿本·阿布继任国王——摩尔人投降

按照阿拉贡国王斐迪南二世镇压格拉纳达摩尔人叛乱后于1502年颁布的法令，摩尔人要么选择接受洗礼，要么选择接受流放。查理五世统治时期，这项法令已经在阿拉贡及其附属公国巴伦西亚和加泰罗尼亚推行。为了进一步推动异教徒皈依条主教的工作，摩尔人聚居的地区建造了教堂，传教士也被派往那里。然而，这种尝试收获不大。过去的痛苦记忆、深重的种族仇恨、生活习惯的差异及传教士与摩尔人语言交流的障碍，都是无法克服的困难。因此，1526年，强制措施落实了。摩尔人被强令放弃民族习惯、衣着和语言，宗教裁判所接受委托强制执行。然而，当时更明智的意见占了上风，强制措施没有执行，政府也就睁一只眼闭一只眼，满足于维持现状。摩尔人被称为"新基督徒"或摩里斯科人。他们没有扰乱和平秩序。利用《格拉纳达条约》中的一项特别条款，在巴巴里沿岸贸易中，摩尔人获得了免税权，得以致力于商贸活动。不过，摩尔人特别擅长的是手工业和农业。作为手工业者，他们的技能在许多手工艺中得到体现。作为农民，通过灌溉和耕作，他们把位于格拉纳达的锯齿状山脉的山坡和高地变成西班牙最肥沃的农田。这里处处是无花果、石榴、橘子和葡萄，玉米和大麻错落有致；摩尔人养的麦兰奴种绵羊非常有名。桑树为丝绸的大规模生产提供保障。促商政策如果被抛弃，令人感到惋惜。然而，令人奇怪的是，在狂热的反新教运动中，促商政策持续了很长时间。同时，在反新教运动

格拉纳达摩尔人向阿拉贡国王斐迪南二世投降

摩尔人接受洗礼

期间，西班牙人与摩尔人在非洲，与土耳其人在地中海再次爆发战争，这自然激起摩尔人的反感。

巴巴里海岸不断遭到海盗袭击，这不仅使海洋变得不安全，而且摧毁了意大利和西班牙沿岸的繁荣。因此，从那不勒斯出发，西班牙军队两次远征海盗，但都没有取得多大成效。第一次远征由那不勒斯总督梅迪纳·西多尼亚公爵胡安·阿方索·佩雷兹·德·古兹曼指挥，西班牙军队直接进攻的黎波里。的黎波里由希腊人德拉特控制。德拉特早年被海盗俘虏，后来成了伊斯兰教

德拉特

马扎基韦

徒。由于天气恶化,梅迪纳·西多尼亚公爵胡安·阿方索·佩雷兹·德·古兹曼被迫率领船队返航,他的船随后被"变节者"皮亚利率领的土耳其舰队打败,皮亚利是来帮助德拉特的。1560年6月29日,西班牙军队之前攻下的杰尔巴岛被土耳其人夺回。西班牙军队第二次远征始于1562年,但几乎被一场风暴摧毁。1563年4月,在西班牙军队屡次失败的刺激下,阿尔及尔总督试图将西班牙人赶出枢机主教西门乃斯控制的两个地方——奥兰和邻近的马扎基韦。此时,突尼斯附近的格雷塔和摩洛哥的梅利利亚是西班牙在非洲海岸仅剩的领地。马扎基韦差点陷落。在最后一刻,1563年6月8日,西班牙舰队解了马扎基韦之围。在接下来的两年里(1564年到1565年),西班牙人的努力获得了更大成功。

1564年9月,位于西班牙属地加那利群岛西边的戈梅拉岛上的要塞被梅迪纳·西多尼亚公爵胡安·阿方索·佩雷兹·德·古兹曼的继任者那不勒斯总督加西亚·德·托莱多占领。1565年,又有一个海盗据点——得土安被西班牙军队占领。得土安成了无用之地。有消息说，马耳他岛正被土耳其军队围困，这使西班牙军队在非洲沿海的行动陷于停顿。1522年，圣约翰骑士团丢了罗得岛。1530年，圣约翰骑士团得到了查理五世赠与的马耳他岛。从这时起，马耳他岛就成了抵御土耳其人进攻的堡垒。苏莱曼一世一心想破坏马耳他岛的战略地位。1565年5月，他派了一支强大的舰队进攻马耳他岛。从1560年开始，"变节者"皮亚利就脱颖而出，他与经验丰富的七十岁老将穆斯塔法帕夏共同指挥土耳其军队。的黎波里的德拉特也派部队前来助攻。圣约翰骑士团团长让·帕里

苏莱曼一世

圣约翰骑士团团长让·帕里佐·德·瓦莱特

佐·德·瓦莱特求援失败。此刻，法兰西摄政王太后凯瑟琳·德·美第奇正与苏莱曼一世勾结，而威尼斯人则害怕因救援马耳他岛而引起苏莱曼一世的愤怒。腓力二世也不愿意救援马耳他岛，因为尼德兰和法兰西的事务搞得他焦头烂额。腓力二世不屑于帮助主要由法兰西人组成的圣约翰骑士团。然而，最终，腓力二世听取了加西亚·德·托莱多的警告：马耳他岛一旦落入土耳其人之手，就永远夺不回来了，而苏莱曼一世将牢牢控制地中海的这个门户。于是，1565年9月8日，最后关头，加西亚·德·托莱多率军解了马耳他岛之围。

这一系列事件自然引起西班牙人对境内摩尔人的不满，并高度怀疑他们和非洲的摩尔人有联系。在这种背景下，人们不会反对政府以前颁布的两部

土耳其人围攻马耳他岛

解救被土耳其人围困的马耳他岛

法令就不足为奇了。1560年颁布的法令规定，严禁摩尔人蓄养黑奴，理由是会不断增加异教徒的人数。1563年颁布的法令禁止摩尔人在没有得到总督批准的情况下拥有武器。然而，这些法令并没有使格拉纳达大主教佩德罗·格雷罗满意，也没有使其教区的神职人员满意。根据他们提交的备忘录，政府又颁布了以下令人震惊的法令：1526年颁布的不合理法令得以恢复；摩尔人的民族歌舞被禁止；他们的婚礼将按照天主教仪式公开举行，婚礼仪式当天，房屋将保持开放，以便所有人都能进入，并监督是否举行不当的仪式；摩尔人妇女在公开场合出现时不能蒙脸。最后，摩尔人喜欢使用的浴盆被勒令捣毁，理由是

摩尔人

浴盆会成为他们放纵的工具。更有甚者,似乎是有意要刺激摩尔人的情绪,法令选择在1526年1月1日颁布,这天是西班牙人占领格拉纳达的周年纪念日。当地许多贵族显然反对执行这种残忍的法令。格拉纳达总督蒙德哈尔侯爵路易斯·乌尔塔多·德·门多萨,甚至阿尔瓦公爵费尔南多·阿尔瓦雷斯·德·托莱多都反对该法令。指望摩尔人会接受这种对他们最珍视的习俗的干涉——这种干涉甚至不尊重他们的家庭隐私——是极其荒谬的。如果这种干涉的目的是要以摩尔人不顺从作为驱逐的借口,至少要大量增派军队。

然而,审判长迭戈·德·埃斯皮诺萨却没有考虑到这些因素。他把法令委托给宗教法庭的审判员迭戈·德萨执行。迭戈·德萨也是格拉纳达法院的院长。1568年6月,发现所有申诉都徒劳无效后,摩尔人便做好了暴动的准备。不幸的是,以染匠阿本·弗拉克斯为首的鲁莽分子无法容忍暴动推迟,便于1568

迭戈·德·埃斯皮诺萨

年12月在格拉纳达的阿尔拜辛摩尔人聚居区提前起事。格拉纳达的摩尔人说："你们的人太少，来得也太早。"他们拒绝一起行动。起事者对占领城市感到无望，便退到乡下。在乡下，他们得到更多的响应，并以恐怖和暴力显示自己的成功。男女老少，无一幸免。据说，只要是天主教教徒，就被当作奴隶卖给阿尔及利亚的海盗，用来换取卡宾枪。

摩尔人选出二十二岁的年轻人阿本·胡梅亚做国王。他是西班牙一个古老统治家族的后裔。阿本·胡梅亚驱逐了阿本·弗拉克斯，并采取措施制止阿本·弗拉克斯追随者的残暴行为。于是，暴动被控制在有限范围之内。

阿本·胡梅亚

苏丹塞利姆二世

暴动的主要据点在阿勒普耶罗斯，位于内华达山脉和大海之间的丘陵地带，向东一直延伸到阿尔梅里亚，西边是贝莱斯-马拉加。摩尔人没有占领任何大城镇，只是不时地在富饶的拉维加平原上偷袭。格拉纳达这个滨海城镇就建在拉维加平原上。如果苏丹塞利姆二世能听从阿本·胡梅亚的呼吁，全力投入斗争，穆斯林的统治可能早在格拉纳达重新建立起来了。然而，此时土耳其人过多地卷入了塞浦路斯战争，而摩尔人只得到了土耳其雇佣兵和巴巴里海盗微不足道的帮助。摩尔人装备匮乏、内讧和权力斗争都削弱了暴动的力量。

在这种情况下，如果蒙德哈尔侯爵路易斯·乌尔塔多·德·门多萨的建议被采纳，暴动可能很快就被平息。为了不让摩尔人陷入绝望，他提议和解，并试图控制士兵狂热、残暴的行为，尽管不太奏效。不幸的是，他的建议遭到迭戈·德萨的强烈反对。迭戈·德萨极力鼓吹进行一场灭绝战争。迭戈·德萨的愿望占了上风。洛斯韦莱斯侯爵佩德罗一世·法雅尔多是邻近穆尔西亚的总督，被委任为东部战场的指挥官。这位勇猛的沙场老将作战凶猛，赢得了"铁血魔头"的称号。西班牙军队主要由来自当地被征募的士兵、贵族的侍从和志愿者构成。在战场上，他们肆意发泄对摩尔人的深仇大恨。西班牙士兵的残暴和叛军相差无几。

即使是没有参与暴动的村庄也被洗劫一空：男人被残忍地虐杀，侥幸逃过一死的女人被卖为奴隶。与此同时，在格拉纳达，大约一百五十名仅仅因涉嫌参加暴动而被捕的摩尔人全被迭戈·德萨屠杀（1569年3月）。死于战斗都比惨遭这样的厄运要好得多。摩尔人陷入绝望，别无选择，只能战斗到最后。这场战争的特点是没有任何大规模的战斗，叛军占领的城镇寥寥无几，无法在空阔的地面上迎战西班牙军队。他们转战丘陵地区，为种族和信仰进行殊死斗争。然而，就西班牙军队而言，只要蒙德哈尔侯爵路易斯·乌尔塔多·德·门多萨和迭戈·德萨之间的争吵继续下去，就很难取胜。

1569年春，腓力二世急于结束派系斗争，就任命同父异母的弟弟、查理五世的私生子奥地利的约翰为最高司令。奥地利的约翰被禁止亲自作战，因为他只有二十二岁。一个作战委员会协助奥地利的约翰，迭戈·德萨和蒙德哈尔侯爵路易斯·乌尔塔多·德·门多萨都是委员会成员。

这一变化的唯一结果是争吵从营地转移到委员会。最终，迭戈·德萨的观点获胜。1569年6月，格拉纳达的全体摩尔人居民共约三千五百人被命令离开，迁往内陆，重新安家。蒙德哈尔侯爵路易斯·乌尔塔多·德·门多萨对此表示抗议。1569年10月19日，腓力二世来到科尔瓦，离战场更近。他发布了一道谕令，宣布今后的战争将会是"血雨腥风"。

腓力二世现在已经完全接受了迭戈·德萨的观点。然而，由于洛斯韦莱斯侯爵佩德罗一世·法雅尔多的无能，西班牙军队几乎没有取得胜利。1569年年底，阿本·胡梅亚成了后宫女人复仇的牺牲品，他的死并没有给摩尔人造成损失，因为阿本·胡梅亚虽然能力出众，但因成功而得意忘形，沉醉于忌妒、自私、功名和残忍之中，失去了曾经享有的声望。阿本·阿布继承了王位。他正直、爱国、坚定和勇敢，他的继位获得阿尔及尔总督的承认。在阿本·阿布的领导下，以苏丹的名义，战争向东延伸到了穆尔西亚全境，并且势如破竹。

最终，无能的洛斯韦莱斯侯爵佩德罗一世·法雅尔多被腓力二世撤掉，奥地利的约翰在冈萨尔沃·德·科多瓦的孙子塞萨公爵的协助下上了战场。与此同时，他们在安达鲁西亚招募了许多贵族及其侍从补充兵源。新兵来到年轻而受欢迎的奥地利的约翰的麾下。奥地利的约翰立即率军开赴阿勒普耶罗斯以东地区，几经挫折，击退摩尔人。1570年1月28日，加莱拉的一个重镇被包围。经过一场搏斗，1570年2月7日，奥地利的约翰将它占领。随后，塞隆被攻克。很快，整个阿勒普耶罗斯东部的领土被重新夺回。与此同时，塞萨公爵在北方战果累累。他率军渐渐穿过阿勒普耶罗斯，沿线筑起要塞巩固阵地，并于1570年5月，在地中海沿岸小镇帕德勒斯与奥地利的约翰会合，同时大赦放下武器的摩尔人。

摩尔人大势已去。1570年5月19日，首领埃尔·哈巴金以阿本·阿布的名义，同意接受胜利者苛刻的条件。被摩尔人称为"小国王"的阿本·阿布，公开向奥地利的约翰投降，条件是摩尔人的生活应该得到保护，但就像他们在格拉纳达的同胞一样，他们将被赶出家园，发配到西班牙其他地方。最后一刻，阿本·阿布拒绝了侮辱性的条件，并试图再次发起激烈的反抗，却落入一个被西班牙人收买的下属之手。

动乱已经结束。根据1570年10月28日法令，来自动乱地区的每个摩尔人[①]，包括那些没有参与反叛的无辜者，都将被驱逐到内地。摩尔人的房屋和土地被

---

① 西班牙其他地方，特别是穆尔西亚、巴伦西亚，甚至格拉纳达的维加，都有摩尔人，但他们没有受到动乱的影响。——原注

王室没收，但羊群、牛群和粮食，摩尔人如果愿意，可以折价带走。根据法令，家庭不应被分离，迁移似乎是以人道的方式进行的。指定的定居点有安达鲁西亚北部边界的拉曼查、卡斯蒂尔、埃斯特里马杜拉和加利西亚等地。任何未经许可而离开定居点的摩尔人会遭受鞭打和强迫劳役；胆敢接近格拉纳达十里格以内的人都会被处死。1566年法令继续有效。随后一项法令宣布，保留一本阿拉伯书籍就属于犯罪行为，可处以鞭刑和四年监禁。安达鲁西亚现在变得荒凉。与此同时，尽管面临这些残酷的法律，摩尔人仍能通过畜牧业和工业改善生活。直到1609年，由于西班牙人的狂热和民族仇恨，不幸的摩尔人最终被逐出西班牙。西班牙人对摩尔人的迫害是历史上最悲惨的一幕。然而，为了公平起见，英格兰人也应该记住，奥利弗·克伦威尔对待爱尔兰人，尽管事出有因，也是极端残酷的。

第6章
勒班陀战役

精彩看点

对抗土耳其人的永久联盟——勒班陀战役——永久联盟内部的分歧——威尼斯人与土耳其人单独签订和约——奥地利的约翰率军征服突尼斯——乌鲁克·阿里率军夺回突尼斯——勒班陀战役的胜利无足轻重

腓力二世对异教徒的零容忍导致新教徒和摩尔人遭受残酷迫害，而他出于政治考量，却没有与欧洲其他君主产生激烈的冲突。事实上，当我们现在看待欧洲列强对待土耳其人的态度时，我们会得出这样的结论：欧洲列强对异教徒的政策与其说是出于宗教考虑，不如说是出于政治目的。法兰西人在本国迫害胡格诺派的同时，也曾与土耳其人联合起来反对西班牙人。同样，伊丽莎白女王时代，英格兰一方面给国外的加尔文派提供勉为其难的援助，并在英格兰建立新教，另一方面，英格兰在国内仍然禁止极端的加尔文主义者，并不时与土耳其勾结。综上所述，腓力二世对新教徒和异教徒的迫害，至少是出于对意大利利益和西班牙利益的保护。这种保护的必要性促使他与地中海的异教徒势不两立。

1570年5月1日，摩尔人的叛乱还没有完全被镇压，庇护五世的信使便到了，请求信奉天主教的国王们协助抗击土耳其人。1566年，苏莱曼一世漫长而辉煌的一生结束了，虽然他的继任者不具备父亲的王者风范，但在维泽尔·穆罕默德的辅佐下，其后期的统治仍展现出充沛的活力。1569年年底，穆阿津札德·阿里进攻马耳他岛，开始对塞浦路斯的塞利姆二世远征，他是现任苏丹塞利姆二世的妹夫。腓力二世对教皇庇护五世的呼吁做了充分的准备，但1570年9月，塞浦路斯最重要的要塞尼科西亚陷落。威尼斯在绝望中试图单独与土耳其媾和，但没有成功。直到1571年5月25日，克服了许多困难和猜忌，威尼斯、西班牙与教皇国联盟初步形成。威尼斯希望联盟只限于保护塞浦路斯，但腓力二世当然迫切希望扩大联盟范围。最后,腓力二世、教皇庇护五世和威尼斯人同意建立永久联盟,对抗突尼斯、的黎波里和阿尔及尔的摩尔人,并共同反击土耳其人;同意保卫彼此的领土,决不单独媾和;缔约各方都任命一位总司令,共同制订行动计划,而最高指挥权则授予奥地利的约翰。最后,为了支付腓力二世的军费,教皇庇护五世批准腓力二世出售特许券和征收什一税①。但永久联盟来得太晚,无法拯救塞浦路斯。1571年7月30日,法马古斯塔陷落,守军指挥官马尔科·安东尼奥·布拉加丁被活剥,人皮被制成标本,作为战利品送

马尔科·安东尼奥·布拉加丁被活剥

---

① 特许券是教皇颁发的许可证,允许在某一天吃鸡蛋和牛奶。这个许可证由国王出售,为了诱使人们购买,每个人不管是否吃这些东西,都要被迫购买这些物品。什一税是指将西班牙教会收入的十分之一给国王。——原注

尚塔-克鲁兹侯爵阿尔瓦罗·德·巴赞

往君士坦丁堡。直到1572年9月16日,奥地利的约翰指挥永久联盟的舰队才离开了墨西拿。到达科孚时,奥地利的约翰收到土耳其舰队在勒班陀湾的情报。不顾热那亚特遣队指挥官约翰·安德鲁·多利亚的建议,奥地利的约翰急于接近对手,并得到了尚塔-克鲁兹侯爵阿尔瓦罗·德·巴赞、路易斯·德·雷克森斯、帕尔玛的亚历山大及其他指挥官的支持。1571年10月7日,两支舰队如期而至。天主教徒的队伍由两百六十四艘各类船舶组成,有两万六千名士兵、五万名船员和水手。土耳其人有大约三百艘船,不少于十二万人。

穆阿津札德·阿里

在随后的行动中,土耳其海军上将穆阿津札德·阿里定下的目标是拗断敌人的翅膀。然而,他的行动被指挥威尼斯人船队的马尔科·安东尼奥·布拉加丁和约翰·安德鲁·多利亚挫败。威尼斯人坚守着海岸,随后是可怕的战斗。联军遭受了严重的损失。最后,威尼斯人击退了敌人,尽管马尔科·安东尼奥·布拉加丁受了重伤,但他的血没有白流,他的死敌——土耳其海军上将穆罕默德·西罗科付出了生命的代价。与此同时,由奥地利的约翰领导的中心战场经历了一场近距离的殊死搏斗，其惨烈程度类似于陆地而非海上，同样取得了胜利。穆阿津札德·阿里战死，穆斯林的大多数船要么投降，要么被摧毁。最后，阿尔及尔总督乌鲁克·阿里看到大势已去，开始逃跑。他过去一直镇压热内亚的反对者。天主教教徒成为16世纪最大规模海战的胜利者。勒班陀战役的重要性在于，虽然战役只持续了四个多小时，但天主教教徒战胜了迄今为止从未在海上被打败的土耳其人。虽然损失难以估量，但可以肯定的是，土耳其人的损失比对手更严重，只有不到五十艘船逃跑。据说，在被抓的俘虏中，有一万两千名被判服苦役的天主教教徒。

有人认为，在土耳其人遭受毁灭性失败之后，应该立即对君士坦丁堡发起进攻。然而，冬季行动不便，因此决定推迟到春天再开战。行动推迟是致命的。有人试图收买卡拉布里亚的变节者乌鲁克·阿里。他对年轻时被迫分离的信奉天主教的父母还有感情，可惜这一提议被否决。不久，土耳其人以惊人的速度在海上重新部署了舰队，乌鲁克·阿里担任指挥官。而联军的行动却大相径庭。在西班牙，办事总是拖拖拉拉。西班牙和威尼斯都有自己的小算盘。腓力二世想对抗非洲的摩尔人，并在非洲扩张领土。威尼斯人只想加强在黎凡特的力量。年迈的教皇庇护五世试图调和双方矛盾，但徒劳无功。1572年5月，教皇庇护五世去世。腓力二世担心新教皇会向着法兰西人。枢机主教邦科姆帕格尼当选为教皇，称"格列高利十三世"。这在某种程度上消除了腓力二世的顾虑。不过，格列高利十三世的"热情声明"没有多大用处。

在奥地利的约翰的争取下，永久联盟终于派出了新的远征军。1572年10月7日，也就是勒班陀战役胜利纪念日，远征军在莫登附近发现了土耳其舰队。但乌鲁克·阿里拒绝交战，他在要塞里观望，严阵以待。1572年10月月底，远征军被打散。1573年3月，传来威尼斯人与土耳其人达成和解的消息，联军采取一致行动的所有希望破灭了。威尼斯失去了塞浦路斯，并同意向土耳其进贡三年。土耳其人几乎不敢想象，如果他们赢得了勒班陀战役，又能获得怎样优厚赔偿的呢？

勒班陀战役

勒班陀战役中，西班牙舰队战胜土耳其舰队

1573年，奥地利的约翰被盟友威尼斯人抛弃，指挥舰队航行到非洲海岸，轻松地占领了突尼斯的一个小镇。奥地利的约翰梦想着借助同父异母的哥哥之手在非洲建立自己的王国，这立刻引发了腓力二世的妒忌。腓力二世下令拆除突尼斯和格雷塔的要塞，尽管最后没有实施。1574年9月，奥地利的约翰因为兵力不足，乌鲁克·阿里不仅轻而易举地夺回了突尼斯，而且轻松地占领了格雷塔。

这就是勒班陀战役胜利的悲惨结局。勒班陀战役的胜利并没有拯救塞浦路斯。从此，塞浦路斯属于土耳其王室。随后，西班牙人又失去了格雷塔——查理五世在非洲海岸上仅剩的几个领地之一。勒班陀战役的胜利只会再次显示欧洲国家之间的不和。如果说土耳其人在16世纪70年代没有取得进一步的发展，再也不能严重威胁欧洲西南海岸，这更多归因于奥斯曼帝国内部的衰败，而非勒班陀战役的胜利。

第7章

征服葡萄牙

精彩看点

塞巴斯蒂安一世之死——恩里克一世的继位与驾崩——腓力二世宣称是葡萄牙王位继承人——安东尼奥称王——里斯本陷落——腓力二世进入里斯本

1578年8月4日，年轻的葡萄牙国王塞巴斯蒂安一世在凯比尔城堡战役中阵亡。当时，塞巴斯蒂安一世正在进行一场疯狂的战斗，以对抗摩洛哥苏丹阿卜杜勒·马利克。塞巴斯蒂安一世之死，立刻激发了腓力二世夺取葡萄牙王位、一举统一伊比利亚半岛的野心。

凯比尔城堡战役

恩里克一世

塞巴斯蒂安一世的继任者是自己的叔祖父恩里克，一位年过六十六岁的枢机主教，史称"恩里克一世"。尽管如此，人们还是希望恩里克一世能有孩子。教皇格列高利十三世批准了恩里克一世的婚姻。腓力二世对教皇格列高利十三世干涉"如此明显的世俗事务"表示愤慨。1580年1月31日，恩里克一世驾崩，腓力二世的担忧消除了。现在，让腓力二世害怕的王位继承人是克拉图隐修院院长安东尼奥[1]。安东尼奥是个私生子,他的母亲是一位天主基督教的犹太人,父亲贝加公爵刘易斯是塞巴斯蒂安一世的伯祖父。虽然安东尼奥是私生子,但他的身份被父亲秘密地合法化了,进入了圣约翰骑士团,并成为团长。

如果安东尼奥的合法性能够确立,那么他无疑是下一位继承人。然而,腓力二世拒绝承认他的合法身份,并以自己的母亲葡萄牙的伊莎贝拉是国王伊曼纽尔之女的名义,自称有权继承王位。为了实现获得葡萄牙王位的目标,腓力二世在边境集结了一支由阿尔瓦公爵费尔南多·阿尔瓦雷斯·德·托莱多率领的军队。恩里克一世驾崩的消息一传来,军队就开拔了。不顺从的人被视为反叛分子。1580年7月16日,驻扎在塞图瓦尔的葡萄牙军队进行了轻微的抵抗,接着塞图瓦尔西班牙军队就被掠夺一空,"因为抵抗的士兵被视为极大的冒犯"。

与此同时,安东尼奥在圣塔伦被一个成员繁杂的农民大会推举为国王,并向里斯本进发。教皇格列高利十三世试图调解,但没有成功。为了安抚热衷于圣物的腓力二世,教皇格列高利十三世送了一份珍贵的礼物——"神圣无辜者"[2]的部分遗骸。腓力二世接受了礼物,但谢绝了调解。这次,他没有拖拖拉拉。

尚塔-克鲁兹侯爵阿尔瓦罗·德·巴赞及其舰队一起被派往塞图瓦尔。在这里,阿尔瓦公爵费尔南多·阿尔瓦雷斯·德·托莱多及其军队登上尚塔-克鲁兹侯爵阿尔瓦罗·德·巴赞的舰队,向里斯本挺进。安东尼奥试图抵抗,但里斯本市民不肯参加战斗,而是要求谈判。局势迫使里斯本人不得不投降。安东尼奥艰难地逃了出来,多次漂泊,后来到了加来。由于阿尔瓦公爵费尔南多·阿尔瓦雷斯·德·托莱多的制止,部分里斯本城区免受蹂躏,但邻近的村庄遭到疯狂掠夺,其可怕程度超出了他的想象。最后,他宣布对"不服从命令"的士兵处

---

[1] 葡萄牙王位继承权其他可能声索人是:亚历山大·法尔内塞的儿子萨伏依公爵伊曼纽尔·菲利贝托,他可以从女性血统方面提出声索,但最终没有提出。甚至连凯瑟琳·德·美第奇也想以葡萄牙国王远亲的身份提出声索,但没有付诸行动。——原注
[2] 传说两千多年前,耶稣圣婴诞生了。希律王得到消息后,下令杀死伯利恒及其周围两岁以下的所有婴儿与幼儿,目的是铲除耶稣圣婴。最终,虽然耶稣圣婴侥幸逃过此劫,但无数婴儿与幼儿惨死。这些婴儿与幼儿就被称为"神圣无辜者"。——译者注

塞巴斯蒂安一世

贝加公爵刘易斯

安东尼奥

葡萄牙的伊莎贝拉

以绞刑，但无济于事。在波尔图，桑乔·达维亚麾下的军队重现了同样的掠夺行为。桑乔·达维亚早在尼德兰就因叛变而声名狼藉。

  1581年6月29日，腓力二世进入里斯本，胆敢反对他的少数葡萄牙贵族受到残酷镇压，大多数葡萄牙贵族没有反抗，默默地接受了失败的命运。腓力二世高价悬赏安东尼奥的人头，安东尼奥向贵族们逐个求援，希望重新获得王位。1582年6月，安东尼奥成功地得到一支法兰西舰队的帮助，驶往亚速尔群岛。然而，舰队被尚塔-克鲁兹侯爵阿尔瓦罗·德·巴赞指挥的西班牙舰队消灭。后来，不幸的安东尼奥逃到英格兰，并且长期在英格兰避难。腓力二世实现了自己的目标，葡萄牙与西班牙一度统一。然而，西班牙人从来没有受到葡萄牙人的欢迎。腓力二世上台后的种种暴行，让厌恶变成了仇恨。腓力二世的统治没有维持多长时间，葡萄牙再次挣脱了令人憎恨的枷锁，获得了永久独立。

第8章
腓力二世的国内统治

精彩看点

王室法庭与阿拉贡"正义法庭"——萨拉戈萨城的反抗与投降——阿拉贡议会宪法自由的梦想破灭——腓力二世对那不勒斯、西西里和米兰的统治——中央权力委员会——将贵族排除在政治权力之外——腓力二世的三个亲信大臣——安东尼奥·佩雷斯失势与流亡——安东尼·皮埃诺特·德·格兰维拉——胡安·德·伊迪亚克斯——克里斯托瓦尔·德·穆拉——"黑夜军人集团"——腓力二世的忏悔神父——腓力二世专制统治的弊端——腓力二世的金融政策和商业政策——腓力二世国内政策的总体效果虽然腓力二世的统治是专制的，但如果认为西班牙政府失去了宪法约束，或者宪法约束完全是形式化的，则是一种误解。卡斯蒂尔和阿拉贡时代的议会仍然保留了下来，即使在被占领的省份，议会也没有被废除。在卡斯蒂尔，议会名义上仍享有审议权。除非向议会提出请求，否则任何法令不得颁布；除非经过议会同意，否则任何税收不得征收。然而，事实上，腓力二世很少召开议会，常常干预议会的辩论，很少听取议会的意见。议会被视为权宜之计而不断被忽视。在特殊情况下，不经议会同意，王室就能发号施令，就能征新税。阿拉贡及其附属国巴伦西亚和加泰罗尼亚的宪法权利更加广泛。议员都可以提交申诉备忘录，在冤情得到纠正之前，会议不能结束。除非全票通过，否则任何法律或征税都不能颁布实施。王室法庭受"正义法庭"的约束，任何一个踏进阿拉贡的人都可以通过"清白证明"（向议会寻求帮助）而不受王室法庭的管辖。任何外国人都不能在阿拉贡任职。宗教裁判所虽然成立，但始终遭到议会的反对。1590年4月，腓力二世的忠臣安东尼奥·佩雷斯逃到阿拉贡，寻求"正义法庭"的保护。此事引发腓力二世与阿拉贡议会的公开冲突。腓力二世借口根据刚刚公布的法令，安东尼奥·佩雷斯犯有亵渎罪。于是，应阿拉贡宗教裁判所的要求，安东尼奥·佩雷斯被关入宗教法庭的监狱。

萨拉戈萨的居民立刻行动起来反抗破坏"司法权利"的行为。"正义法庭"被囚犯包围，王室代表阿尔曼拉侯爵被杀，宗教审判官害怕生命受到威胁，便把安东尼奥·佩雷斯重新移送"正义法庭"的监狱。四个月后的1591年9月，另一名宗教审判官的行为导致了新的叛乱，该行为得到刚刚被任命的"正义法庭"法官的支持。1591年10月24日，腓力二世立即命令军队介入。叛军中充斥着暴民，没有军队基础或组织基础，也没有得到任何支持，到处打劫，敲诈勒索。因此，1591年11月12,日，王室军队到达萨拉戈萨时，没有遇到任何抵抗，该城就投降了。

尽管腓力二世颁布了大赦令，但大赦不包括所有参加叛乱的头目。"正义法庭"的法官被处决。腓力二世的这一做法是严重违法的，因为除非议会授权，否则他连逮捕"正义法庭"法官的资格都没有。议会召开了一次会议。按照规定，会议应由国王本人或嫡亲王子主持，但最终由萨拉戈萨大主教钦琼主持。议会做出了让步：允许国王提名外国人为总督；提交申诉备忘录应在限定时间之内；议员只有税收表决权，其他事宜没有表决权；其他事宜应由每一阶层的过半数代表表决决定。最后一项的让步使国王实际获得了决定权，因为国王对每一阶层拥有增加代表名额的权力，可以借此召集自己的提名人。最后，就任命"正义法庭"代表建立了一套复杂的制度，实际上把提名权交到了国王手中，使之成为执行王室意志的产物。至此，阿拉贡议会及"正义法庭"的真正独立性结束了。尽管阿拉贡没有像卡斯蒂尔那样被征收重税，但就像当年的卡斯蒂尔一样，宪法自由的梦想在现实中宛如镜花水月，可望而不可及。

腓力二世在西西里、那不勒斯和米兰推行了同样的政策，尽管其形式更加夸张。腓力二世很满意将中央法院和最高行政权牢牢掌握在由他提名的人手中，因此允许议会与封建采邑和自治城市继续拥有特权。王室的权威则由总督来维护。腓力二世充分利用了阶级冲突和地方猜忌。腓力二世利用贵族去对付市民和农民，利用世俗人员去对付神职人员，通过巧取豪夺来豢养一支军队。这支军队主要由西班牙人组成，也是他最后的依靠。总督一旦变得不得民心，便成为替罪羊，随时被撤换。那不勒斯总督最利欲熏心。这里的腐败横行，税

萨拉戈萨

收苛重。而米兰则受到主教们和市政的保护，尤其是受到著名的主教卡洛·博罗梅奥的庇护。至于西西里，封建采邑和自治城市的权力强大，像墨西拿和巴勒莫等自治城市势力雄厚，无法撼动。

在这样的政体下，真正的权力不可避免地落入国王手中，而中央权力委员会则管辖着西班牙各个地区的行政和司法。中央权力委员会下设多达十二个部门[①]，其中三个重要部门是：国务院、卡斯蒂尔议会和宗教裁判所。宗教裁判所在前面已经提及，国务院管理权限主要限于对外事务。卡斯蒂尔议会职能最重要，腓力二世把卡斯蒂尔视为自己国家的权力中心。因此，他抛弃了

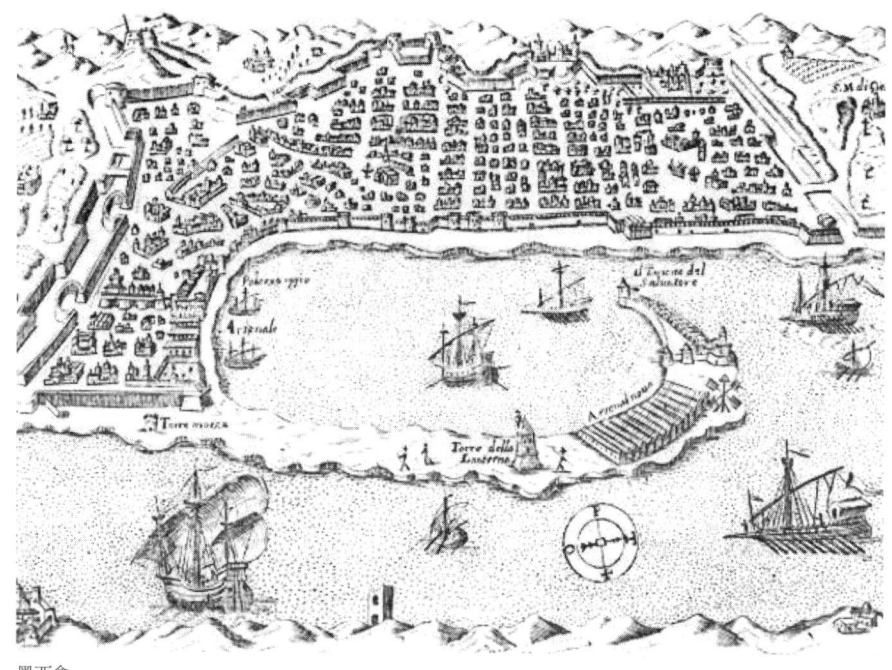

墨西拿

---

① 其他部门是：大总管委员会，管理财政收入，审理与之有关的案件；军事委员会，管理圣拉戈、卡拉特拉瓦、阿尔坎塔拉三大军事组织；法官办公室，最初是卡斯蒂尔议会的一部分，后来实际上变成了一个独立的委员会；战争委员会；阿拉贡议会；意大利议会；佛兰德斯议会，很快就不再重要了；葡萄牙议会，在征服葡萄牙后建立；印度委员会，负责西印度群岛的一般行政管理，审理与民事和教会有关案件的审判。——原注

传统的行政委员会，转而依靠卡斯蒂尔议会。传统的行政委员会由各公国的摄政组成，是他父亲查理五世领导下的中央行政机关。卡斯蒂尔议会的职能仍旧主要是司法性质的，审理下级法院的上诉。根据腓力二世的规定，它主要由律师组成。然而，它享有其他权力。卡斯蒂尔议会控制着教会，起草法律法规，并就所有涉及国家利益的问题广泛地提出意见。事实上，卡斯蒂尔议会实际上变成了内部的"国务院"。卡斯蒂尔议会成员的提名完全控制在国王手中。除了国务院，卡斯蒂尔议会和宗教裁判所主要由教会和世俗人士组成，鲜有贵族任职。

西班牙贵族完全被排除在卡斯蒂尔议会之外，即便在阿拉贡议会，贵族的代表席位也非常有限[①]。因此，西班牙贵族几乎被排除在国内政治权力之外。贵族拥有巨大的收入，享受免税权，占据王室的大部分职位，指挥着海外的王室军队和舰队，担任大使，并在各殖民地和附属领地担任总督，但在国内，贵族几乎没有影响力。除非是在皇家仪式上，否则贵族携带武器或侍从是不被允许的。除了特殊情况，如摩尔人的叛乱，或者在外国军队服役，贵族很少出现在战场上。贵族要么把时光消磨在宫廷，要么消耗在自己辽阔的封地。在自己的封地，贵族小规模地模仿宫廷富丽堂皇的生活和礼节。贵族自命不凡，却又孤立无助，拥有大量财富，却又没有什么实权。贵族拒绝与下层阶级为伍，或与下层阶级通婚，很快就沦为一个堕落而无用的阶级，就像18世纪的法兰西贵族那样。

按照王室的意愿，议会成员大部分是面顺从、谄媚的仆人，时时提防疑心重重的国王。主人可以随心所欲地玩弄他们于股掌之间，除非他们能够在国王周围编织一张关系网。事实也确实如此。至少在某段时间，国王无法打破这张关系网。腓力二世如果经常咨询议员的建议，就会记起父亲查理五世的训诫："别人都靠不住，只能靠自己。"腓力二世并不常参加议会会议。有时，他在

[①] 只有八位掌权的贵族家族才能得到一个议员席位。在西班牙层级较低的贵族中，只有被国王选中的人才能获得召见。——原注

文件提交议会之前会对文件进行修改。腓力二世通常通过相关机构接受议员的意见,或常常要求议员以书面报告的形式汇报。腓力二世将书面汇报带回王宫,并附上批示。腓力二世曾自吹自擂地说:"借助一张纸,便能统治着两个半球。"腓力二世在办公桌前可以连坐几个小时,有时由一位秘书协助,有时由他最喜爱的女儿伊莎贝拉·克莱拉·尤金妮亚协助,更多的时候是一个人独自处理公文。腓力二世像一位勤勉的文员,在公文上潦草地批注。批文常常肤浅琐碎,看到此景,恐怕连小学生也会感到羞愧。因此,任何实际行使的权力都取决于国王个人的意志,也取决于王室集团对国王的影响。只要信任大臣,腓力二世就会给他们很大的自由权,但他疑心很重。腓力二世利用一位大臣对付另一位大臣,从不同人的观点和意见中吸取有益的成分。腓力二世采取间谍方式对国内外大臣实施监控,一旦引起怀疑,大臣或总督就离撤职不远了。

在腓力二世主要信任的大臣中,有三个人值得提一提。在他执政之初,三个人最有影响力:阿尔瓦公爵费尔南多·阿尔瓦雷斯·德·托莱多、埃博利公爵鲁伊·戈麦兹·德·西尔瓦和迭戈·德·埃斯皮诺萨。

阿尔瓦公爵费尔南多·阿尔瓦雷斯·德·托莱多是值得查理五世信赖的一位顾问,在战争中,为查理五世浴血奋战。因此,查理五世把他推荐给了儿子。阿尔瓦公爵费尔南多·阿尔瓦雷斯·德·托莱多既是最称职的政治家,也是最好的士兵。他喜欢在做出决定之前仔细权衡。同时,他具有与生俱来的忠诚,坚决执行王室的决策。他是王室事务负责人,是国务院成员,在腓力二世统治的最初几年有很大的影响力。

然而,从一开始,阿尔瓦公爵费尔南多·阿尔瓦雷斯·德·托莱多就遇到了一个劲敌,埃博利公爵鲁伊·戈麦兹·德·西尔瓦。埃博利公爵鲁伊·戈麦兹·德·西尔瓦出身于葡萄牙贵族家庭在卡斯蒂尔的一个分支,做过王室的侍卫,后来成了当时还是王子的腓力二世的宠儿。他以幽默、温顺、乖巧、奉承、机灵取悦主人,并以此保持优越地位。他待人接物和蔼可亲,成功地维持了好的人缘。在与埃博利女公爵安娜·德·门多萨结婚后,他便成为埃博利公爵,后

伊莎贝拉·克莱拉·尤金妮亚

来成为国务院成员、侍卫长。尽管安娜·德·门多萨失去了一只眼睛,但她的聪明和美貌有目共睹。总的来说,埃博利公爵鲁伊·戈麦兹·德·西尔瓦赞成温和措施,反对阿尔瓦公爵费尔南多·阿尔瓦雷斯·德·托莱多在尼德兰推行高压政策。但在这个问题上,阿尔瓦公爵费尔南多·阿尔瓦雷斯·德·托莱多的建议占了上风。不过,随着阿尔瓦公爵费尔南多·阿尔瓦雷斯·德·托莱多去其他地方执行自己主张的政策,他的影响力就减弱了。腓力二世慢慢地讨厌阿尔瓦

安娜·德·门多萨

公爵费尔南多·阿尔瓦雷斯·德·托莱多傲慢的举止。于是,阿尔瓦公爵费尔南多·阿尔瓦雷斯·德·托莱多在国事中已不再扮演重要的角色[①]。埃博利公爵鲁伊·戈麦兹·德·西尔瓦的影响力现在超过了其他人。他的机敏,如果一些传闻可相信的话,他妻子对国王的殷勤顺从,使他一直保持着自己的影响力,直至1573年7月去世。

  腓力二世执政早期的第三位著名人物是迭戈·德·埃斯皮诺萨。他以非凡的工作素养和能力引起腓力二世的注意。迭戈·德·埃斯皮诺萨曾是卡斯蒂尔议会议长和西印度群岛管理委员会主席,同时是首席审判官、国务院成员和西古恩萨的主教。最后,他成为枢机主教。然而,迅速的崛起使他傲慢无比,很快就受到了主人的嫌弃。在一次公开会议上,因被腓力二世指责撒谎,1572年9月他抑郁而死。

  1573年埃博利公爵鲁伊·戈麦兹·德·西尔瓦去世后,他的政策由王后奥地利的安娜的管家洛斯韦莱斯侯爵佩德罗一世·法雅尔多和安东尼奥·佩雷斯继续执行。安东尼奥·佩雷斯的特点充分体现了腓力二世是如何与大臣们打交道的,因此这段历史值得密切关注。安东尼奥·佩雷斯是塞普尔韦达副主教贡萨洛·佩雷斯的私生子。贡萨洛·佩雷斯是查理五世的重臣之一,后来又成为腓力二世的重臣。安东尼奥·佩雷斯在埃博利公爵鲁伊·戈麦兹·德·西尔瓦那里学到了不少本事。1566年,父亲去世后,安东尼奥·佩雷斯继承了父亲的部分官职。在保护人埃博利公爵鲁伊·戈麦兹·德·西尔瓦去世后,安东尼奥·佩雷斯接替了他的位置,并在他的遗孀安娜·德·门多萨强有力的支持下,继续执行他的政策。安东尼奥·佩雷斯一味地专心为腓力二世服务,并且擅长腓力二世喜爱的间谍活动。安东尼奥·佩雷斯四处打探机密,以便向腓力二世邀功,为了达到目的。他经常使用卑鄙的手段。在这些卑劣的行为中,安东尼奥·佩雷斯

[①] 阿尔瓦公爵费尔南多·阿尔瓦雷斯·德·托莱多从尼德兰返回后,就自己儿子的婚姻问题与腓力二世发生了争吵。1579年,他在乌萨达退休。他一直待在那里,直到1580年远征葡萄牙时被腓力二世召回。1582年12月,阿尔瓦公爵费尔南多·阿尔瓦雷斯·德·托莱多去世。——原注

与奥地利的约翰的交易是臭名昭著的例子。我们会发现，正是安东尼奥·佩雷斯，挑起了腓力二世对同父异母的弟弟奥地利的约翰的忌妒；也正是他，利用奥地利的约翰的亲信胡安·德·埃斯科维多引诱奥地利的约翰发表轻率的声明，目的只是希望能把这些话传给腓力二世。最后，安东尼奥·佩雷斯任由腓力二世下令谋杀不幸的胡安·德·埃斯科维多。然而，从那一刻起，安东尼奥·佩雷斯再无安宁之日。他在议会中的敌人大肆宣扬他是杀害胡安·德·埃斯科维多的凶手，并恳求腓力二世伸张正义。腓力二世起初承诺保护安东尼奥·佩雷斯，但后来突然改变了主意，1579年7月28日逮捕了安东尼奥·佩雷斯和埃博利女公爵安娜·德·门多萨。对腓力二世这一奇怪举动的解释一直是这段历史的难解之谜。有一种普遍的但不靠谱的说法是逮捕埃博利女公爵安娜·德·门多萨是因腓力二世受到伤害而迁怒于她，因为孀居的埃博利女公爵安娜·德·门多萨更喜欢安东尼奥·佩雷斯，而不是他。这种说法模棱两可，没有任何确凿的证据。埃博利女公爵安娜·德·门多萨已经老了，是十个孩子的母亲。安东尼奥·佩雷斯的妻子一直为丈夫辩护。腓力二世的忏悔神父弗雷·迭戈·德·查维斯对以这种可耻的理由去迫害胡安·德·埃斯科维多不积极。比较合理的解释是，腓力二世认为安东尼奥·佩雷斯和埃博利女公爵安娜·德·门多萨在胡安·德·埃斯科维多的事情上欺骗了他，并且他们可能为了摆脱政敌的攻击，用诽谤的方式逼死了可怜的胡安·德·埃斯科维多。腓力二世的行为似乎支持了这一观点。腓力二世一开始似乎不愿意让外人知道他如何对待奥地利的约翰及如何处理胡安·德·埃斯科维多被杀一事，倾向于赦免安东尼奥·佩雷斯，甚至想让他继续工作，直到1581年11月，在忏悔神父弗雷·迭戈·德·查维斯的催促下，他才决定执行更严格的措施。从这一刻起，这桩婚外情几乎变成了腓力二世和安东尼奥·佩雷斯之间的一场私人斗争。在腓力二世收集不利于安东尼奥·佩雷斯的证据时，这件不光彩的案件拖了五年。1585年1月23日，安东尼奥·佩雷斯被判处罚款和监禁两年，随后被判处八年流放。即便在这时，有人还试图获得所有有损名誉的文件和书信。安东尼奥·佩雷斯背叛监禁时间，他

谋杀胡安·德·埃斯科维多

的妻子把有损名誉的文件和书信都藏了起来,虽然后来被监禁了,但她拒绝交出文件和书信。与此同时,安东尼奥·佩雷斯从被关的房子里逃出来,找到了庇护所。然而,这一行为是违法的。安东尼奥·佩雷斯被抓住并受到折磨。1590年4月20日,安东尼奥·佩雷斯身穿妻子的衣服,设法逃出了酷刑室,逃到了阿拉贡,在阿拉贡镇压反叛运动时,他又成功地逃到了法兰西。腓力二世怒气冲冲,派特工追杀他,还企图利用一名来自波城的女人去诱捕他,但这一切都是徒劳。腓力二世因没有抓到安东尼奥·佩雷斯,便转而报复埃博利女公爵安娜·德·门多萨和安东尼奥·佩雷斯勇敢的妻子。埃博利女公爵安娜·德·门多萨受到残酷折磨,十八个月后去世(1592年2月)。安东尼奥·佩雷斯的妻子和孩子们被监禁在狱中,直到腓力二世驾崩。安东尼奥·佩雷斯后来去了英格兰。他

在阿拉贡镇压反叛运动时,安东尼奥·佩雷斯被阿拉贡人解救

安东尼奥·佩雷斯的妻子和孩子们被逮捕

鼓动伊丽莎白女王派远征军到加的斯。最终，他逃过一劫，并试图与西班牙新君主腓力三世讲和，提出向腓力三世泄露英格兰的国家机密。

随着1579年安东尼奥·佩雷斯垮台，最初由埃博利公爵鲁伊·戈麦兹·德·西尔瓦的派系在王室中失去了影响力。该派系的地位由安东尼·皮埃诺特·德·格兰维拉、胡安·德·伊迪亚克斯和克里斯托瓦尔·德·穆拉取代。其中，查理五世时期的议长之子，土生土长的弗朗什-孔泰人，枢机主教安东尼·皮埃诺特·德·格兰维拉已经担任腓力二世在佛兰德斯的顾问（1559—1563）。后来，他一直担任那不勒斯总督，并因号召组建永久联盟而名噪一时。永久联盟导致了勒班陀战役。现在，他被任命为卡斯蒂尔议会主席。

胡安·德·伊迪亚克斯是查理五世一名国务秘书的儿子，他继承了安东尼奥·佩雷斯的职位担任腓力二世的秘书，而葡萄牙人克里斯托瓦尔·德·穆拉则被任命为财务委员会成员，并积极参与征服葡萄牙的行动。政府部门人事的变动标志着腓力二世的政策发生了彻底的改变。之前，腓力二世在欧洲一直奉行温和的安抚政策，但从这一刻起，他开始踏上了征服法兰西和英格兰的不归之路。

安东尼·皮埃诺特·德·格兰维拉很快就发现自己被同僚排挤掉了。在他死后（1586年9月22日），胡安·德·伊迪亚克斯、克里斯托瓦尔·德·穆拉、阿拉贡人钦琼伯爵迭戈·费尔南德斯·德·卡布雷拉组成了名为"黑夜军人集团"的执政团体。政府各个部门的所有重要事务都需移交给黑夜军人集团。三人集团控制政府职能一直持续到腓力二世统治结束，致使政府变得越来越腐败，政府部门之间的争吵也更加严重。国王腓力二世则因健康日益恶化而变得的更加优柔寡断和迟疑不决。

然而，如果我们忽略了腓力二世的忏悔神父，我们就无法深刻了解周围的人给他造成的影响。腓力二世的忏悔神父是两名多明我会修士：前者是弗雷·伯纳多·德·弗雷斯内达，一直担任忏悔神父到1577年；后者是弗雷·迭戈·德·查维斯，一直担任忏悔神父到1595年。这两个人都处理内政大事。弗雷·伯纳多·德·弗雷斯内达，这位"昆卡的胖主教"，被英格兰重臣威廉·塞西尔的密探称作大臣们的"头头"，既是战争委员会的成员，也是十字军征款的主管。第二位影响力更大。1584年，弗雷·迭戈·德·查维斯被提名为议员，在处理安东尼奥·佩雷斯、镇压阿拉贡叛乱和征服葡萄牙方面，他都发挥了主要作用。他会毫不犹豫地把在忏悔中获得的秘密汇报给腓力二世。作为回报，他有时会要求腓力二世满足他的愿望。因此，我们发现在1591年，弗雷·迭戈·德·查维斯拒绝了腓力二世的圣礼，直到腓力二世按照他的心愿任命他为卡斯蒂尔议会主席。

对专制统治而言，一支常规军是必不可少的。常规军的雏形从一开始就有了。尽管腓力二世的父亲查理五世一直掌管着一支步兵部队，但它只用于对外征战，并且驻扎在国外。在国内，查理五世依靠的是从城镇征集的民兵和来自贵族及其侍从的封建徭役。在此基础上，腓力二世补充了"卡斯蒂尔近卫军"，

威廉·塞西尔

一支有相当规模和实力的武装部队。卡斯蒂尔近卫军长期在国内驻守，加上轻骑兵部队，从此，政府就有了一支军队，可以用来平息国内的任何麻烦。

如果腓力二世的统治被称为"专制主义"是恰如其分的话，那么就像以往任何专制主义一样，必然涉及官僚机构的弊病和阴谋——这种官僚机构，虽然是国王任命的，但有时会左右国王。当专制被置于一个智力不高、心胸狭隘、生性可疑的人手中时，腓力二世对权力的痴迷，让他不屈不挠地往错误方向使劲，使专制的罪恶以令人无比震惊的方式呈现。查理五世的确实行过君主专制，并取得了一些成功。然而，现在他的儿子只有一点像父亲，那就是自我控制力。无论是好消息还是坏消息，都不喜不悲。当得知一些不愉快的麻烦事时，最多会紧紧地抓着胡须。至于其他方面，腓力二世不如父亲有王者风范。对这样一个人来说，专制的后果当然是灾难性的。腓力二世执掌政府的决心，至少在表面上看，不够果断；加上他不幸的错觉，即"他和时间总是对不上号"，拖延和优柔寡断的致命习惯，使他常常坐失良机。腓力二世尽管痴迷权力，但在关键时刻不能挺身而出，毫无担当，总是渴望得到议员的意见。毫无疑问，腓力二世天真地以为，最终的决定权在他手中，然而，在现实中，腓力二世往往被别人牵着鼻子走。在这种情况下，阴谋和腐败不可避免地聚集在他的周围。这些往往太强大而无法抵挡。与此同时，在官僚机构的基层，罪恶迅速滋生，甚至连安东尼·皮埃诺特·德·格兰维拉本人也不得不承认。

然而，不可否认的是，腓力二世的决定影响着他身边的人，从而为执政定了基调。因此，必须为专制造成的恶果承担主要责任。在上文中，我们已经叙述了，贵族的孤立是如何造成的，腓力二世是如何利用教会和宗教裁判所摧毁一切思想独立性的，以及狭隘的官僚制度是如何剥夺人的政治权利的。

对于当时欧洲的商业和金融政策，需要简单地说明一下。当时，欧洲普遍认为黄金和白银是所有财富中最可取的。一个国家黄金和白银的进口量如果超过出口量时就会受益，这是有一定道理的。应该记住的是，在没有纸币的时代，一个国家从事贸易时所需的金属货币量比今天要大。此外，由于国家贷款还处于起步阶段,而国债又不为人所知,要应付重大紧急情况,如战争,就必须有一个充盈的国库。最重要的是,在那些本身没有任何矿藏的国家,获取贵重金属的唯一途径是用自制的货物或贸易进行交换。因此,在这些国家,基本政策是倾向于刺激而不是束缚工业企业。然而,西班牙王国的情况不同。新世界的矿藏给它提供了贵重金属,因此它想阻止外国的进口,甚至禁止金银出口。更有甚者,西班牙人过分依赖矿藏生产,无论是在国内还是在殖民地,不鼓励辛苦的工业,尽管工业生产效率更高。民族惰性日益增加。此外,这些矿场远没有人们希望的那么多产。腓力二世很快就了解到,弗拉芒织布机产生的财富远多于墨西哥和秘鲁的矿场产生的财富。

有关贸易的荒谬规定也导致了灾难性后果。为了压低价格,玉米和牛的出口被盲目禁止。国内甚至禁止种植玉米,还禁止从巴巴里海岸进口任何商品。

玉米植株

这些荒谬的限制，既压缩了有关农作物的种植，又将贸易机会拱手让给了外国人。其中许多物品的出口，是为了偿还贷款，要从腓力二世那里获得出口许可证，而对外国商品的需求则给了外国人控制进口贸易的机会。所有的奢侈品都来自国外。我们知道尼德兰的反叛者也在进行生意兴隆的贸易，包括西班牙人用来攻打他们的军需用品。据估计，六分之五的国内贸易和十分之九的西印度群岛贸易被外国人垄断。因此，西班牙这个自然资源并不富有的国家，没有通过贸易和制造业致富，仍然极度贫困。由于腓力二世用于战争和宫廷的开支需要高昂的税收，政策不断恶化，罪恶滋生。苛捐杂税更多地落在卡斯蒂尔人和那不勒斯人身上，并且横征暴敛。虽然人民遭受了很大的苦难，但政府常常收获很少，因为贪腐太厉害。

  腓力二世国内政策的总体效果是培育和加剧了西班牙民族性格的所有负面特征：狭隘、无知、懒惰和骄傲。在他执政初期，西班牙王国的实力似乎达到了顶峰，但到了执政后期，西班牙王国已经向未来的衰落迈出了可怕的一步。下一章，我们继续了解腓力二世如何处理尼德兰和国外问题，追溯他力图控制尼德兰及其他附属国的企图是如何失败的，特别是征服英格兰和法兰西的疯狂企图是如何破灭的。

第9章

尼德兰动荡之源：宗教改革方案

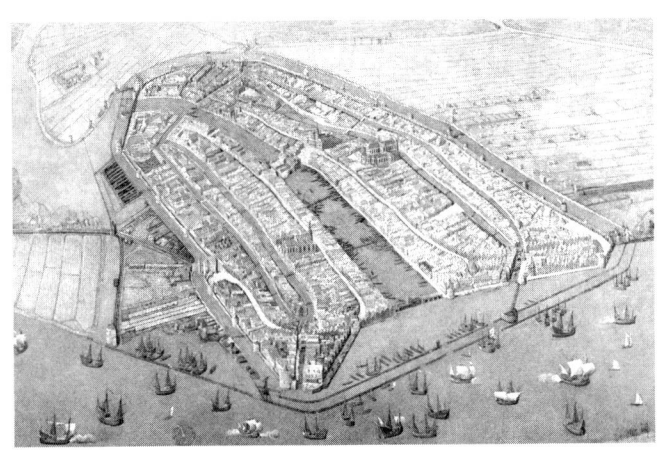

精彩看点

尼德兰早期历史——查理五世的政策——奥兰治亲王威廉——帕尔马的玛格丽特成为摄政——顾问团——腓力二世的政策——各省邦联议会提出申诉——腓力二世的宗教改革方案——奥兰治亲王威廉领导反对派——安东尼·皮埃诺特·德·格兰维拉退休——埃格蒙特伯爵拉莫雷尔前往西班牙向腓力二世进谏——塞戈维亚法令——《妥协方案》——腓力二世的答复

人们普遍认为尼德兰革命是民主反抗宗教迫害的一个典型。然而，这种观点需要修正。毫无疑问，宗教迫害是引起许多人不满的原因之一，尤其是在北部省份。然而，宗教迫害并不是引起不满的主要原因，也不是首要原因，就连许多天主教徒起初也加入了革命组织[①]。革命爆发的主要原因是许多地方政府实行寡头专制，贵族的影响力过大，尤其是在南部省份和西部省份。这就提醒我们，这场革命本质上是针对人们无法容忍的寡头专制。

腓力二世继位时，尼德兰由十七个省组成，其中大部分省形成于15世纪，形成的方式是由势力强大勃艮第大公们主导的联姻、征服等。勃艮第公国女继承人勃艮第的玛丽与神圣罗马帝国皇帝马克西米利安一世联姻后，尼德兰就落到哈布斯堡家族手中，然后又通过腓力大公和乔安娜的婚姻传给他们的儿子查理五世。这些省份连在一起后便属于纯粹的私人财产，拥有各种头衔[②]，居住着不同种族，各种族说着不同的语言。东北部是荷兰人；布拉班特流行弗拉芒语；西部省份和南部省份是瓦隆人和德意志人。社会状况各不相同。在佛兰德斯和布拉班特，乡村掌握在势力强大的贵族手中，而城镇里则居住着手工业

---

① 英格兰使者巴克赫斯特勋爵托马斯·萨克维尔曾说，到1587年为止，在没有被征服的省份，天主教徒的人数超过了新教徒。——原注
② 四个公爵领地：布拉班特、格尔德兰、林堡、卢森堡；五个侯爵领地：弗里斯兰、梅克林、乌得勒支、上艾瑟尔、格罗宁根；七个总督辖地：佛兰德斯、阿图瓦、海诺特、荷兰、西兰、那慕尔、聚特芬；安特卫普是侯爵领地。——原注

勃艮第的玛丽

神圣罗马帝国皇帝马克西米利安一世

腓力大公

乔安娜

者和无业流民，由富裕的市民控制。在北方，民主氛围浓厚，尤其是在西弗里斯兰，居民要么在海上捕鱼和从事商业，要么保卫家园阻止外敌入侵。社会方面和政治方面的差异反映在制度的多样性上。每个省都有自己独特的政府。许多省都享有宪法保障的权利。按照宪法，一个省的居民不允许在另一个省任职。尽管自勃艮第公爵时代以来，一个由神父、贵族和城市代表组成的各省邦联议会不时召开，但议会的权限颇有争议，对解决各省的纷争几乎无能为力。

勃艮第公爵们企图建立一个更能体现中央集权的政府体系，从而融合差异、实现统一，但这遭到了强烈的抵制，尤其是布拉班特和佛兰德斯的市民。因此，各省和中央之间的关系常常十分紧张。在腓力大公统治期间（1494—1506），斗争已经缓和，但查理五世继位后，查理五世再次推行统一和中央集权的政策。他逐步扩大了统治疆域。1524年，他获得西弗里斯兰；1536年获得格罗宁根；1543年占领吉尔德雷斯和聚特芬。根据1526年的《马德里条约》，阿图瓦、佛兰德斯和图尔奈相继脱离法兰西，回到查理五世手里。1528年，查理

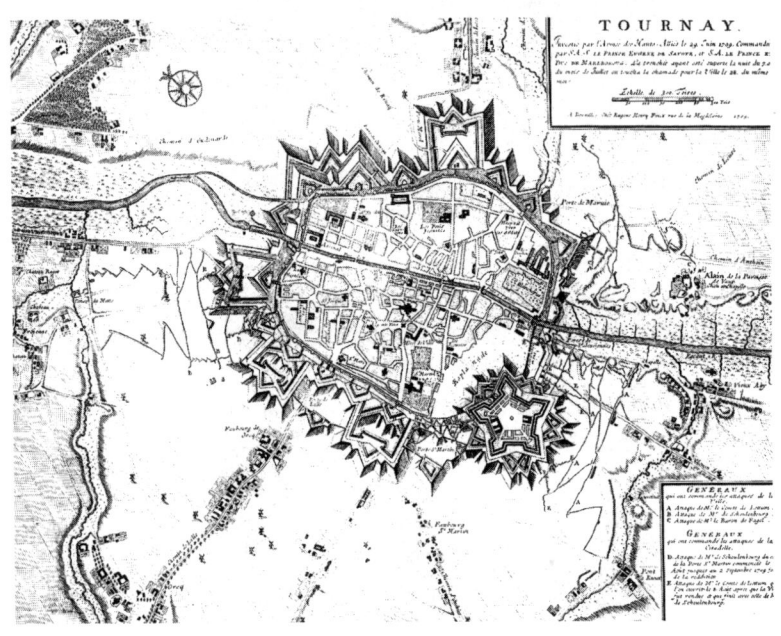

图尔奈平面图

奥地利的玛格丽特

五世又临时代管乌得勒支主教领地和上艾瑟尔。1547年，整个尼德兰成为神圣罗马帝国的一部分，但尼德兰议会和最高司法法院又保持独立性。然而，1555年，查理五世决定把这些省份留给自己的儿子。于是，政策发生了颠覆性变化。由于查理五世长期不在尼德兰，他把政府的控制权交给了两位女性总督，先是他的姑姑奥地利的玛格丽特（1506—1530）；接着是他的妹妹匈牙利的玛丽（1530—1555）。匈牙利的玛丽是匈牙利国王路易二世的遗孀。与此同时，中央集权的政策也在稳步推行。各省邦联议会经常召开，同时在梅克林再次设立了

第9章 尼德兰动荡之源：宗教改革方案

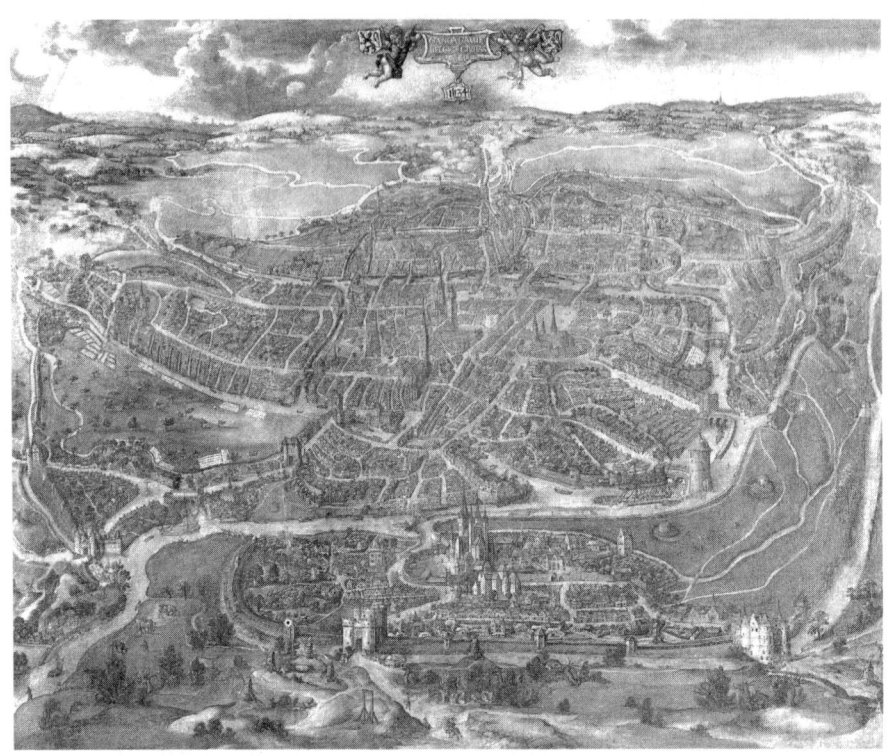

根特

中央法院，各省法院都受其管辖。行政当局由三个委员会控制：枢密院、财政院和国务院。枢密院管辖警察部和司法部；财政院管辖各省的财政；国务院主要由贵族组成，在摄政的管理下，负责外交事务，并监督其他委员会。各省省长由皇帝从贵族中提名，而其他官员，无论是市政官员还是司法官员，通常都是由省长任命。城镇的权力逐渐受到限制。1540年，根特试图拒绝各省邦联议会投票通过的税收，并抵制查理五世的中央集权政策，遭到严厉打击，丧失了城市豁免权和特权，十名地方行政官的提名权被查理五世掌握。

对于宗教异端，查理五世毫不留情。路德派教义早年在尼德兰流传，更加极端的加尔文派观点也在这里盛行，非常迎合尼德兰人的天性和品格。明斯特的再洗礼派，观点放肆，充满无政府主义思想，也在阿姆斯特丹出现。

查理五世急于镇压这些异端观点，完全没有被德意志的困境缚住手脚。他先后颁布一系列命名为"警示牌"的法令，1550年达到顶峰。威胁将以坑刑、火刑或砍头等酷刑，处死所有犯邪说罪、窝藏异端者、从事异端书籍交易、参加异端会议、为异端经文辩护或破坏圣像的人。查理五世试图任命一名大审判官，拥有至高无上的权力负责实施上述法令。这引起下级审判员的不满。下级审判员不得不纷纷辞职，查理五世只好把审判权分给四个人，未经省议会同意不得做出审判。如果说遭受"警示牌"法令之苦的受害者人数被严重夸大了，但至少查理五世放任了迫害行为。尽管如此，查理五世在尼德兰并非不受欢迎，宗教方面和政治方面的积怨直至今日也未能认定。查理五世出生在佛兰德斯，早年完全受弗拉芒顾问的操控。后来，由于在欧洲的地位和身份，查理五世不得不居住在其他地方，但会经常回到故乡。他不仅不明确反对任命外国人在尼德兰为官，而且把弗拉芒人提拔到西班牙政府的最高职位，这激怒了西班牙臣民。查理五世不断对外开战，给崇尚武力的人提供了谋生的机会。同时，帝国广阔的疆土也为勤劳的弗拉芒人提供了商业机会。尼德兰从来没有如此繁荣过，西部城镇的织布机从来没有如此忙碌过。在佛兰德斯和阿图瓦，玉米大丰收。东北各省资源丰富。黄油和奶酪供应充足。渔夫们因渔业兴盛而富裕起来。安特卫普取代了布鲁日成为商业转口港，也是欧洲人口最多、最繁荣的城镇之一。码头挤满了外国船，银行里挤满了外国商人。据估计，在短短几年内，尼德兰为查理五世的财政贡献了不少于两千四百万杜克特金币。当然，这些贡献是被勒索出来的。尼德兰人埋怨说自己的收入被用来弥补与他们无关的战争。宗教冲突正在升级。1555年，当查理五世把政权交给儿子时，显然，应对这个繁荣、动荡和独立的民族，只有靠聪明与亲善的政治手腕，才能使人民保持忠诚。

对尼德兰人来说，腓力二世在这个关键时刻继位是极其不幸的。腓力二世的冷酷、傲慢与查理五世的谦和形成了鲜明对比。他毫不掩饰自己对西班牙的忠诚及对弗拉芒臣民的蔑视。1550年，腓力二世通过颁布极其严厉的新法令，

阿姆斯特丹

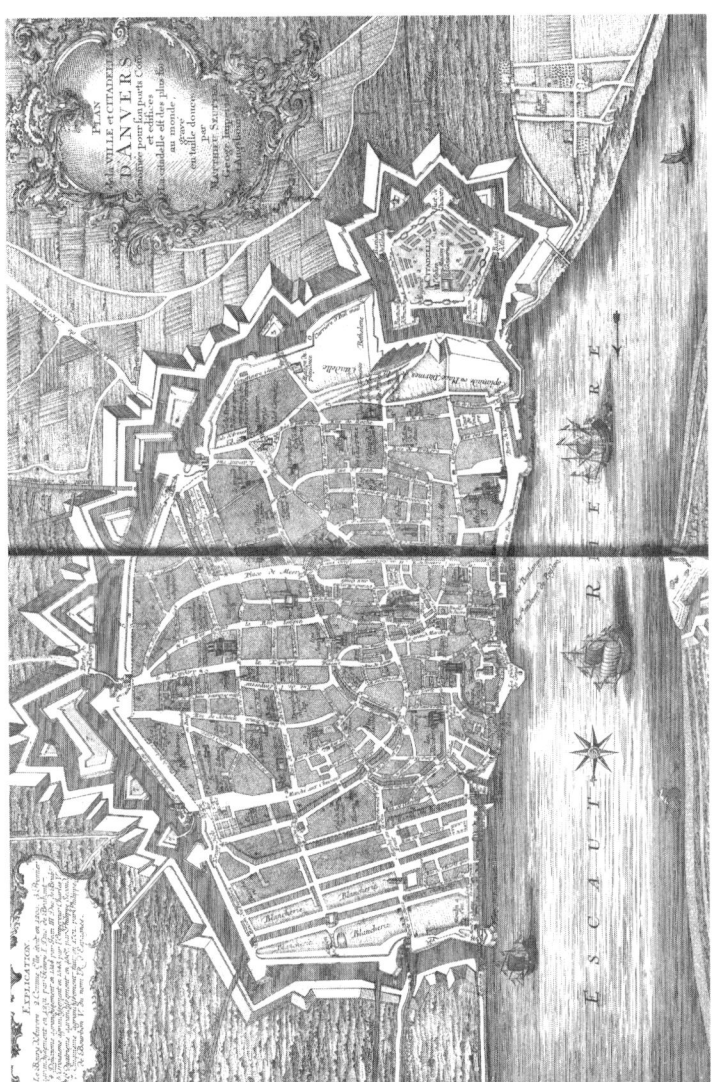

以证明他对天主教信仰的执着,就连与法兰西的战争,在尼德兰也不受欢迎。尼德兰人抱怨自己的利益被西班牙人牺牲,并拒绝了西班牙人的财政要求。1559年的《卡托康布雷齐和约》加剧了这种不满。根据《卡托康布雷齐和约》,从1555年起一直担任布鲁塞尔摄政的萨伏依公爵伊曼纽尔·菲利贝托要回到

萨伏依公爵伊曼纽尔·菲利贝托

沙隆的雷内

自己在意大利的领地,因此,必须另选摄政。这是安抚尼德兰人的好机会,可以任命弗拉芒贵族为摄政。当时,至少有两个人完全符合资格。奥兰治亲王威廉因表兄沙隆的雷内1544年去世而继承了他在荷兰和布拉班特的大量财产和领地,同时继承了罗纳河流域的奥兰治公国。奥兰治亲王威廉曾被查理五世任命为荷兰、西兰、乌得勒支和西弗里斯兰的总督,被授予军事指挥权,并担任外交使者,展示出特殊的天赋。从奥兰治亲王威廉的性格和地位来看,他很适

埃格蒙特伯爵拉莫雷尔

合担任摄政的职务。除奥兰治亲王威廉外,埃格蒙特伯爵拉莫雷尔也是不错人选,他担任过佛兰德斯和阿图瓦的总督,虽然在能力和实力不如奥兰治亲王威廉,但在圣昆廷战役和格拉沃利讷战役中战功赫赫,并且天性友善,爱拔刀相助,很受人欢迎。

然而,腓力二世并不打算任命两个人中的任何一个,因为他们势力强大,并且独立自主。最终,腓力二世选择了同父异母的妹妹玛帕尔马的玛格丽特。

帕尔马的玛格丽特是查理五世的私生女，奥塔维奥·法尔内塞的妻子。奥塔维奥·法尔内塞是教皇保罗三世的孙子。成为摄政时，帕尔马的玛格丽特三十八岁，由尼德兰两位女摄政萨伏依的玛格丽特和匈牙利的玛丽抚养长大。腓力二世对帕尔马的玛格丽特的任命并没有引起任何不满。帕尔马的玛格丽特的气概和说话声音都像男人，但没有政治才干，容易受别人影响。她推行的政策常常不受欢迎。

帕尔马的玛格丽特

腓力二世做出指示，帕尔马的玛格丽特将由财政院、枢密院和国务院辅佐。国务院由几名地位较高的贵族组成，其中最著名的是奥兰治亲王威廉和埃格蒙特伯爵拉莫雷尔。名义上，国务院是尼德兰的最高权力机构，但腓力二世规定，一切涉及国家利益的敏感问题，应掌握在一个名为"顾问团"的内部委员会手里。这个内部委员会由夏尔·德·伯莱蒙特、维格利乌斯和安东尼·皮埃诺特·德·格兰维拉组成。三人中，财政院主席尔·德·伯莱蒙特来自一个良

安东尼·皮埃诺特·德·格兰维拉

维格利乌斯

好的弗拉芒人家庭。虽然他是一个诚实的人,但他的观点狭隘而偏执。枢密院主席维格利乌斯是一位法学家和人道主义者,也是德西德里乌斯·伊拉斯谟·鹿特丹姆斯的朋友。然而,他贪得无厌,为官是为了享福。同时,维格利乌斯惟安东尼·皮埃诺特·德·格兰维拉之命是从,是安东尼·皮埃诺特·德·格

尼古拉·皮埃诺特·德·格兰维拉

兰维拉的卑微追随者。安东尼·皮埃诺特·德·格兰维拉是查理五世亲信大臣尼古拉·皮埃诺特·德·格兰维拉的儿子，1517年出生在弗朗什-孔泰的贝桑松。二十五岁时他成为阿拉斯主教。1550年，他在年迈的父亲去世后，受到查理五世的信任。查理五世把他特别推荐给腓力二世，被任命为国务院主席。他虽然是一位勤劳能干的政治家，彬彬有礼，真正关心尼德兰人的福利，但野心勃勃，痴迷权力，腐败贪婪。作为勃艮第人和腓力二世观点的代表人物，尼德兰人不喜欢他。

腓力二世没有打算缓和与弗拉芒人的紧张关系。满足战争需要的西班牙军队，在和平时期没有撤离，并且通过敲诈和掠夺弥补被拖欠的薪饷。腓力二世一心想粉碎异端邪说的意图是众所周知的，这自然引起了广泛的担忧。

1559年8月，在根特召开的各省邦联议会提出了各种不满意见。腓力二世确实承诺过撤军，但拖拖拉拉。直到1560年10月，撤军承诺才兑现。腓力二世并没有真心关注人们的不满，一开始整治宗教异端时，他对大臣们宣布想放权，而当各省邦联议会表示反对外国人时，他则反驳道："我也是一个外国人，难道人们会因此拒绝服从我吗？"无视人民的不满，在指责奥兰治亲王威廉是国务院中反对派的幕后推手后，腓力二世离开了尼德兰，再也没回来。对奥兰治亲王威廉指责，来自当代史学家的考证，但这一点值得商榷。

离开尼德兰后，腓力二世又采取了另一项措施，这更加剧了人们的不满。尼德兰的教会组织非常不完善。只有四个主教教区，即阿里亚斯、康布雷、图尔

康布雷平面图

奈和乌得勒支。教区规模太大，无法有效管理。仅乌得勒支教区就有三百个筑墙城镇和一千一百座教堂，而康布雷是一个自由城市。因为四个主教教区要接受外国大主教辖区的管辖，上诉和冲突引发的混乱不断加剧：前三个教区隶属于兰斯大主教区，乌得勒支教区隶属于科隆大主教区，而卢森堡则是六个外国教区的一部分。查理五世亲自设计了改革方案。然而，时机对他不利。查理五世在世时，改革方案未能贯彻，有待儿子腓力二世全面地去执行。改革方案计划将主教辖区增加到十五个，不受外国人控制，然后由三个大主教辖区管辖，即梅克林、康布雷和乌得勒支，其中梅克林大主教安东尼·皮埃诺特·德·格兰维拉享有最高的地位。所需经费将由各教区内的修道院提供，修道院受到主教的优先关照。每一位主教都将任命九名受俸神父，其中两人担任审判官，协助铲除异端。改革方案的宣布遭到了天主教教徒和新教徒的强烈反对。按照改革方案，主教沦为王室的仆从。而主教所要取代的修道院院长则是由僧侣选举产生的，在省议会和各省邦联议会中代表着地方利益。挪用修道院的收入被谴责为一种掠夺行为，尤其是贵族，他们的后嗣往往是修道院院长。神职人员更加害怕因为自己的粗心和无知将受到更严格的监督和纪律处置。最重要的是，改革方案被谴责为企图引入西班牙宗教裁判所。毫无疑问，有些改革是必要的，而反对派的动机是维护自己的利益。然而，如果不经各省邦联议会，甚至是国务院的批准，对国家的教会组织进行如此彻底的改变，即使不是违宪，也是不明智的，会强化王室的专制。在镇压西班牙新教徒时，腓力二世将审判权给主教是极其危险的。总之，改革方案是不合时宜的，只利于维护君权和宗教迫害，将遭受强烈抵制。因此，改革方案阻力重重，无法完全执行。安特卫普通过颁布《共荣入城法案》限制不断上升的教会权力。盖尔德斯、乌得勒支和另外五个教区则想方设法摆脱改革方案的影响。改革方案没有全面执行，却使那些对宗教和政治不满的人团结在了一起。就这样，人们对政府的不满增加了。

1562年4月，第一次解救宗教裁判所受害者的尝试在瓦朗谢讷进行。与此同时，贵族对安东尼·皮埃诺特·德·格兰维拉的反对变得更加坚定。作为梅克

乌得勒支平面图

林大主教,安东尼·皮埃诺特·德·格兰维拉被视为腓力二世教会改革的主要推动者。作为国务院主席,他要对腓力二世所有令人痛恨的措施担责。1561年,安东尼·皮埃诺特·德·格兰维拉成为枢机主教,进一步激发了对手的忌妒。不满者找到奥兰治亲王威廉,请求他作为领袖出面。1561年,奥兰治亲王威廉娶了查理五世的老对手萨克森公爵莫里斯的女儿萨克森的安娜为第二任妻子。当时,安东尼·皮埃诺特·德·格兰维拉反对这门婚事,认为这可能会增加新

萨克森的安娜

霍恩伯爵菲利普·德·蒙莫朗西

教徒对奥兰治亲王威廉的同情。从这时起，奥兰治亲王威廉和安东尼·皮埃诺特·德·格兰维拉之间的对抗就公开化了。1563年3月，奥兰治亲王威廉、埃格蒙特伯爵拉莫雷尔和霍恩伯爵菲利普·德·蒙莫朗西给腓力二世写了一封信，要求解除安东尼·皮埃诺特·德·格兰维拉枢机主教一职，在要求未得到批准之前，他们拒绝出席国务院会议。

即使是原来一直支持安东尼·皮埃诺特·德·格兰维拉的摄政王帕尔马的玛格丽特，现在也抛弃了他，转而支持贵族们。1564年3月，经过长时间拖延，腓力二世最终同意罢黜安东尼·皮埃诺特·德·格兰维拉。然而，收效甚微，因为夏尔·德·伯莱蒙特和维格利乌斯仍然在任，而安东尼·皮埃诺特·德·格兰维拉退休后继续向腓力二世提供建议。政府制度没有改变,腐败现象依然存在,宗教迫害没有停止。1564年8月,腓力二世颁布了《特伦特宗教会议法令》,以确立自己的绝对权威。这更加剧了人们的不满。《特伦特宗教会议法令》不仅受到新教徒的普遍反对,而且遭到天主教徒的普遍反对,认为这是对自由的侵犯。奥兰治亲王威廉在国务院宣布,就目前的民意,《特伦特宗教会议法令》和反对异端邪说的法令无法执行,应立即制止政府的腐败行为,停止对正义的歪曲,结束议会中的纷争。

为了改变这种状况,由奥兰治亲王威廉、埃格蒙特伯爵拉莫雷尔和霍恩伯爵菲利普·德·蒙莫朗西领导的贵族敦促摄政帕尔马的玛格丽特必须召集各省邦联议会,加强各省邦联议会的职能,并通过吸纳更多的本土贵族和强化对其他委员会的领导改革国务院。帕尔马的玛格丽特现在已经完全认同了奥兰治亲王威廉等人的观点。1565年1月,埃格蒙特伯爵拉莫雷尔被派往西班牙,劝谏腓力二世接受他们的意见。如果腓力二世同意,尼德兰可能会保持对王室的忠诚。但改革将推翻现存的官僚制度,本土贵族将在各省邦联议会及改革后的国务院中重新掌权,同时将减轻针对异端的惩罚力度。腓力二世拒绝接受。1565年6月,腓力二世把阿尔瓦公爵费尔南多·阿尔瓦雷斯·德·托莱多派到巴约讷会议,敦促凯瑟琳·德·美第奇采取严厉措施,对付胡格诺派教徒。腓力二世不太可能在自己的领地容忍异端。起初,他似乎确实有点拖延。安东尼·皮埃诺特·德·格兰维拉曾经绝望地写道:"每件事都是一拖再拖,唯一的决定是等着瞧。"可能腓力二世拖延是想等着有一天能说服埃格蒙特伯爵拉莫雷尔。

1565年10月,腓力二世撕下了面具,在塞戈维亚颁布了著名的法令,禁止行政管理机构做出任何改变,并下令严惩异端。奥兰治亲王威廉说:"从现在起,我们将看到一场悲剧。"摄政帕尔马的玛格丽特,甚至是夏尔·德·伯莱蒙特和维格利乌斯都感到沮丧,并催促腓力二世注意可能发生的后果。

奥兰治亲王威廉宣称:"既然陛下的话表达得如此清楚,剩下的问题就是执行它。"人们普遍认为,奥兰治亲王威廉希望促成一些事情,无论如何,他

凱瑟琳・德・美第奇

的预言很快就会实现。在随后的骚动中，人们发现一种新的动向。到目前为止，反对派大部分人出自高贵的贵族阶层，都有一定的官职，会在改革中失去某些东西。现在，小贵族也开始行动了。这些人就像法兰西王国的中层与下层贵族一样，他们为战争提供了著名的骑兵部队，靠战争发财谋生。和平时期，小贵族失去了谋生手段。许多人怀着焦虑不安的心情返回家园，满怀对战争带来的奢华和放荡生活的迷恋，并利用一切机会去修复破碎的发财梦。

然而，另一些人则表现出了更加明显的态度转变。这些人在国外期间了解并积极地接纳了新教观点，并坚定地热爱自由。在这些人中，亨德里克·范·布利德罗德虽然名气不大，但是一个很好的典型。圣阿尔德贡德勋爵马尼克斯的菲利普是狂热派代表。奥兰治亲王威廉冲动的弟弟拿骚的路易是其中唯一一

亨德里克·范·布利德罗德

圣阿尔德贡德勋爵马尼克斯的菲利普

位政治家。他们的观点表达在《妥协方案》中。《妥协方案》是一份天主教教徒和新教徒多人参与签署的文件。文件宣称,腓力二世受到邪恶议员的蛊惑,设立了宗教法庭,违背了自己的誓言,所以应遭到反对。

然而,似乎没有高级贵族签署《妥协方案》。奥兰治亲王威廉公开谴责《妥协方案》语气粗暴。1556年4月5日,亨德里克·范·布利德罗德领导的贵族同盟向摄政帕尔马的玛格丽特提交了一份请愿书,请愿书以比较温和的语气体现了奥兰治亲王威廉的观点。在请愿书中,贵族同盟在表达坚决效忠的同时,也表达了对普遍反对的担忧,要求派遣特使到腓力二世那里,敦促他废除宗教裁判所,并召集各省邦联议会,目的是暂缓宗教改革方案的执行。摄政帕尔马的玛格丽特同意派卑尔根侯爵和蒙蒂尼男爵弗洛里斯·范·蒙莫朗西前往西班牙，并承诺暂缓宗教改革方案。1566年6月17日，他们抵达西班牙。腓力二世由于一贯的拖延，直到1566年7月31日才给出答复，承诺废除宗教裁判所，愿意赋予主教审判权，减弱宗教改革方案的严厉程度，并承诺让摄政帕尔马的玛格丽特赦免任何一位认为值得赦免的人，条件是解散贵族同盟，并支持政府。不过，腓力二世绝拒绝召开各省邦联议会。萨拉戈萨的居民立刻行动起来反抗破坏"司法权利"。

第10章
"破坏圣像运动"引起的连锁反应

精彩看点

圣特隆会议——"破坏圣像运动"——贵族叛乱——腓力二世决定采取严厉的措施——奥兰治亲王威廉返回拿骚——阿尔瓦公爵费尔南多·阿尔瓦雷斯·德·托莱多奉命前往尼德兰——帕尔马的玛格丽特辞职

只要腓力二世是真诚的，他的答复就会使尼德兰人感到满意。但当着公证人阿尔瓦公爵费尔南多·阿尔瓦雷斯·德·托莱多和两位法学家的面，腓力二世抗议道，这些让步不是出于自己的本意，不会受任何约束。腓力二世给教皇庇护五世写信表达了同样的观点，并开始秘密准备派阿尔瓦公爵费尔南多·阿尔瓦雷斯·德·托莱多率军去惩罚那些刚刚得到赦免的人。与此同时，尼德兰发生的事件给了腓力二世以口实。在一次酒宴上，贵族同盟煽动民族主义情绪，含沙射影地借用Les Gueux一词——意思是"乞丐"，暗指夏尔·德·伯莱蒙特曾经说过参加贵族同盟的人不过是一群可怜的"乞丐"。1566年7月，在列日附近的圣特隆，贵族同盟召开了会议。在圣特隆，尽管遭到许多天主教教徒，特别是曼斯费尔德伯爵彼得·恩斯特一世·冯·曼斯菲尔德-沃特洛特的反对，贵族同盟仍然决定忍耐，并保证不报复腓力二世。1566年7月28日，以拿骚的路易为首，向摄政帕尔马的玛格丽特提出了请愿书，但受到冷遇。由于深信腓力二世不久就会进行报复，拿骚的路易继续资助德意志雇佣军。

就在这时，一股狂热的暴力给了贵族同盟以致命打击。传教士的活动和不断升级的暴力，导致1566年8月月初"破坏圣像运动"爆发。从圣奥默开始，"破坏圣像运动"迅速蔓延，仅在佛兰德斯，两周之内就有四百座教堂被洗劫一空，安特卫普大教堂所有宝物被掠走。圣像、遗迹、神殿、绘画、手稿和书籍，全部遭殃。只有南方几个省份幸免于难。狂热分子中混入了罪犯，"破坏圣像运动"一度处于无政府状态。帕尔马的玛格丽特听从了奥兰治亲王威廉的建议，在暴力前妥协。她承诺，允许改革者在原有的地方举行会议，直到腓力二世和各省邦联议会发出命令为止。参加贵族同盟的贵族在得到赦免承诺的前提下，愿意协助政府。派往各省的总督，或通过适当的让步，或通过采取更严厉的措施，在一定程度上恢复了秩序，结束了暴力。天主教教徒对暴乱者的肆无忌惮和亵渎行为感到震惊，厌恶地远离了"破坏圣像运动"。路德派急于把责任推给加尔文派。那些不同情加尔文派的人跟着落井下石。埃格蒙特伯爵拉莫雷尔和霍恩伯爵菲利普·德·蒙莫朗西急忙行动起来辅佐政府，就连奥兰治亲王威廉也被迫在安特卫普处决了一批首恶分子，以确保恢复秩序。帕尔马的玛格丽特利用"破坏圣像运动"引发的反应，采取了更大胆的措施，命令从瓦隆省和信奉天主教的省征召来的皇家军队驻守在不值得信任的城镇。

参加贵族同盟的人虽然没有直接参与暴乱活动，但知道自己仍然要承担责任后，被迫发动叛乱。然而，他们只是受到狂热分子暴力行为的牵连而已，并不打算同狂热分子合作。由于没有得到足够的支持，贵族们妥协了。奥兰治亲王威廉禁止安特卫普的市民挺身而出去支持占据奥斯特劳威尔的造反贵族（1567年3月13日）。造反贵族被皇家军队打败。造反贵族首领被杀。1567年4月2日，拒绝接纳皇家军队的瓦朗谢讷被占领。不久，摄政帕尔马的玛格丽特实际成了尼德兰的统治者，但荷兰和安特卫普除外。主要城镇都建了城堡、要塞。加尔文派的聚会被驱散。许多人被推上了断头台，惨死在残忍的士兵手中。

然而，腓力二世并不满意，他一度决定用更严厉的手段取代帕尔马的玛格丽特的政策，尽管遭到首席大臣埃博利公爵鲁伊·戈麦兹·德·西尔瓦的反对。腓力二世不仅要严惩暴乱的发起人，而且要报复对暴乱负有责任的大贵族。

腓力二世的意图被奥兰治亲王威廉秘密买通的在马德里的间谍获知。由于对抵抗彻底失望，奥兰治亲王威廉决定返回拿骚。他的行为受到了严厉的批评。有人说，如果奥兰治亲王威廉留下来，尼德兰革命就难以爆发，阿尔瓦公

安特卫普大教堂被抢掠

爵费尔南多·阿尔瓦雷斯·德·托莱多的残酷统治可能会被阻止，或许战争会随着革命的成功而提前结束。

必须承认，这一观点并不十分准确。随后发生的事件证明，政治问题和宗教问题毕竟是要面对的难题，如果是这样的话，那么"暴风雨"来得越早越好。当时，政府还没有掌握可靠的军队。此时，革命如果取得胜利，就会争取到许多贵族的支持，并且会有足够的力量去压制领地内的散兵游勇。如果埃格蒙特伯爵拉莫雷尔说服奥兰治亲王威廉采取行动，奥兰治亲王威廉或许还可以赌一把。但埃格蒙特伯爵拉莫雷尔是天主教教徒，这场运动已经变成了坚决的反天主教运动。他仍然记得在西班牙受到的优渥待遇，仍然相信腓力二世的宽厚。因此，他不愿意参与革命。而没有埃格蒙特伯爵拉莫雷尔的支持，奥兰治亲王威廉也不愿意公开采取行动。奥兰治亲王威廉本质上是贵族，期待改革。他对最近盛行的暴民统治感到厌恶，希望出现一个具有代表性的各省邦联议会。这一时期，奥兰治亲王威廉很有可能信奉路德派，不认可加尔文派的教义，并且几乎没有意识到革命者的力量来自为政治自由而战的信念。而在后期，奥兰治亲王威廉疏远了加尔文派信徒，革命者是否会心悦诚服地团结在他周围，仍然是个问题。最后，奥兰治亲王威廉认定德意志路德派诸侯是不能依靠的，如果没有外国援助，成功的希望非常渺茫。基于这些想法，奥兰治亲王威廉别无选择，只能逃避。奥兰治亲王威廉本想向埃格蒙特伯爵拉莫雷尔提出警告，腓力二世只是在为他架起一座桥，引诱他进入尼德兰，但没有成功。最终，奥兰治亲王威廉决定和自己的弟弟拿骚的路易及其他一些参加贵族同盟的人一起返回拿骚避难（1567年4月30日）。

奥兰治亲王威廉走了，反对派也走到了尽头。在奥兰治亲王威廉去德意志的当天，安特卫普的城门被打开。亨德里克·范·布利德罗德在荷兰的维亚纳坚持了一段时间后，也逃到了德意志。很快，他成为纵欲的牺牲品，1568年夏天去世。不久，荷兰全境投降。教会现在从加尔文派手中被夺回。摄政帕尔马的玛格丽特颁布了一项新的法令，威胁要处死所有的加尔文派传教士，以

拿骚的路易

及所有曾经亵渎教堂的暴民。奥兰治亲王威廉很快就离开了。在他越过边境三天前的1567年4月27日,阿尔瓦公爵费尔南多·阿尔瓦雷斯·德·托莱多已经从西班牙出发了。是否派遣阿尔瓦公爵费尔南多·阿尔瓦雷斯·德·托莱多,王室进行了激烈的辩论。腓力二世的首席大臣埃博利公爵鲁伊·戈麦兹·德·西尔瓦和其他人一再劝告,弗拉芒人是只能用宽厚仁慈而非武力征服的民族,这也是帕尔马的玛格丽特的观点。她告诫腓力二世,现在秩序已经重新建立,需要的"不是一支军队,而是一支精良的警察队伍"。然而,腓力二世另有打算。他从一开始就对尼德兰人独立自主精神感到恼怒,因为这种精神制约着专制权威,尤其是在税收问题上。同时,腓力二世决心在尼德兰铲除异端,就像在西班牙做的那样。更重要的是,腓力二世急于报复贵族,认为贵族是麻烦的始作俑者,也是专制路上的绊脚石。阿尔瓦公爵费尔南多·阿尔瓦雷斯·德·托莱多是最合适实施腓力二世想法的人选。带着为父辈复仇的血性,阿尔瓦公爵费尔南多·阿尔瓦雷斯·德·托莱多在征服摩尔人的战斗中得到历练。三十九岁时,他率领查理五世的军队在米尔贝格战役中对抗路德派教徒。后来,他在意大利实行了铁腕统治。随着年龄的增长,阿尔瓦公爵费尔南多·阿尔瓦雷

米尔贝格战役

斯·德·托莱多越发严厉。如今，他年过六十。他称得上是一位纪律严明的好将军，但也是政治自由的反对者，狭隘的偏执狂，腓力二世忠实的追随者。如果没有政治家风度而专靠严厉就能赢得成功，那么阿尔瓦公爵费尔南多·阿尔瓦雷斯·德·托莱多定会成功。最初，他被任命为总司令，具有最高军事指挥权。后来，到了1567年，他又被赋予民事最高管理权，包括尼德兰摄政帕尔马的玛格丽特本人在内的所有政府官员都要听从他的命令。阿尔瓦公爵费尔南多·阿尔瓦雷斯·德·托莱多将调查最近引发暴动的原因，审判嫌疑犯，手握生杀大权，并牢牢控制着尼德兰。

阿尔瓦公爵费尔南多·阿尔瓦雷斯·德·托莱多手握大权，率领主要由西班牙老兵组成的大约一万人的军队，1567年5月17日到达热那亚。接着，他率军行进到塞尼山，然后跨越阿尔卑斯山脉，向北推进。军队的前进立刻引起了日

热那亚

第10章 "破坏圣像运动"引起的连锁反应 | 155

内瓦和法兰西宫廷的极大担忧。孔代亲王路易一世·德·波旁提议增派一支部队，击溃部署在塞尼山口的阿尔瓦公爵费尔南多·阿尔瓦雷斯·德·托莱多的军队。但凯瑟琳·德·美第奇拒绝了，只派了一些瑞士天主教教徒监视阿尔瓦公爵费尔南多·阿尔瓦雷斯·德·托莱多的行动。然而，阿尔瓦公爵费尔南多·阿尔瓦雷斯·德·托莱多小心翼翼，不给任何冲突留下借口。他执行最严格的纪律，率军经弗朗什-孔泰和洛林，向卢森堡挺进，并于1567年8月8日到达这里。1567年8月22日，他进入布鲁塞尔。帕尔马的玛格丽特对自己的处境感到很伤心，要求返回西班牙。直到1567年12月，帕尔马的玛格丽特的要求才获得批准，但她的摄政生涯早已结束。她对阿尔瓦公爵费尔南多·阿尔瓦雷斯·德·托莱多残酷统治的抗议无人关切。比起随之而来的暴政，帕尔马的玛格丽特摄政的八年还是令人满意的。如果帕尔马的玛格丽特当初默许安东尼·皮埃诺特·德·格兰维拉的措施，并随后就加入大贵族阵营，支持他们的要求，召开各省邦联议会，从而削弱宗教裁判所的审判权，结果必将截然不同。的确，帕尔马的玛格丽特采取铁腕措施镇压了破坏圣像者。在这一点上，她得到了大贵族的支持，从此与大贵族的命运息息相关。尽管她没有执政天赋，并且缺乏主动性，但她真正关心自己的职责，相信大贵族的忠诚，相信他们有能力治理尼德兰。她或许不会反对贵族扩大各省邦联议会权利的要求，不会反对改革国务院，也不会反对容忍异教徒的某些行为。如果上述要求得到腓力二世批准，一切麻烦或许会结束。然而，没有任何理由可以认为腓力二世会授予帕尔马的玛格丽特这样的权力。因此，在这种情况下，她不可能继续执政。

第11章
尼德兰革命爆发

精彩看点

埃格蒙特伯爵拉莫雷尔和霍恩伯爵菲利普·德·蒙莫朗西被诱捕——"杀戮法庭"成立——海利赫莱战役——蒙蒂尼男爵弗洛里斯·范·蒙莫朗西被秘密处决——哲明根战役——奥兰治亲王威廉出师不利——阿尔瓦公爵费尔南多·阿尔瓦雷斯·德·托莱多横征暴敛

阿尔瓦公爵费尔南多·阿尔瓦雷斯·德·托莱多一到布鲁塞尔，就迅速实施腓力二世的计划。尽管帕尔马的玛格丽特提出抗议，但瓦隆主要城镇的士兵仍然被西班牙士兵取代。西班牙士兵立马抛开行军期间的各种军纪约束，不

阿尔瓦公爵费尔南多·阿尔瓦雷斯·德·托莱多抵达布鲁塞尔

埃格蒙特伯爵拉莫雷尔和霍恩伯爵菲利普·德·蒙莫朗西遭到诱捕

计后果，手段残忍，连阿尔瓦公爵费尔南多·阿尔瓦雷斯·德·托莱多都深感遗憾。1567年9月9日，埃格蒙特伯爵拉莫雷尔和霍恩伯爵菲利普·德·蒙莫朗西轻信所谓的公平承诺，遭到诱捕。同时被捕的有埃格蒙特伯爵拉莫雷尔的秘书贝克泽尔勋爵扬·范·卡森布鲁特及安特卫普市长安东尼·范·斯特兰。审判这批要犯，普通的法庭是不可信的。根据阿尔瓦公爵费尔南多·阿尔瓦雷斯·德·托莱多的建议，成立了"大臣法庭"，又称"惩治暴乱刑事法庭"，也就是人们熟知的"杀戮法庭"。令人恐惧的"杀戮法庭"名义上由十二名法官组成，其中两位是贵族——夏尔·德·伯莱蒙特和菲利普·德·诺尔卡姆斯，六位是律师，但这八人只是作为评审员，案件的投票权则留给三个西班牙人：胡安·德·巴尔加斯、路易斯·德尔·里奥和雅克·德·拉·托雷，而案件最后的审判权则掌握在法庭庭长阿尔瓦公爵费尔南多·阿尔瓦雷斯·德·托莱多手中。三位西班牙人中，胡安·德·巴尔加斯在阿尔瓦公爵费尔南多·阿尔瓦雷斯·德·托莱多不在的情况下主持审判。他是一个罪大恶极的恶棍，在西班牙曾性侵过一名由他监护的孤儿。胡安·德·巴尔加斯因为善于奉承腓力二世，获得了豁免权，逃脱了法律的制裁。他习惯于拿被告取乐，以减轻法庭工作的单调乏味。而另一位法官雅各布·赫塞尔斯，一位颇有影响力的人物，据说在法庭上经常打盹。从睡梦中醒来时，他会情不自禁地大喊："上绞刑架，上绞刑架。"为了给法庭提供受审者，专员们被派往各省，以叛国罪抓捕所有传教士或窝藏他们的人，包括所有加尔文派信徒，所有参与摧毁天主教教堂或建造新教教堂的人，以及所有在《妥协方案》上签字的人。除了非常重要的案子，专员和地方当局在抓捕之后有权继续审判，只有"杀戮法庭"才有权修改判决。修改后的判决很少，如果有，会宽大处理。判决多半是死刑和没收财产，阿尔瓦公爵费尔南多·阿尔瓦雷

杀戮法庭

斯·德·托莱多希望通过这一方式以补充资金。至于受害者的确切人数，无法说清。据说，阿尔瓦公爵费尔南多·阿尔瓦雷斯·德·托莱多自诩，在他统治尼德兰期间，处决了一万八千六百人。这种说法有点夸张，但受害者有好几千是确定无疑的。同时，审判和酷刑的花样层出不穷，不断翻新。的确，在历史上很难找到这样草菅人命的专制法庭，任由阿尔瓦公爵费尔南多·阿尔瓦雷斯·德·托莱多独断专行。阿尔瓦公爵费尔南多·阿尔瓦雷斯·德·托莱多只需一句话，甚至连书面判决都不需要，更不用说王室授权了，就可以定一个人的罪。这严重侵犯了尼德兰人的权利。在尼德兰，阿尔瓦公爵费尔南多·阿尔瓦雷斯·德·托莱多确实成功营造出了恐怖气氛，"让每一个人，分分秒秒感到世界末日的降临"。在白色恐怖下，帕尔马的玛格丽特统治时期已经开始的移民潮，现在达到了空前的规模，以至1567年10月，阿尔瓦公爵费尔南多·阿尔瓦雷斯·德·托莱多不得不颁布法令，威胁所有企图离开尼德兰的人或煽动他人离开的人，将被没收财产和处以死刑。然而，这只会增加恐慌。到阿尔瓦公爵费尔南多·阿尔瓦雷斯·德·托莱多执政结束时，安东尼·皮埃诺特·德·格兰维拉宣称逃往英格兰的人多达六万，逃往德意志的人则更多。

然而，阿尔瓦公爵费尔南多·阿尔瓦雷斯·德·托莱多和主子腓力二世的复仇要等到最重量级人物的人头落地才会画上句号。自从逮捕埃格蒙特伯爵拉莫雷尔和霍恩伯爵菲利普·德·蒙莫朗西以后，对他们的诉讼进行得缓慢，但1568年夏初发生的一件事，促使阿尔瓦公爵费尔南多·阿尔瓦雷斯·德·托莱多痛下杀手。1568年4月月底，奥兰治亲王威廉和弟弟拿骚的路易收罗了来自德意志、尼德兰和胡格诺派的流亡者，组成一支杂牌部队，连续发动了三次进攻，希望能引发反对西班牙统治的起义。其中有两次进攻失败了，一次是在布拉班特的霍赫斯特拉滕，一次是在阿图瓦的科克维尔，最后一次被法兰西国王查理九世派遣的法兰西军队打败。但1568年5月23日，在海利赫莱，拿骚的路易成功地击败了一支由格罗宁根总督阿伦贝格公爵让·德·利涅率领下的西班牙军队。让·德·利涅在战斗中阵亡。

海利蒲莱战役

海利赫莱战役的失败使埃格蒙特伯爵拉莫雷尔和霍恩伯爵菲利普·德·蒙莫朗西的命运急转直下。阿尔瓦公爵费尔南多·阿尔瓦雷斯·德·托莱多急于亲自挽回失败的颜面,决定痛下杀手。到目前为止,埃格蒙特伯爵拉莫雷尔和霍恩伯爵菲利普·德·蒙莫朗西的律师迟迟没有出示任何证据,大概是希望洛林公爵夏尔三世、德意志诸侯们①,甚至腓力二世本人为当事人说情,

洛林公爵夏尔三世

---

① 巴伐利亚选侯是埃格蒙特伯爵拉莫雷尔的姐夫。——原注

埃格蒙特伯爵拉莫雷尔和霍恩伯爵菲利普·德·蒙莫朗西被执行死刑

至少能确保当事人以"金色羊毛骑士团"成员的身份受到审判。然而,这种希望破灭了,理由是"金色羊毛骑士团"成员享有的特权不能抵消叛国罪。1568年6月1日,一项法令被颁布,宣布允许证人出庭的时间已经结束。1568年6月2日,法官胡安·德·巴尔加斯和路易斯·德尔·里奥宣布埃格蒙特伯爵拉莫雷尔和霍恩伯爵菲利普·德·蒙莫朗西犯有叛国罪,阿尔瓦公爵费尔南多·阿尔瓦雷斯·德·托莱多核准了这一判决。埃格蒙特伯爵拉莫雷尔和霍恩伯爵菲利普·德·蒙莫朗西被判支持贵族同盟,签署《妥协方案》,支持佛兰德斯、阿图瓦、盖尔德雷斯和聚特芬的新教徒,并参加奥兰治亲王威廉领导的阴谋活动。1568年6月5日,在布鲁塞尔的市场上,他们被执行死刑。几天前,贝克泽尔勋爵

安东尼·范·斯特兰

扬·范·卡森布鲁特与安特卫普市长安东尼·范·斯特兰同样被处决，因为在遭受残酷的折磨后，他们仍然不肯提供指控埃埃格蒙特伯爵拉莫雷尔和霍恩伯爵菲利普·德·蒙莫朗西非法活动的证据。对埃格蒙特伯爵拉莫雷尔和霍恩伯爵菲利普·德·蒙莫朗西的审判和定罪，是明目张胆的违法行为，这一点无可置疑。它颠覆了自古以来的传统，即外国法官无权审判弗拉芒人，并且1531年的一条法律明确规定，"金色羊毛骑士团"的骑士应由骑士团来审判，1550年腓力二世本人已经确认了这条法律。此外，法庭是在没有皇家授权的情况下成立的，并且法庭的判决是在被告出示证据之前。由此看来，除了技术性问题之外，埃格蒙特伯爵拉莫雷尔和霍恩伯爵菲利普·德·蒙莫朗西没有犯叛国罪。同时作为天主教徒，他们当然不会同情新教徒，"破坏圣像运动"期间他们的表现可以证明这一点。即使他们间接支持签署《妥协方案》的贵族同盟,也没有证据表明他们打算诉诸武力或推翻西班牙的统治。他们所做的仅仅是维护宪法赋予的权利,只不过是行动过于强烈而已。

奥兰治亲王没有被除掉,腓力二世对此念念不忘。1566年派往西班牙的两位请愿特使中,卑尔根侯爵已经于1567年5月去世。埃格蒙特伯爵拉莫雷尔和霍恩伯爵菲利普·德·蒙莫朗西在西班牙被捕后,1568年9月霍恩伯爵菲利普·德·蒙莫朗西蒙的弟弟蒂尼男爵弗洛里斯·范·蒙莫朗西被抓,但直到1569年2月他才被起诉,审理的结果是押送"杀戮法庭",拖延一年后,在没有辩护

蒂尼男爵弗洛里斯·范·蒙莫朗西

第11章 尼德兰革命爆发 | 167

机会的情况下，蒙蒂尼男爵弗洛里斯·范·蒙莫朗西被判处死刑（1570年3月4日）。这一判决一直未公开，最后腓力二世下令，在西班牙秘密执行，对外则宣布蒙蒂尼男爵弗洛里斯·范·蒙莫朗西是自然死亡。对不幸的蒙蒂尼男爵弗洛里斯·范·蒙莫朗西来说，这也许是一种怜悯，免得他遭受公开处决的羞辱。蒙蒂尼男爵弗洛里斯·范·蒙莫朗西和卑尔根侯爵的财产被没收。这个秘密保守得非常成功，直到1844年，西班牙政府才允许查阅保存在西曼卡斯城堡的记录，这桩无耻、暴虐的行为才为人所知。腓力二世现在可以心满意足了，他已经除掉了所有敌人，但安东尼·皮埃诺特·德·格兰维拉以其更敏锐的洞察力指出："因为没有抓住奥兰治亲王威廉，实际上他就一无所获。"

"布鲁塞尔市场悲剧"[①]发生后，阿尔瓦公爵费尔南多·阿尔瓦雷斯·德·托莱多便率军进攻拿骚的路易。1567年7月21日，在哲明根战役中，阿尔

哲明根战役

---

① 指埃格蒙特伯爵拉莫雷尔和霍恩伯爵菲利普·德·蒙莫朗西在布鲁塞尔的市场上被处死。——译者注

神圣罗马帝国皇帝马克西米利安二世

瓦公爵费尔南多·阿尔瓦雷斯·德·托莱多击败了拿骚的路易。奥兰治亲王威廉未能拯救这场灾难。尽管神圣罗马帝国皇帝马克西米利安二世明确表示可以斡旋,但奥兰治亲王威廉仍然于1568年10月5日越过了默兹,并与征召到的德意志雇佣军一起进入布拉班特。随后,让利斯伯爵率领的一支由胡格诺教徒组成的部队与奥兰治亲王威廉的部队会合。

奥兰治亲王威廉的兵力在数量上占优势,但在其他方面不行。阿尔瓦公爵费尔南多·阿尔瓦雷斯·德·托莱多避免正面交锋。富有作战经验的老将打败了纪律涣散的奥兰治亲王威廉的部队。奥兰治亲王威廉的士兵很快拒不听

加斯帕尔·德·科利尼

命,并开始逃跑,但没有一个城市打开大门接受他们。奥兰治亲王威廉因缺乏支持而十分沮丧,被迫撤退到斯特拉斯堡。在解散了大部分毫无战斗力的部队后,奥兰治亲王威廉和拿骚的路易来到法兰西将军加斯帕尔·德·科利尼那里,参加了1569年发生在法兰西的战役。

奥兰治亲王威廉和拿骚的路易出师时机很不成熟。当时，尼德兰人被恐怖统治吓坏了，行动迟缓，没有积极响应他们。阿尔瓦公爵费尔南多·阿尔瓦雷斯·德·托莱多自觉胜券在握，决定发起征讨，用实际战果向腓力二世证明自己。很久以前他就说过，他会找出尼德兰"深处涌动"的财富。因为没收造反者的财富无法满足阿尔瓦公爵费尔南多·阿尔瓦雷斯·德·托莱多的胃口，所以他提议对所有人征收财富税。1569年3月，阿尔瓦公爵费尔南多·阿尔瓦雷斯·德·托莱多匆忙召开各省会议，要求对所有财产，不管是动产或不动产，征收百分之一的税。不动产交易税率为百分之五，动产交易税为百分之十。财产税和不动产交易税已经很重，动产交易税实际上相当于禁止了所有动产交易。在商品到达消费者手中之前，必须支付至少四次税，首先是原材料税，然后是商品生产和批发税，接着是零售税，最后是消费者购买时付出的消费税。消费税的荒谬之处，除了阿尔瓦公爵费尔南多·阿尔瓦雷斯·德·托莱多之外，众人皆知。维格利乌斯、夏尔·德·伯莱蒙特和菲利普·德·诺尔卡姆斯都试图劝阻阿尔瓦公爵费尔南多·阿尔瓦雷斯·德·托莱多打消征收消费税的念头。起初，大多数省议会，出于恐惧，同意了征收消费税。但随后，乌得勒支省议会率先反对，其他省议会纷纷效仿，终于迫使阿尔瓦公爵费尔南多·阿尔瓦雷斯·德·托莱多推迟两年执行征收消费税，以换取一笔规定金额的回报。1570年7月，一项特赦被宣布，但过多的例外处理使特赦形同虚设。阿尔瓦公爵费尔南多·阿尔瓦雷斯·德·托莱多在两年暂缓期结束后，又试图执行令人痛恨的税收计划（1571年7月31日），遭到激烈的反对。这时，阿尔瓦公爵费尔南多·阿尔瓦雷斯·德·托莱多提出免除原材料税、玉米税、肉类税、葡萄酒税和啤酒税，但为时已晚。冒着被处以罚款的威胁，商人拒绝出售商品。商店关门了，贸易停顿，债务人无法偿还债权人的债务，许多银行破产了。失业带来的痛苦使遭受洪灾的北部省份雪上加霜，洪灾的起因是1570年冬天的一场西北狂风摧毁了堤坝。"疯狂的乞丐"越来越多，西班牙士兵对阿尔瓦公爵费尔南多·阿尔瓦雷斯·德·托莱多亏欠军饷感到愤怒，越来越不听指挥。帕尔马的玛格丽特说过的话现在应验了:"人们非常厌恶他,他会使西班牙人的名声遭到唾弃。"就连阿尔瓦公爵费尔南多·阿尔瓦雷斯·德·托莱多自己也承认,所有人都反对他,都希望腓力二世把他召回。1571年9月,得知人们对阿尔瓦公爵费尔南多·阿尔瓦雷斯·德·托莱多普遍不满,腓力二世任命梅迪纳塞利公爵胡安·德·拉·切尔达接替他,但腓力二世拖拖沓沓,梅迪纳·塞利公爵迟迟未能离开西班牙。这时,有消息传来,布里耶已经被"海上乞丐"占领。

第12章
拿骚的路易之死

精彩看点

"海上乞丐"占领布里耶——北部省份大起义——法兰西人支持起义军——让利斯伯爵在蒙斯战败——圣巴塞洛缪大屠杀的影响——蒙斯陷落——征服南部省份——哈勒姆之围——西班牙舰队被摧毁——路易斯·德·雷克森斯——米德尔堡战役——莫克海德——莱顿之围

在逃离阿尔瓦公爵费尔南多·阿尔瓦雷斯·德·托莱多暴政的人中,其中一些盘踞大海,以类似海盗的方式骚扰西班牙的商业贸易。在伊丽莎白女王执政初期,尽管对吉斯家族共同的恐惧促使腓力二世和伊丽莎白建立了友好关系,并长期维系着这种关系,但伊丽莎白女王一直默许英格兰海盗对西班牙人在新世界的定居点和贸易进行攻击,窝藏尼德兰私掠船,甚至允许他们在英格兰市场上出售赃物,特别是1567年6月当苏格兰玛丽女王在卡伯里山被推翻以后。1568年,伊丽莎白女王下令查封了一批热那亚的货物,该货物正在运往尼德兰的途中。出于报复,腓力二世支持1571年的里多尔菲阴谋,拥护苏格兰玛丽女王和诺福克公爵托马斯·霍华德。后来,阴谋失败,但此时,伊丽莎白女王不急于与西班牙人反目,而是命令威廉·德·拉·马克,一个臭名昭著的海盗,率领尼德兰私掠船,迅速驶离英格兰海岸。二十四艘船扬帆出海。在英吉利海峡,它们袭击了一支西班牙商船。1572年4月1日,威廉·德·拉·马克率部突然占领了位于默兹河河口的布里耶。

威廉·德·拉·马克占领布里耶没有得到奥兰治亲王威廉授权。奥兰治亲王威廉还没有做好积极行动的准备,一开始也没打算突袭。威廉·德·拉·马克大捷的消息像野火一样迅速蔓延开来。控制着斯凯尔特河的法拉盛是第一个起义城镇。接着,西班牙军火库所在地恩克赫伊森也起义了。不久,除了阿姆

占领布里耶

威廉·德·拉·马克

斯特丹和米德尔堡，荷兰、西兰的主要城镇及格尔德兰、上艾瑟尔、乌得勒支和弗里斯兰纷纷起义，拥戴奥兰治亲王威廉。

从此，尼德兰人的反抗对欧洲政治及法兰西、西班牙和英格兰等大国的外交政策产生了密切、广泛的影响。在接下来关于法兰西宗教战争的各章中，本书对此做了充分的解释。法兰西宫廷目前的政策是支持尼德兰人。从1570年8月《圣杰曼条约》签订以来，加斯帕尔·德·科利尼一直掌权，他说服凯瑟琳·德·美第奇和软弱的法兰西国王查理九世，通过煽动对西班牙的敌对情绪，以转移法兰西人对国内矛盾和宗教问题的关注。就连英格兰的伊丽莎白女王也对腓力二世支持"里多尔菲阴谋"感到愤怒，急于阻止法兰西和西班牙结

签订《圣杰曼条约》

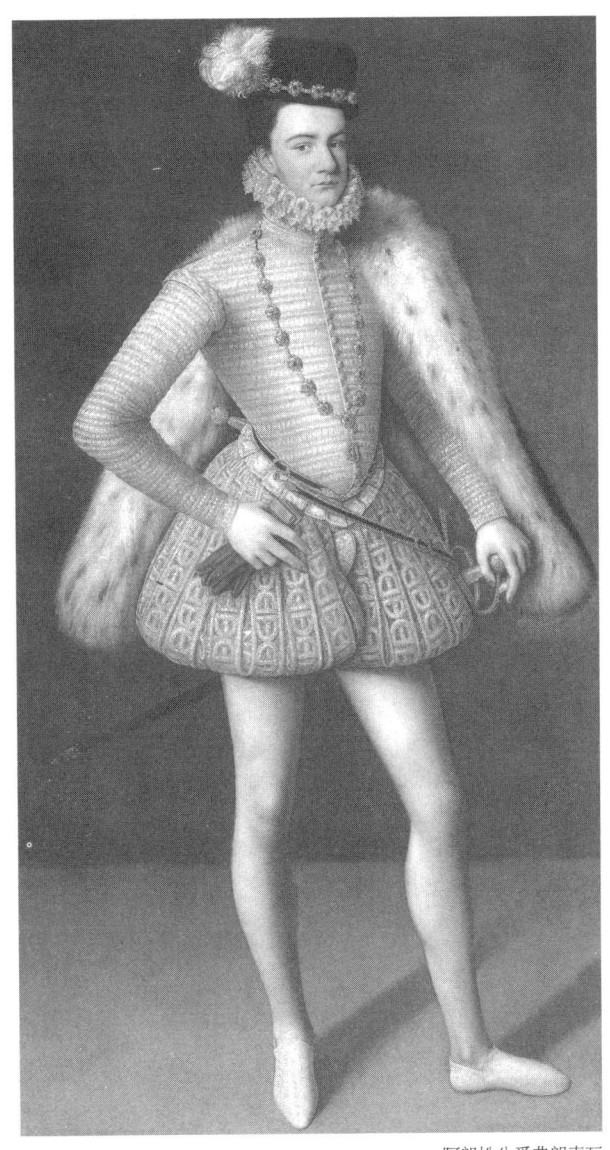

阿朗松公爵弗朗索瓦

盟及任何尼德兰领土并入法兰西。伊丽莎白女王也对加斯帕尔·德·科利尼言听计从，并考虑与法兰西王国安茹公爵亨利（后来的亨利三世）或者他的弟弟阿朗松公爵弗朗索瓦结婚，从而在尼德兰获取利益。

奥兰治亲王威廉急切地与法兰西人结盟。1572年5月24日，在让利斯伯爵率领的部队协助下，由拿骚的路易率军攻占海诺特的首府蒙斯。1572年6月15日，北方六座城市的贵族和代表在多特召开会议，在承认腓力二世君主地位的同时，推举奥兰治亲王威廉为总督，并拨给他一笔经费，授予他采取措施的权力，使尼德兰摆脱西班牙的暴政。

确信得到北方各省的支持及法兰西人的协助后，1572年7月7日奥兰治亲王威廉横渡莱茵河，力图点燃南部省份起义的热情。然而，他等来了令人失望的消息。1572年7月19日，让利斯伯爵在试图援救被阿尔瓦公爵费尔南多·阿尔瓦雷斯·德·托莱多之子弗德里克·阿尔瓦雷斯·德·托莱多包围蒙斯时被打败，并

弗德里克·阿尔瓦雷斯·德·托莱多

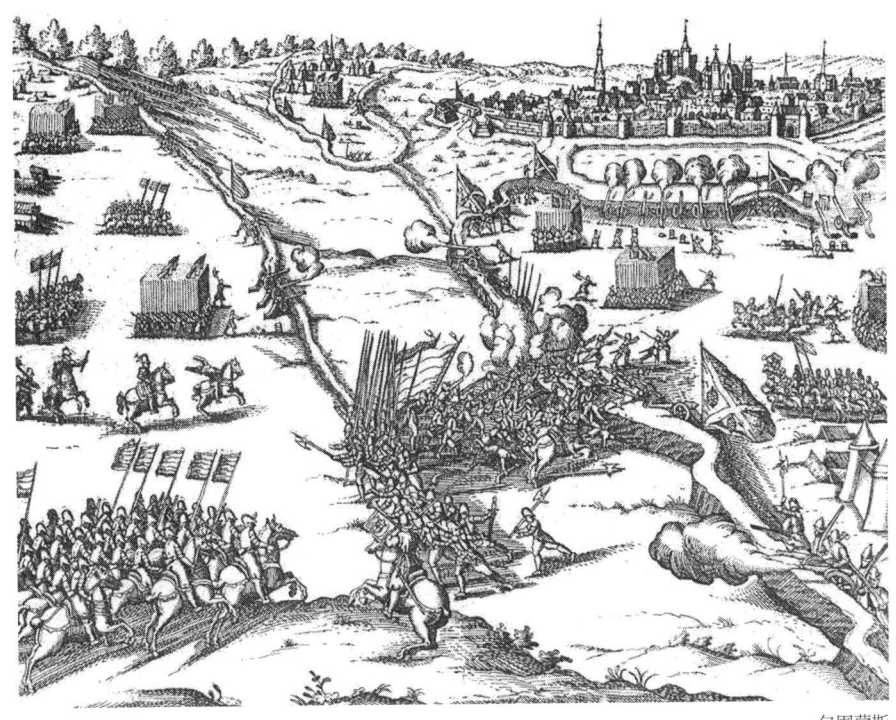

包围蒙斯

成为阶下囚。1572年8月,尽管奥兰治亲王威廉来到南方,并且受到这里大部分城镇欢迎,但希望因1572年8月24日突然发生的圣巴塞洛缪大屠杀而破灭。

法兰西宫廷政策出现惊人变化的原因将在本书后面几章详述。在这里,我们只关注政策变化对尼德兰革命带来的影响。圣巴塞洛缪大屠杀的消息给了奥兰治亲王威廉"当头一棒"。奥兰治亲王威廉仍然继续挺进,试图解救蒙斯,但1573年8月27日阿尔瓦公爵费尔南多·阿尔瓦雷斯·德·托莱多重新接任指挥,处处回避与他决战。奥兰治亲王威廉的军队因法兰西人的叛逃而灰心丧气,军纪涣散,抗命不遵。奥兰治亲王威廉本人夜间遭到袭击,幸亏西班牙猎犬非常警觉,才逃过一劫。他被迫退回北方。

拿骚的路易就这样被他的哥哥奥兰治亲王威廉抛弃。在无望得到法兰西人帮助的情况下,1572年9月19日拿骚的路易投降。尽管背信弃义的法兰西国王

圣巴塞洛缪大屠杀

法兰西军队在圣巴塞洛缪屠杀老弱妇孺

查理九世想对拿骚的路易的部队开刀,但最终拿骚的路易的部队还是被允许解甲归田,全身而退。蒙斯遭到血洗,这完全违反了献城的协议。蒙斯的沦陷决定了南部省份的命运。城市一座接一座地宣布效忠腓力二世,除了梅克林,都获得赦免。

阿尔瓦公爵费尔南多·阿尔瓦雷斯·德·托莱多下令,掠夺梅克林三天。这里的教会和修道院遭到无情的洗劫,天主教教徒和新教徒被士兵残酷迫害。梅克林成为阿尔瓦公爵费尔南多·阿尔瓦雷斯·德·托莱多彰显淫威的例证。

围绕蒙斯的战斗让北方省份争取到更多时间去加强防卫,而奥兰治亲王威廉退守荷兰,组织抵抗。现在,阿尔瓦公爵费尔南多·阿尔瓦雷斯·德·托莱多计划通过征服北方的主要城镇来孤立起义贵族,从而把心怀不满的省份置于双方交火的中间地带。阿尔瓦公爵费尔南多·阿尔瓦雷斯·德·托莱多把这项任务交给了自己的儿子弗德里克·阿尔瓦雷斯·德·托莱多。聚特芬被占领,原来的驻军遭到屠杀。格尔德兰和上艾瑟尔投降了。弗德里克·阿尔瓦雷斯·德·托莱多向西转攻荷兰,这里的阿姆斯特丹是西班牙人唯一占领的城市。

弗德里克·阿尔瓦雷斯·德·托莱多违反了献城协议,把小镇纳尔登夷为平地,随后开始围攻重镇哈勒姆。哈勒姆位于陆地最狭窄的地方,宽不到五英里,将须德海与波罗的海隔开。西班牙人一旦占领哈勒姆,就可以把荷兰北部完全孤立起来。阿尔瓦公爵费尔南多·阿尔瓦雷斯·德·托莱多充分认识到哈勒姆的重要性,命令当时指挥一支三万人部队的儿子不惜一切代价夺取它。事实证明,这一任务极其艰巨。哈勒姆以东受到大而浅的哈勒姆湖保护,哈勒姆的湖尽头是陆地。只有从西面才能进入哈勒姆。居民吸取聚特芬和纳尔登的教训,不指望任何怜悯,决心抵抗到底。虽然哈勒姆的驻军只有大约四千人,但西班牙人花了七个多月才征服它(1572年12月9日至1573年7月14日)。围城期间,双方打得极其惨烈。战斗结束后,哈勒姆变得混乱不堪,两千多人被残酷地杀害。它被破坏得惨不忍睹。据说,哈勒姆陷落的消息让腓力二世高兴地从病榻上坐了起来。弗德里克·阿尔瓦雷斯·德·托莱多损失了一万两千人,胜利

保卫哈勒姆

者的残暴只会使尼德兰人感到恐惧。奥兰治亲王威廉说:"我们的城市承诺要并肩战斗,抵挡每次围攻,尽最大的努力,忍受一切可能的苦难,更确切地说,即使西班牙人放火焚烧我们所有的家园,也要誓死在一起,绝对不会屈服于暴君的统治。"

荷兰的独立的确可以说是由哈勒姆的保卫战"赢得"的。哈勒姆陷落十五天后(1573年7月29日),西班牙士兵因军饷被拖欠而不满。他们尽管得到承诺可以在攻克阿尔克马尔后进行掠夺,但拒绝接受。1573年10月11日,阿尔瓦公爵费尔南多·阿尔瓦雷斯·德·托莱多遭受了更严重的打击,他的舰队在恩克赫伊森附近被摧毁。

腓力二世对未能平定起义感到沮丧,并因各方抱怨阿尔瓦公爵费尔南多·阿尔瓦雷斯·德·托莱多的残忍和无能,在犹豫了许久后,决定派人取代他。梅迪纳塞利公爵胡安·德·拉·切尔达从1572年6月起就一直在尼德兰。不过，他认为，临阵换帅是不明智的，所以一直克制着不肯接替阿尔瓦公爵费尔南多·阿尔瓦雷斯·德·托莱多。直到1573年8月，他才回到西班牙。他不断谴责阿尔瓦公爵费尔南多·阿尔瓦雷斯·德·托莱多统治失误，并揭发他不分青红皂白地报复批评他政策的人。最后，1573年11月17日，新的代理总督、圣地亚哥驻军指挥官路易斯·德·雷克森斯来到了布鲁塞尔。阿尔瓦公爵费尔南多·阿尔瓦雷斯·德·托莱多没有得到腓力二世的认可，怀着痛苦的心情离开了尼德

路易斯·德·雷克森斯

兰。他遭到了"天主教教徒、新教徒、神职人员和俗人"的普遍憎恶,他的暴政几乎超过了信仰。他对不幸的受害者施行了各种酷刑,他将永远作为残忍的化身被钉在历史的耻辱柱上。然而,必须承认的是,阿尔瓦公爵费尔南多·阿尔瓦雷斯·德·托莱多采取的政策都是为了满足腓力二世的心愿,并且至少在南方各省,他已经成功地恢复了国王的权威。

路易斯·德·雷克森斯的公开意图是放弃阿尔瓦公爵费尔南多·阿尔瓦雷斯·德·托莱多推行的大规模镇压手段,并试图通过和解的手段赢得尼德兰。然而,他首先必须把注意力放在军务上。在北方,爱国者运动已经兴起。1574年2月21日,路易斯·德·雷克森斯率军包围了重要城市米德尔堡,米德尔堡守军被迫投降。瓦尔赫伦岛、斯凯尔特海峡的两个海口,最终都投降了。自1573年11月以来一直被包围的莱顿仍在为奥兰治亲王威廉而战。然而,北方取得成功却被默兹河上的莫克海德战役中灾难性惨败(1574年4月14日)抵消。在莫克海德,拿骚的路易试图强行突围,率部去找自己的哥哥奥兰治亲王威廉,但被西班牙将军桑乔·达维亚击败。拿骚的路易、他的弟弟拿骚的亨利及巴拉丁选帝侯腓特烈三世的儿子克里斯托弗悉数被杀。奥兰治亲王威廉在战场上失去了三位猛将。拿骚的路易勇武异常,他的死对奥兰治亲王威廉来说是一个沉重的打击。路易斯·德·雷克森斯很难平息叛乱,便下令重新包围莱顿(1574年5月26日)。原先的包围当初因拿骚的路易的攻击而暂停。路易斯·德·雷克森斯认为,宗教与叛乱没有什么关系。因此,他对所有返回"母教会"的人,除少数例外,都给予了大赦。在北方各省,宗教、政治上的不满很快演变为人们的普遍不满。1572年夏,奥兰治亲王威廉抱怨爱国者对神父和僧侣实施了残酷的惩罚。因此,总督路易斯·德·雷克森斯的建议遭到了拒绝。市民们大声叫喊:"宁愿要土耳其人,也不要教皇;宁愿溺水而亡,也不要被奴役。"莱顿市民准备坚持战斗到最后一口气,所有从陆地获得救援的希望都因莫克海德战役的失败而丧失了。即便如此,海上救援还在。的确,十五英里之外就是海,但接海的堤坝都被切断了,并且在很长一段时间拖延后,风转向了,西北风来了。1574

莫克海德战役

围攻莱顿

年9月8日和10月2日的两次狂风,掀起海浪,使洛德维克·范·博伊索特海军上将的舰队得以接近。1574年10月3日,弗朗西斯科·德·瓦尔德斯率领西班牙军队逃跑了。莱顿得救了。

第13章

尼德兰革命的转机

精彩看点

布拉班特各省邦联会议——布雷达会议——奥兰治亲王威廉权力扩大——基济里克之围——路易斯·德·雷克森斯之死——西班牙士兵叛乱——叛军血洗安特卫普——《根特协定》——起义者的胜利

解莱顿之围是尼德兰革命期间最辉煌的胜利。事实表明,西班牙人虽然可以通过陆路进行征服,但无法抗衡到处漂浮的"海上乞丐"。1574年6月7日,路易斯·德·雷克森斯试图与南部省份和解。于是,布拉班特各省邦联会议在布鲁塞尔举行了,公布了国王特赦,废除"杀戮法庭"和十便士税。但各省邦联议

莱顿之围解除后的饥民

会对此仍然不满意，要求西班牙军队撤离，禁止外国人担任公职，并恢复市政权。路易斯·德·雷克森斯没有权力答应这些要求，彻底恢复腓力二世在南方的权威只能向后拖延。

路易斯·德·雷克森斯的另一种选择是与奥兰治亲王威廉及北方省份和平相处。为此，谈判早在1574年秋就开始了。最后，1575年3月，双方在布雷达举行了一次会议。各省邦联会议任命的荷兰和西兰两地的委员要求解雇外国人，召集各省邦联会议，并要求容忍加尔文教义。西班牙王室委员则提出，如果贵族们解散自己控制的神圣罗马帝国雇佣兵和其他外国雇佣兵，那么王室也会解散外国士兵，并同意召集一次各省邦联会议。不过，西班牙王室委员要求贵族们以人质做担保，并交出占领的一些重要城镇，以换取腓力二世的手谕及关于履行王室承诺的誓言。奥兰治亲王威廉不大可能放弃有效的抵抗手段，就

布雷达平面图

算宗教矛盾不是不可逾越的障碍，在这种条件下达成协议也是极不可能的。西班牙王室委员能提供的最大的好处是，那些不愿返回天主教会的人应该被允许出售财产并离开尼德兰。在这种情况下，路易斯·德·雷克森斯对和平感到绝望。他向腓力二世提出了一个奇怪的建议，即让另外一个人来统治尼德兰，一个对是否容忍不会顾虑重重的人，"他们也许会接受萨伏依公爵统治皮埃蒙特，或者腓力二世的第二个儿子统治尼德兰"。腓力二世在寄去的信中写道："我的儿子？绝不可能！我宁愿他是个穷苦人，也不愿他成为异教徒。"在回答路易斯·德·雷克森斯时，腓力二世采纳了阿尔瓦公爵费尔南多·阿尔瓦雷斯·德·托莱多的建议，烧毁所有军队无法占领的城市。然后，在秘密诱使贵族的追随者暗杀主人以获得赦免后，腓力二世不再关心此事。在这种情况下，和平显然是不可能实现的。1575年7月，谈判破裂。路易斯·德·雷克森斯以沉重的心情面临着兵变、财政枯竭、信誉破裂的局面，准备采取进一步的行动。

与此同时，荷兰和西兰已经采取措施，建立同盟，重组政府。最近，城市贵族倾向于限制奥兰治亲王威廉的权力，但奥兰治亲王威廉拒绝接受。1575年6月，奥兰治亲王威廉被授权完全管理保卫尼德兰的一切事务，但需要服从各省邦联会议做出的财政开支的裁定。治安法官和其他官员将由奥兰治亲王威廉根据各省邦联会议提供的名单提名，各省邦联会议要求他查禁公开信奉天主教，但奥兰治亲王威廉坚持查禁"任何与《福音书》不符的宗教"。即使经过修正，这也清楚地表明宗教问题越来越突出，在这个问题上妥协的难度越来越大。奥兰治亲王威廉不仅与腓力二世，而且与天主教势力强大的南部省份的矛盾也是如此。同年，荷兰和西兰的省邦联会议采取了决定性的步骤，并宣称，在此之前它们一直效忠腓力二世，而现在决心放弃腓力二世，拥戴其他人，但它们的努力并没有成功。荷兰省和西兰省的省邦联会议首先向伊丽莎白女王提出获得支持的要求。然而，伊丽莎白女王就像往常一样玩了一场游戏。她慷慨地听取了荷兰和西兰的省邦联会议的提议，允许它们在英格兰自费购买武器和征兵，但在主权问题上，她保留了自己的决定，一切"要等到她尽其所能，与西班牙国王达成协议"后再说（1576年4月）。荷兰和西兰的省邦联会议在法兰西宫廷上向安茹公爵亨利的弟弟阿朗松公爵弗朗索瓦提出的请求也未得到同意。而在这些徒劳无益的谈判中，起义者者在西兰北部遭遇了惨重的失败。

托伦岛、杜伊韦兰岛和舒文岛位于斯凯尔特河与默兹河之间。舒文岛是西班牙人控制的最后一个岛屿。1575年9月，在舰队支持下，克里斯托瓦尔·德·蒙德拉贡率军对杜伊韦兰岛发动了一次进攻，1575年8月占领了杜伊韦兰岛。随后，克里斯托瓦尔·德·蒙德拉贡率军在舒文岛登陆，围困基济里克。1576年6月，基济里克陷落，这次由于克里斯托瓦尔·德·蒙德拉贡的勇敢征战，西兰被一分为二，斯凯尔特河被切断。

在短暂的成功后，路易斯·德·雷克森斯突然因过度操劳、焦虑而患病去世（1576年3月5日）。腓力二世很难决定路易斯·德·雷克森斯的继任者，职位几个月都是空缺，只能由国务委员会继续执政。国务委员会中的老成员只剩下

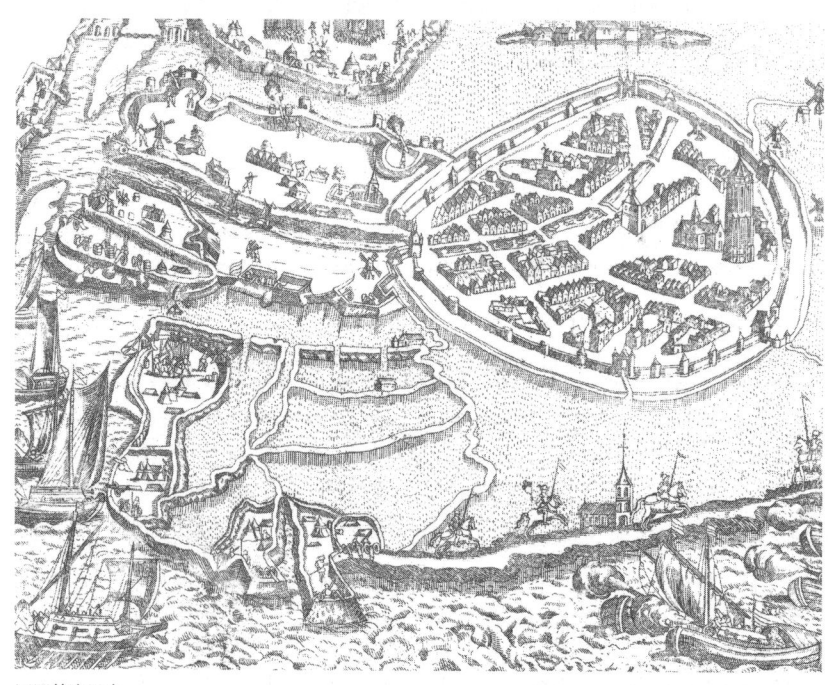

围困基济里克

亚斯科特公爵菲利普三世·德·克罗伊

亚斯科特公爵菲利普三世·德·克罗伊、夏尔·德·伯莱蒙特和维格利乌斯。后来,国务委员会又增加了几个荷兰人和一个西班牙人——杰罗姆·德·罗达,而德意志人彼得·恩斯特一世·冯·曼斯菲尔德-沃特洛特则被任命为最高军事指挥官。国务委员会几乎排斥土著人,这个政府仍然很不受欢迎。亚斯科特公爵菲利普三世·德·克罗伊暗地里联络奥兰治亲王威廉。另外两名最初的成员也与枢机主教安东尼·皮埃诺特·德·格兰维拉联系,夏尔·德·伯莱蒙特也是"杀戮法庭"的法官之一。尽管多数人希望彻底改变政策,但国务委员会四分五裂,能力不足,严重缺乏资金。最重要的是,它没能维持西班牙军队的纪律。

基济里克刚刚陷落（1576年6月2日），西班牙士兵就因兵饷遭到拖欠而愤怒异常，再次发动叛乱，抛弃了克里斯托瓦尔·德·蒙德拉贡，离开西兰前往布拉班特（1576年7月5日）。叛乱迅速蔓延，佛兰德斯的阿洛斯特被占领。到处充斥着愤慨和恐惧。于是，当时设在布鲁塞尔的布拉班特三级会议不得不采取自保的措施。1576年7月26日，惊慌失措的各省邦联会议发布了一项针对叛乱分子的法令，威胁布鲁塞尔的西班牙人都要应征入伍。1576年9月4日，"杀戮法庭"的成员遭到逮捕，进一步激怒了西班牙士兵。军官们已经忌妒彼得·恩斯特一世·冯·曼斯菲尔德-沃特洛特的任命。现在，除了少数人，兵变部队，尤其是驻

彼得·恩斯特一世·冯·曼斯菲尔德 – 沃特洛特

桑乔·达维亚

守安特卫普城堡的桑乔·达维亚的部队,都有不满情绪。许多德意志雇佣兵和瓦隆雇佣兵也加入了兵变。杰罗姆·德·罗达从布鲁塞尔逃往安特卫普,宣布自己是腓力二世的唯一代表,公开支持桑乔·达维亚。叛变部队现在占领了除布鲁塞尔以外几乎每一个南部重要城镇的要塞,并残酷对待反抗者。与此同时,奥兰治亲王威廉抓住机会试图赢得南部省份的支持。尽管北部和南部之间的宗教分歧最近变得更加突出,但至少人们会团结起来,赶走外国人,尤其是外国军队,重申自己的政治权力。奥兰治亲王威廉呼吁从这一共同目标出发,消除分歧,以同一颗心和同一种意志来争取国家的自由。在奥兰治亲王威廉令人振奋的讲话鼓舞下,1576年10月中旬来自南方的各省会议代表在根特开会,与北方各省议会派来的代表共商大事。

会议刚开始,叛军的暴力行为就达到了顶峰。1576年11月4日,在阿洛斯特的部队与桑乔·达维亚的驻军一起攻向安特卫普,击败了布拉班特三级会议派驻的德意志雇佣兵和瓦隆雇佣兵。它们向城市报复,天主教教徒和新教徒,本地人和外国人,妇女和儿童,穷人和富人,全部遭到攻击。有八千人被屠杀,建筑被烧毁。被破坏或被抢的财产价值不可估量。安特卫普——尼德兰最富有的城市和"欧洲的明珠"——变成了"最荒凉、最冷清的天主教城市"。

安特卫普遭到洗劫至少给奥兰治亲王威廉的事业带来了好处。1576年11月8日,北方和南方各省的代表们在该城签署了《根特协定》。根据这一著名的

叛军屠杀安特卫普居民

《根特协定》的寓言

协定,代表一致认为应尽一切可能将西班牙人驱逐出尼德兰,并应召集各省的三级会议,以便协商采取措施,实现共同的安全,考虑未来的治理。奥兰治亲王威廉将继续在荷兰省和西兰岛担任最高元首,任命各种军职,包括海军上尉、海军少将和陆军将军等。各省之间应该有贸易和通讯自由。所有囚犯都应该被释放,所有没收的财产都应该归还。代表们反对异端邪说的标语牌和命令应该暂停,直到各省邦联会议就这些问题做出决定后再说。不应攻击荷兰省和西兰省以外的天主教,如果北方的神父和其他教会的财产被转让,就应得到补偿。最后,任何省如不遵守协议就不可从中受益。根特的绥靖行动受到了全体尼德兰人的热烈欢迎。虽然宗教分歧的战争是推迟而不是最终解决,但似乎有了一个合理的前景,即天主教教徒和新教徒最终会在相互容忍的基础上联合起来,摆脱西班牙的枷锁。协定结果鼓舞人心。

1576年11月11日,西班牙驻军交出了根特要塞。瓦朗谢讷要塞是通过买通德意志雇佣兵而得到的。与此同时,舒文岛和杜伊维兰岛也被克里斯托瓦尔·德·蒙德拉贡放弃了。除了托伦岛以外,西兰所有的地方再次摆脱了西班牙人的统治。不久,弗里斯兰和格罗宁根被重新收复。1577年1月,《根特协定》得到了布鲁塞尔联盟的确认,除卢森堡外,每个省都签署了该联盟协议。

第14章

奥地利的约翰之死

精彩看点

奥地利的约翰抵达卢森堡——《永久法令》——奥地利的约翰进入布鲁塞尔——奥兰治亲王威廉拒绝承认《永久法令》——腓力二世不信任奥地利的约翰——尼德兰南北分裂的原因——马蒂亚斯大公当选为尼德兰总督——让布卢战役——"尼德兰自由的捍卫者"安茹公爵弗朗索瓦——奥地利的约翰抑郁而终

这时，尼德兰新总督已经到了。安特卫普大屠杀发生前一天（1576年11月4日），也就是《根特协定》发表前四天，查理五世的私生子奥地利的约翰化装为摩尔人奴隶，穿过法兰西来到卢森堡。腓力二世终于决定在即将来临的风暴

奥地利的约翰化妆为摩尔人奴隶来到卢森堡

面前低头了。他希望通过和解,恢复政府在查理五世驾崩时的状况,确保王室的权威,捍卫天主教,恢复尼德兰人对王室的臣服。奥地利的约翰似乎很适合执行这一政策。他镇压了格拉纳达的摩尔人叛乱,赢得了勒班陀战役的胜利。他的王室血统与迷人的举止也获得的巨大声誉。他虽然小试牛刀,却广受欢迎。奥地利的约翰开始执行任务时,就像一个幸运的宠儿,充满着一个二十九岁年轻人的热情。他的野心并不只是关注尼德兰。在快刀斩乱麻解决尼德兰难题之后,他梦想着要么迎娶英格兰的伊丽莎白女王,要么推翻这个迷恋异端的女王,并成为她的对手苏格兰玛丽女王的丈夫。然而,奥地利的约翰很快就被残酷的现实惊醒了。他甚至不敢离开卢森堡,只能与三级会议谈判。在谈判中,奥兰治亲王威廉发出警告,不相信承诺,而要求实行如下让步,才能换取尼德兰人对王室的服从(1576年12月6日):西班牙部队必须立即撤走,所有俘虏必须释放,《根特协定》必须得到确认。其中至少有一项要求,即解散西班牙

卢森堡

部队，奥地利的约翰是愿意同意的。按照他入侵英格兰的计划，他希望这些西班牙部队应该从海上撤离，并且给它们提供船舶。

三级会议对这一计划一无所知，怀疑该计划将对尼德兰不利，坚持要求西班牙部队从陆路离开尼德兰。腓力二世断然下令和解。奥地利的约翰被迫放弃对英格兰预定的入侵，于1577年2月17日签署了《永久法令》。西班牙士兵将从陆路出发，所有囚犯都将被释放，所有特权和特许都将得到确认。按照这些条件，叛乱省份承诺承认奥地利的约翰为总督，交出它们拥有的城堡，解散自己的军队，并宣誓维持天主教信仰。

1577年4月月底，西班牙部队离开了。1577年5月1日，奥地利的约翰进入布鲁塞尔，他的和解政策取得了成功，尼德兰的安宁似乎有可能为他获得的荣誉增光添彩，但他除了自己的企图仍有潜在困难之外，前进道路上还有两个致命的障碍：一是对手奥兰治亲王威廉的谨慎行事，二是主人腓力二世的猜疑。

奥兰治亲王威廉对《永久法令》的签署感到不安，它未经他批准，他的代表也没有参加《永久法令》的签署。奥兰治亲王威廉没想到奥地利的约翰会如此顺从，竟没有修改他的条件。从截获的信函中，奥兰治亲王威廉有充分的理由不相信西班牙人的诚意，并且他知道，在这样条件下的和平将意味着自己的毁灭。因此，奥兰治亲王威廉拒绝承认《永久法令》，也不愿在荷兰或西兰公布该法令，并采取措施来对付它。奥兰治亲王威廉转向下层阶级，激起它们的敌意，同时与英格兰和法兰西进行了谈判，甚至密谋监视奥地利的约翰。同时，奥地利的约翰听取了刺杀奥兰治亲王威廉的阴谋，写信给腓力二世，称奥兰治亲王威廉是"醉鬼和酒棍"，并敦促腓力二世为战争做准备。最后，1577年7月10日，奥地利的约翰派亲信胡安·德·埃斯科维多前往马德里，向腓力二世传达自己的观点。

不幸的是，腓力二世对自己同父异母的弟弟产生了深深的妒忌，怀疑奥地利的约翰对西班牙王位有野心，这是腓力二世的亲信安东尼奥·佩雷斯给他灌输的思想。因此，腓力二世对胡安·德·埃斯科维多的陈述置之不理，奥地利

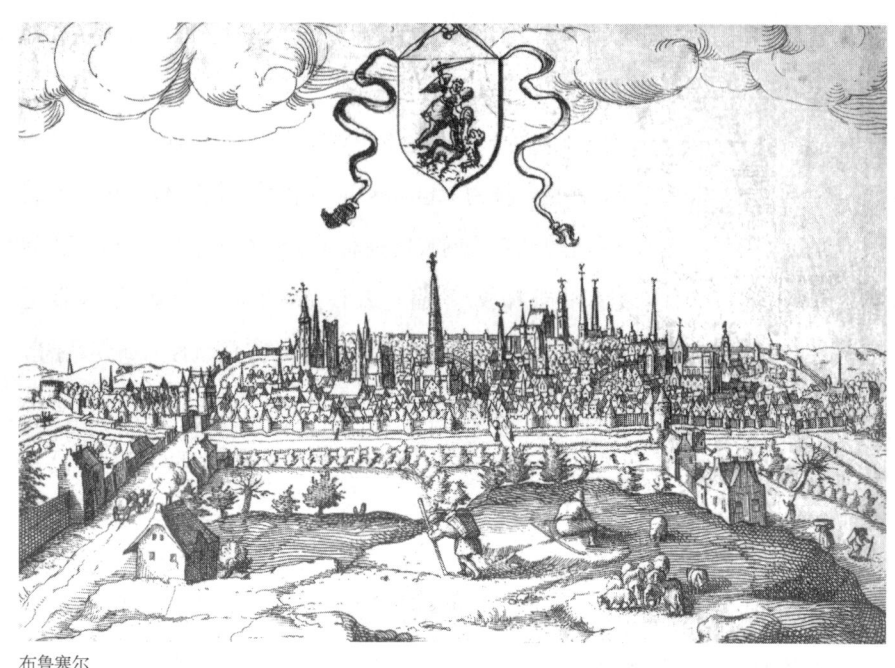

布鲁塞尔

的约翰的紧急请求被搁置了三个多月,而在随后的1577年3月,经腓力二世默许,胡安·德·埃斯科维多被安东尼奥·佩雷斯暗杀。

奥地利的约翰的辉煌梦想被粗暴地摧毁。1577年9月23日,奥兰治亲王威廉在离开十八年后又进入了布拉班特首府布鲁塞尔,整个尼德兰似乎很快就会不再属于西班牙,但即将成功的希望只会重燃不和与忌妒的烈火,而这种烈火在西班牙暴政下暂时熄灭了。必须记住的是,北部各省最近才与南部各省统一。在南部各省,那些离荷兰和西兰最近的省份确实居住着同一种族,但说的是不同的方言,即弗拉芒语。而西部省份民风浪漫,而法语则是共同的语言。种族和历史的差异体现在人们的宗教倾向上。在北部,占主导地位的信仰是新教,在南部则是天主教。现在,尼德兰人对西班牙的恐惧正在下降,南北双方都出现了一种狭隘的互不宽容。

除了上面这些导致尼德兰南北分裂的原因之外,南部贵族唯我独尊式的猜忌也是分裂的原因之一，主要是对天主教信仰的猜忌。随着奥兰治亲王威廉的重要性和民主倾向的日益增强，保守派的猜忌便导致一种奇怪的想法，即把总督的职位交给神圣罗马帝国皇帝鲁道夫二世的弟弟马蒂亚斯大公，但必须得到腓力二世的批准。然而，奥兰治亲王威廉政治上的成熟使他能够将对手的这一举动转变成自己的优势。奥兰治亲王威廉公开支持马蒂亚斯大公。1578年1月18日，马蒂亚斯大公终于当选为尼德兰总督。同时，根特市民反抗新任命的市长亚斯科特公爵菲利普三世·德·克罗伊，此人由马蒂亚斯大公委派。反抗

神圣罗马帝国皇帝鲁道夫二世

得到了奥兰治亲王威廉的秘密认可。此事表明奥兰治亲王威廉得到了下层阶级的支持。而马蒂亚斯大公害怕与奥兰治亲王威廉针锋相对,于是确认奥兰治亲王威廉当选为布拉班特"省长"、佛兰德斯总督。同时,他任命奥兰治亲王威廉为自己的将军,承诺让奥兰治亲王威廉在得到各省议会和三级会议的同意下进行统治。与此同时,根据更符合布拉班特联盟利益的新协定,天主教教徒和新教徒承诺互相尊重,保护彼此不受任何敌人伤害。

马蒂亚斯大公

亚历山大·法尔内塞

然而，当奥兰治亲王威廉一直忙着与那些威胁破坏他事业的派系进行斗争时，西班牙人又在为战争做准备了。腓力二世终于从奇怪的漠不关心中惊醒，命令由西班牙退伍军人组成的部队从意大利回来。部队由亚历山大·法尔内塞率领。此外，部队里还有彼得·恩斯特一世·冯·曼斯菲尔德-沃特洛特率领的法兰西士兵。奥地利的约翰率军向纪律涣散的各省军队进攻。在亚历山大·法尔内塞的帮助下，在那穆尔附近的让布卢，奥地利的约翰大败各省军队。这场胜利确保了桑布尔山谷的安全，迫使奥兰治亲王威廉和马蒂亚斯大公放弃布鲁塞尔，并大大破坏了南部省份的自由事业。然而，在北部，让布卢战役后的形势

让布卢战役

各省军队败退

拿骚-迪伦堡伯爵约翰六世

反倒对奥兰治亲王威廉有利。1578年3月,他的弟弟拿骚-迪伦堡伯爵约翰六世当选为格尔德兰省省长。1578年5月,奥兰治亲王威廉的追随者成功地推翻了阿姆斯特丹的天主教执政官,从而为新教徒保住了荷兰首府和哈勒姆。

与此同时,天主教贵族对马蒂亚斯大公感到失望,于是投靠法王亨利三世的弟弟安茹公爵弗朗索瓦。自从加斯帕尔·德·科利尼短暂得势以来,凯瑟琳·德·美第奇一直没有放弃利用尼德兰的混乱来扩大法兰西在瓦隆的海诺特、阿图瓦和法属佛兰德斯影响力的想法。目前,凯瑟琳·德·美第奇可能更愿意与腓力二世进行友好谈判,其目的是让她的儿子和一位西班牙公主结婚。安茹公爵弗朗索瓦对自己在法兰西的地位并不满意,一心想获得一个王国。于是,他接受了这个提议。1578年7月,他来到了海诺特的蒙斯。奥兰治亲王威廉虽然不愿看到法兰西在这些地区的影响力扩大,但认为反对安茹公爵弗朗索瓦不是明智的政治手段。他希望联姻能激起伊丽莎白女王的忌妒。伊丽莎白女王一面与安茹公爵弗朗索瓦勾搭在一起,卖弄风情地把安茹公爵弗朗索瓦看成求婚者,一面不愿看到法兰西控制尼德兰,并且答应帮助奥兰治亲王威廉。因此,安茹公爵弗朗索瓦被公认为"反对西班牙人暴政",是"尼德兰自由的捍卫者"。如果尼德兰认为有必要摆脱西班牙的统治,那么安茹公爵弗朗索瓦将得到尼德兰的君主权。与此同时,安茹公爵弗朗索瓦承诺不改变尼德兰政府,并保持各省稳定(1578年8月20日)。

在混乱的谈判没有取得任何明确结果之前,奥地利的约翰因疾病而疲惫不堪。宏伟计划的失败、腓力二世对他的忽视及胡安·德·埃斯科维多被杀,都让他感到非常难受。1578年10月1日,奥地利的约翰在那慕尔附近的布赫斯去

奥地利的约翰去世

第14章 奥地利的约翰之死 | 215

世，享年三十一岁，他的外甥亚历山大·法尔内塞成为继任者。有谣言说，奥地利的约翰是被腓力二世下令毒死的。虽然谣言不可信，但奥地利的约翰受到的怀疑和忽视至少是导致他死亡的原因之一。

亚历山大·法尔内塞接替奥地利的约翰担任尼德兰总督，他是奥塔维奥·法尔内塞和帕尔马的玛格丽特的儿子。奥塔维奥·法尔内塞是腓力二世时期的重臣。亚历山大·法尔内塞与表兄卡洛斯王子、舅舅奥地利的约翰一起在

奥塔维奥·法尔内塞

西班牙长大。亚历山大·法尔内塞早年热爱冒险和军事演习,对决斗表现出极大兴趣。与土耳其人的战争给了他大展身手的机会。在勒班陀战役中,他因骁勇善战而声名大振。现在,他三十三岁了,比舅舅奥地利的约翰更像一名斗士。同时,作为一名外交家和政治家,他的优势也是难以估量的。然而,我们必须记住,目前的局势给了他一个施展才能的机会,而这个机会恰恰是他的前任们没有的。北部各省和南部各省之间种族、宗教上的差异与分歧日益突出。东部和西部各省的分裂迅速蔓延。省议会的决定,尤其是在税收方面,几乎没有人遵守。士兵薪水低,不守军纪,叛变成风。对天主教教徒和加尔文派教徒的不宽容正变得更加突出。社会方面、政治方面的敌对愈演愈烈,尼德兰已经到了内战或无政府状态的边缘。奥兰治亲王威廉最近被迫依靠下层阶级,却无法控制它们。在根特,在巴拉丁-西摩恩伯爵约翰·卡西米尔的支持下,在煽动者

巴拉丁-西摩恩伯爵约翰·卡西米尔

安拜斯的鼓动下，叛乱乱达到高潮。约翰·卡西米尔雄心勃勃，但软弱无能，他带来了由伊丽莎白女王派遣的一支由英格兰士兵和德意志雇佣兵组成的杂牌部队。这伙狂热之徒激起了天主教主祷派的愤慨。天主教信徒仍然是南部省份的多数派。同时约翰·卡西米尔疏远了许多不满现状的贵族，而这些贵族迄今一直在献计献策。在尼德兰的这些分裂中，亚历山大·法尔内塞很快就取得了优势，成功争取到许多贵族，小部分是通过安抚、游说，大部分是通过金钱贿赂或晋升许诺。在这些贵族中，埃格蒙特伯爵拉莫雷尔、尚帕尼特别值得关注。亚历山大·法尔内塞甚至向奥兰治亲王威廉本人提出优待条件，只要他愿意放弃自己事业。

第15章

奥兰治亲王威廉被暗杀

精彩看点

阿拉斯联盟——亚历山大·法尔内塞的军事胜利——腓力二世公布对奥兰治亲王威廉禁令——奥兰治亲王威廉发表《辩解书》——《普莱西斯勒斯塔尔斯条约》——尼德兰一分为三——安茹公爵弗朗索瓦的愤怒——安茹公爵弗朗索瓦离开尼德兰奥兰治亲王威廉遇刺

亚历山大·法尔内塞外交活动最明显的成果体现在阿拉斯联盟的建立（1579年1月6日）。该联盟将瓦隆的阿图瓦和海诺特及法属佛兰德斯的里尔、杜埃和奥尔希等城镇联合起来。在随后的1579年5月，阿拉斯联盟与亚历山大·法尔内塞达成了协议，要求解散外国军队，并尊重各省权力。对此，北方的格尔德兰、荷兰、西兰、乌得勒支和弗里斯兰组成了乌得勒支联盟（1579年1月29日）。乌得勒支联盟的目标是维护《根特协定》。各省没有放弃效忠西班牙，但它们相互保护，抵制以国王或以外国君主的名义对它们的一切武力侵害。每个省在重新行使单独签订条约权利的同时，仍保留其特殊的自由和特权，尽管允许个人拥有信仰自由，但乌得勒支联盟可以决定应信奉何种宗教，罗马天主教各省被要求以同样的条件加入。乌得勒支联盟由每个省议会派出的代表组成的联合委员会管理，拥有共同的货币、共同的税收制度和一个对联合委员会负责的执行委员会。著名的《根特协定》最初只由北方五个省签署，但后来另外两个省格罗宁根和上艾瑟尔加入了。最后加入的还有根特、布鲁日、伊普尔和安特卫普等城镇，尽管乌得勒支联盟最初的意图是临时性的，但它为七个联合省份未来的联邦宪法奠定了基础，而阿拉斯联盟则播下了未来重建西属尼德兰的种子。

当东北地区和西南地区之间出现不可避免的分裂的时候，亚历山大·法尔

马斯特里赫特陷落

内塞在中部省份取得了显著的进步。1579年夏,默兹河上的马斯特里赫特在被攻四个月后陷落了,而梅克林也因德·布尔的背信弃义而投降。1580年5月,著名的胡格诺派教徒弗朗索瓦·德·拉·努伊在英厄尔蒙斯特附近被俘虏。在北方,瑞纳伯格伯爵出卖了格罗宁根。奥兰治亲王威廉的弟弟拿骚-迪伦堡伯爵约翰六世对人民缺乏爱国精神、军队纪律涣散感到厌恶,就放弃了格尔德兰省省长一职,隐退到德意志。

1580年6月,在亚历山大·法尔内塞的鼓舞下,腓力二世采取了决定性措施,颁布了一项严惩奥兰治亲王威廉的禁令。奥兰治亲王威廉被宣布为叛国者和恶棍。所有臣民向他提供食物或住所都被禁止。凡愿意把奥兰治亲王威廉交给腓力二世的人，无论死活，都可以得到价值两万五千克朗的金币和贵族的特权。

　　腓力二世听从了枢机主教安东尼·皮埃诺特·德·格兰维拉的建议，宣称奥兰治亲王威廉是懦夫。腓力二世认为，被暗杀的恐惧要么迫使奥兰治亲王威廉屈服，要么逼他"自我了断"。然而，尽管这一禁令被称为奥兰治亲王威廉的死刑令，但奥兰治亲王威廉一点也不害怕。不久，奥兰治亲王威廉发表了《辩解书》，号召尼德兰人勇敢地反抗敌人，断言腓力二世杀害了自己的儿子卡洛斯王子、妻子瓦卢瓦的伊丽莎白和神圣罗马帝国皇帝马克西米利安二世。奥兰治亲王威廉宣称，由于腓力二世对尼德兰的统治权已经毁于他的暴政，他不再是合法的国王，自己也不再是叛乱者。最后，奥兰治亲王威廉宣称，他如果能把人民从灾难中解救出来，将乐于忍受永久的流放或死亡，把自己置于上帝的手中，"上帝会处置他和他的财产，因为这似乎是给他的荣耀和救赎"。奥兰治亲王威廉对这些文字的辩解并不寄予希望。他早就明白，除非得到外国的帮助，否则至少会失去南部各省。巴拉丁-西摩恩伯爵约翰·卡西米尔的无能，使他对尼德兰革命事业功不抵过，甚至连他那三万名德意志雇佣兵都因领不到兵饷而离开了尼德兰。马蒂亚斯大公显然不是奥兰治亲王威廉可依赖的强人，神圣罗马帝国也不会给予奥兰治亲王威廉进一步帮助，只有法兰西可以利用。于是，奥兰治亲王威廉与安茹公爵弗朗索瓦重新谈判。1579年，安茹公爵弗朗索瓦离开尼德兰前往英格兰，希望伊丽莎白女王对他一见倾心。当然，安茹公爵弗朗索瓦的长相不太可能使他追求的人称心如意，因为虽然他有瓦洛瓦王子的风度，而且是个"好人，是个健壮的王子"，但身材矮小，脸上布满了天花，鼻子也很突出。伊丽莎白女王只是逗他玩而已，因为在法兰西没有做出明确援助承诺的情况下，贸然嫁给安茹公爵弗朗索瓦，并在尼德兰帮助他，将会招致腓力二世的敌意，而腓力二世也不会答应。腓力二世无法忍受法兰西征服尼德兰。伊丽莎白女王挑逗着安茹公爵弗朗索瓦，希望他从佛兰德斯事务中脱身。安茹公爵弗朗索瓦别无选择，只能像伊丽莎白女王所有追求者一样被牵着鼻子

伊丽莎白女王带安茹公爵弗朗索瓦参加宴会

走。安茹公爵弗朗索瓦被伊丽莎白女王美丽的承诺迷惑，一心希望伊丽莎白女王真正成为自己的新娘，于是急切地接受了尼德兰各省邦联议会的建议。

1581年1月批准的《普莱西斯勒斯塔尔斯条约》使安茹公爵弗朗索瓦成为尼德兰世袭君主。安茹公爵弗朗索瓦将永久居住在尼德兰，不能任命任何外国人担任公职，不能企图改变政府，也不能干涉各省的特权。安茹公爵弗朗索瓦可以争取法兰西国王亨利三世的帮助，但不得将领土并入法兰西。任何违反《普莱西斯勒斯塔尔斯条约》的行为都会导致他君主地位的丧失。1581年7月26日，各省邦联议会最终放弃了效忠腓力二世。1581年10月，马蒂亚斯大公离开了尼德兰，而安茹公爵弗朗索瓦直到1582年2月才最终接受授权。北部省份最不愿意接受安茹公爵弗朗索瓦的统治。1581年7月，在多次拒绝之后，奥兰治亲王威廉最终接受了荷兰伯爵和西兰伯爵的头衔，在战争期间拥有绝对权力。

北部省份要求安茹公爵弗朗索瓦必须明确承认一个条件,即不改变奥兰治亲王威廉实际享有的至尊地位。于是,按照各方意愿,尼德兰被一分为三:西部地区再次服从西班牙统治;东北地区由奥兰治亲王威廉统治;中部地区承认安茹公爵弗朗索瓦的统治。在这件事上,奥兰治亲王威廉的政策受到了严厉的批评,安茹公爵弗朗索瓦之前的行为当然也不是好兆头。然而,虽然三分法是一种绝望中的补救办法,但与法兰西联盟仍然不完全是坏主意。一个愿意容忍新教徒的天主教宗主国可能会再次团结所有反对西班牙的势力,这个希望是存在的。当时,凯瑟琳·德·美第奇和亨利三世有意采取反西班牙的政

法兰西国王亨利三世

策。如果法兰西与英格兰的联姻能实现,那么加斯帕尔·德·科利尼建立反对西班牙联盟的想法也许能实现。

不幸的是,一切变得更糟了。伊丽莎白女王在和安茹公爵弗朗索瓦幽会,甚至交换了订婚戒指后,仍然拒绝结婚。安茹公爵弗朗索瓦只好离开英格兰,去了尼德兰。在尼德兰,弗拉芒人和法兰西人吵了起来,而宗教上的不包容又

伊丽莎白女王在和安茹公爵弗朗索瓦交换订婚戒指

安茹公爵弗朗索瓦抵达尼德兰赴任

加剧了不和,亚历山大·法尔内塞的胜利继续扩大。安茹公爵弗朗索瓦被强加在自己身上的限制激怒,轻率而愚蠢地企图发动政变,他在一些较小的城镇取得了成功,但在布鲁日失败,而在安特卫普,市民们起义,杀了安茹公爵弗朗索瓦的近两千名士兵(1583年1月16日)。安茹公爵弗朗索瓦厚颜无耻地试图把责任推到臣民身上,而他却与亚历山大·法尔内塞勾结,提出割让法兰西某些城镇作为交换,争取加入亚历山大·法尔内塞的阵营。即便如此,奥兰治亲王威廉也认为激怒法兰西人是不明智的。

1583年6月28日,安茹公爵弗朗索瓦离开尼德兰后,谈判继续进行,直到他在1584年6月去世。在那之前,亚历山大·法尔内塞利用安茹公爵弗朗索瓦的愤怒造成的混乱和不信任,部分通过武力,部分通过贿赂,收复了除佛兰德斯以外的几乎所有中部省份,甚至连布鲁日,也因亚斯科特公爵菲利普三世·德·克罗伊的儿子夏尔三世·德·克罗伊的背叛而投降。

安茹公爵弗朗索瓦死后一个月（1584年6月），奥兰治亲王威廉被暗杀。原先发布的禁令就是对他的死刑执行令。至少发生过五次针对奥兰治亲王威廉的刺杀，其中一次几乎要了他的命。对刺杀产生的焦虑导致他的妻子波旁的夏洛特死亡。1584年7月10日，奥兰治亲王威廉在代尔夫特被枪杀，终年五十一岁。凶手巴尔塔扎尔·杰拉德是弗朗什-孔泰的一个狂热分子。刺杀行动蓄谋已久。

奥兰治亲王威廉被枪杀

在一次未遂的刺杀后，波旁的夏洛特照顾受伤的奥兰治亲王威廉

这位伟人就这样走了。奥兰治亲王威廉的死说明责任感和磨难对人生带来的影响是何等残酷。奥兰治亲王威廉对尼德兰苦难的认识及因此而产生的焦虑，使他摆脱了年轻时奢侈和挥霍的习性，塑造了他坚强的性格。由于出生而不是信仰，奥兰治亲王威廉成了一名天主教徒。后来，他改信路德派，接着改信加尔文派。在一定程度上，这可能是出于政治利益的考量。然而，没有理由怀疑奥兰治亲王威廉终极信仰的诚意。奥兰治亲王威廉的经历使他认识到了宽容的价值，使他失去了一些更狂热的追随者的支持，这一点那个时代的人很少有人能做到。不可否认的是，奥兰治亲王威廉雄心勃勃，但他一再拒绝接受掌管尼德兰大权。一些人认为奥兰治亲王威廉不该拒绝，而正是这种拒绝，至少证明了他知道如何控制自己的利益。奥兰治亲王威廉不是大将军，军事谋略不足。然而，请记住，他曾指挥过毫无信誉可言的雇佣军，也为保卫城池征

过兵，更在不适合作战的开阔地带与西班牙老兵会战。为此，我们应该赞扬他为避免激战表现出的智慧。然而，奥兰治亲王威廉最擅长的是政治和外交。绝对的直率在外交上是很难找到的，但比起狡猾的伊丽莎白女王、不择手段的凯瑟琳·德·美第奇或奸诈的腓力二世，奥兰治亲王威廉就直截了当多了。尽管有沮丧的一面，但奥兰治威廉的坚定性充分地表明他确实遵守了自己的座右铭："坚持不懈。"敌人对他严厉地指责可以用来衡量他超凡的能力。奥兰治亲王威廉忠实的追随者的数量，他个人的魅力，"统一尼德兰"光辉的未来，都无可争辩的证明这位被人们尊称为"国父"的人的伟大。然而，奥兰治亲王威廉就是活着，也不可能赢回南部省份。正如人们看到的那样，分裂已经开始，历史将证明分裂是深刻而持久的。亚历山大·法尔内塞在西南部的成功似乎已经很漂亮了。毫无疑问，奥兰治亲王威廉的想法是与胡格诺派及纳瓦拉的亨利

纳瓦拉的亨利

路易莎·德·科利尼

结盟。在安茹公爵弗朗索瓦死后,纳瓦拉的亨利成为法兰西王位的继承人。这一想法也解释了奥兰治亲王威廉与加斯帕尔·德·科利尼女儿路易莎·德·科利尼结婚的原因①。奥兰治亲王威廉似乎在寻求组织一个所有新教力量参与的联盟。然而,亨利三世在法兰西国内有大量难题要解决,伊丽莎白女王又是

---

① 奥兰治亲王威廉结过四次婚,结婚对象分别是安娜·范·埃格蒙特;萨克森公爵莫里斯的女儿萨克森的安娜;蒙庞西耶公爵路易·德·波旁的女儿波旁的夏洛特;加斯帕尔·德·科利尼的女儿路易莎·德·科利尼。在奥兰治亲王威廉的十一个孩子中,最重要的如下:安娜·范·埃格蒙特之子菲利普·威廉,1567年在西班牙被扣押,死于1618年,无子女;萨克森的安娜之子奥兰治的莫里斯;路易莎·德·科利尼之子腓特烈·亨利。——原注

一根靠不住的墙头草,路德派和加尔文派之间的争吵在加剧。天主教反改革派的发展,很可能会阻止来自德意志的有效帮助。奥兰治亲王威廉已经为七省联合奠定了独立的基础,奥兰治亲王威廉如果活着,很可能会进一步推动独立运动。

第16章

莱斯特伯爵罗伯特·达德利进入尼德兰

精彩看点

奥兰治的莫里斯——亚历山大·法尔内塞的成功——围攻安特卫普——亨利三世拒绝尼德兰人的请求——伊丽莎白女王的亲信莱斯特伯爵罗伯特·达德利进入尼德兰——伊丽莎白女王勃然大怒——莱斯特伯爵罗伯特·达德利依靠民主派——莱斯特伯爵罗伯特·达德利与下属不和

腓力二世曾说："如果奥兰治亲王威廉两年之前就被谋杀，我就可以省下很多麻烦，但他死了总比不死好。"奥兰治亲王威廉十七岁的二儿子奥兰治的莫里斯当选为荷兰军队、西兰军队的统帅，并临时被任命为国务委员会首脑。奥兰治亲王威廉的女婿霍恩洛厄-诺伊恩施泰因的菲利普被任命为总司令，他是个酒鬼。海军上将威廉·博罗伊斯·范·特雷斯隆则与三级会议发生了争执，并被奥兰治亲王威廉的私生子贾斯汀努斯·范·拿骚取代。贾斯汀努斯·范·拿骚是一个没有战斗经验的人。接下来产生的混乱，都被亚历山大·法尔内塞充分利用。

布拉班特最重要的城镇仍然没有降服。这些城镇包括登德尔蒙德、根特、布鲁塞尔、梅克林和安特卫普，都位于斯凯尔特河或塞讷河支流之上。亚历山大·法尔内塞提出了优惠条件，承诺尊重这些城镇的特权，不追究信仰差异，并将这些城镇从外国驻军中解救出来。许多奥兰治亲王威廉的忠实信徒都绝望地放弃了追求独立的事业。到1585年7月月底，除了安特卫普，这些城镇或投降或被占领。

亚历山大·法尔内塞集中所有兵力围攻重镇安特卫普。这是一项困难的任务，亚历山大·法尔内塞没有舰队。腓力二世此时忙着与法兰西组建联盟，帮不上任何忙。如果安特卫普市民效仿莱顿市民水淹家园，亚历山大·法尔内塞

奥兰治的莫里斯

霍恩洛厄－诺伊恩施泰因的菲利普

威廉·博罗伊斯·范·特雷斯隆

贾斯汀努斯·范·拿骚

就很难接近这座城市。然而,安特卫普市民没有准备做出牺牲,他们采取的措施很不完善,成事不足,败事有余。因此,亚历山大·法尔内塞能够到达斯凯尔特河,接近城镇的临海位置,并开始建造桥梁。这座桥能够切断与海上的一切联系。被围困的安特卫普市民虽然反抗太晚,但仍然试图阻挡西班牙人的进攻。有一次,借助火船,安特卫普人几乎冲破围困。但亚历山大·法尔内塞没有退缩。历经艰难,桥终于建成。经过六个月的围攻,安特卫普市长圣阿尔德贡德勋爵马尼克斯的菲利普投降。胜利没有因任何暴行而受到玷污。亚历山大·法尔内塞宣布了大赦,尽管安特卫普市民必须支付罚款。除了天主教,其他教派都被禁止,但那些不顺从的人获得两年的宽限。尽管安特卫普的投降使亚历山大·法尔内塞的声望大振,并确保西班牙人牢牢控制布拉班特,但实际收益并不是很大。奥斯坦德和斯鲁伊斯仍然在坚守,一直到后来赢得胜利(1587年8月)。尼德兰人成功地控制了法拉盛和斯凯尔特河的入海口。这严重威胁了

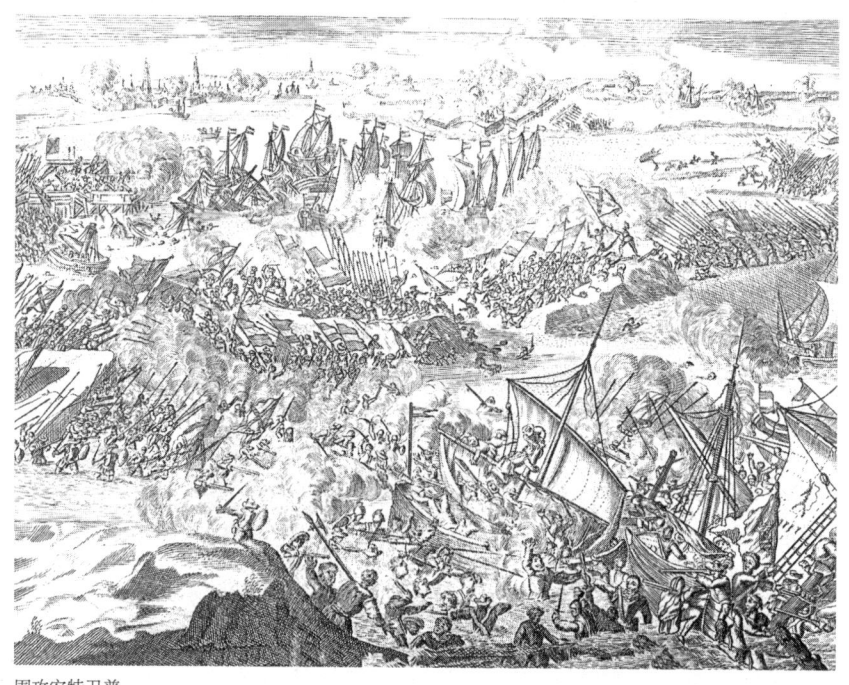

围攻安特卫普

安特卫普投降后，亚历山大·法尔内塞率兵入城

安特卫普的商业地位，因为安特卫普的商业严重依赖与大海的沟通，同时造成了弗拉芒人其他大城市工业的衰落。阿姆斯特丹现在取代了安特卫普。尼德兰人通过斯凯尔特河封锁的弗拉芒人商业，使弗拉芒人造成极大损失。直到斯凯尔特河最终再次开放，安特卫普才又成为贸易的中转站。安特卫普地理位置的重要性，由此可知。

虽然这一令人难忘的围困正在进行，但尼德兰的主权归宿发生了变化。出现了两个当事方：一方把希望寄托于法兰西的援助，另一方把希望寄托于英格兰的援助。法兰西派起初是成功的。尽管面对荷兰的反对，但法兰西派对安茹公爵弗朗索瓦的背信弃义并没有泄气，还是决定把主权交给亨利三世，条件是问题应该在1584年10月解决。这么好的提议确实很诱人。当时，亨利三世如果没有被其他事务纠缠，很可能会接受尼德兰的要求。但瓦洛瓦王朝正在为天主教联盟奋斗。1585年的7月，犹豫再三，亨利三世拒绝了尼德兰提出的主权请求。

由于未能得到法兰西的帮助，尼德兰人转而求助英格兰。伊丽莎白女王听到亨利三世拒绝接受尼德兰主权请求的消息，满心欢喜。她很清楚腓力二世对英格兰的意图，急着把尼德兰从亚历山大·法尔内塞手中夺回来，愿意出兵出钱来帮助尼德兰人。然而，一贯的吝啬本性驱使伊丽莎白女王要求确保回报万无一失，这就需要尼德兰以城镇作为担保。同时，伊丽莎白女王担心接受尼德兰主权请求，会让自己公开加入反西班牙的阵营。然而，这正是尼德兰人最想要的。当时，安特卫普陷落前开始的谈判变得旷日持久，直到1585年11月，尼德兰人才终于同意了伊丽莎白女王的条件。伊丽莎白女王决定在自己掌管的省份维持一支五千人的步兵和八千人的骑兵的永久驻军。为了支付由此带来的费用，布里耶和法拉盛也归伊丽莎白女王掌管，并由另外一支特遣部队驻扎。伊丽莎白女王有权提名十八位国务委员。在奥兰治亲王威廉死后，十八位国务委员管理行政事务。伊丽莎白女王最喜欢的莱斯特伯爵罗伯特·达德利被任命为指挥官。法拉盛的行政管理交给了莱斯特伯爵罗伯特·达德利的外甥菲利普·西德尼爵士，而布里耶则交给了托马斯·塞西尔管理，他是威廉·塞西尔的儿子。

1585年12月9日，远征军启航。然而，尼德兰人对谈判结果尚未满意。显然，他们急着向伊丽莎白女王进一步妥协，便提出让莱斯特伯爵罗伯特·达德利担任联合省总督一职，在海陆拥有最高军事指挥权，在民事和政治事务上拥有最高行政管理权。莱斯特伯爵罗伯特·达德利要发誓维护尼德兰的古老法律，并在国务委员会的协助下治理国家。当然，莱斯特伯爵罗伯特·达德利可以根据自己的意愿召集省邦联议会，并在官职出现空缺时，有权从各省提供的名单中任命所有民事和法律官员。

莱斯特伯爵罗伯特·达德利不仅接受了这一无比荣耀的提议，而且因受到尼德兰人的热烈欢迎而得意扬扬。甚至有人听到他说，其家人蒙受冤屈，失去了英格兰的王权，这引起了伊丽莎白女王的高度猜疑。作为女王，她认为，莱斯特伯爵罗伯特·达德利在没有经她许可的情况下，接受尼德兰政府的任命，行使"绝对"权力，是臣民对她"巨大而奇怪的轻蔑"，因此深感到愤怒；作为

菲利普·西德尼爵士

托马斯·塞西尔

一个女人，她忌妒自己最爱的人①会从别人手中寻找荣誉，而不是从她那里获得；作为一名外交家，她担心莱斯特伯爵罗伯特·达德利鲁莽的行为会破坏自己的战略，而腓力二世则会乘机攻击英格兰。因此，伊丽莎白女王强行命令莱斯特伯爵罗伯特·达德利当众公开辞职。在两个月的时间里，伊丽莎白女王怒气难平。然而，来自"甜蜜知更鸟"的一封绝密信终于消除了伊丽莎白女王的猜

莱斯特伯爵罗伯特·达德利

---

① 指莱斯特伯爵罗伯特·达德利。他是伊丽莎白女王的面首。——译者注

弗朗西斯·沃尔辛厄姆

疑。威廉·塞西尔和弗朗西斯·沃尔辛厄姆警告她任性会造成致命的后果。于是，伊丽莎白女王同意莱斯特伯爵罗伯特·达德利暂时保留"总督"一职。人们甚至发现伊丽莎白女王后来宣称，她不喜欢尼德兰人的承诺，不是因为她不喜欢这个头衔，而是因为尼德兰人没有履行他们的诺言。

伊丽莎白女王和她最爱的人之间的争吵已经结束，但影响还在发酵。莱斯特伯爵罗伯特·达德利的威信因自己的虚荣心和轻率及伊丽莎白女王的愤慨而荡然无存。有关伊丽莎白女王和亚历山大·法尔内塞之间谈判的报道，更增加了尼德兰人的猜疑和厌恶，其实这些报道是有充分根据的。随着英格兰遭到西班牙入侵的迹象变得更加明显，伊丽莎白女王就越来越想通过和平谈判来避免遭受打击。腓力二世的目的只是争取时间，以便为他策划的远征做好准备，因为现在对尼德兰采取任何行动都会适得其反。尽管伊丽莎白女王希望尼德兰参与可能达成的任何和平协议，但她以前的行为肯定不能保证在必要时她不会牺牲尼德兰的利益。"缔约省份"派自然最担忧。该派属于代表省级邦联议会的统治阶级。其成员包括尼德兰利益坚定维护者保罗·贝斯、尼德兰独立倡导者约翰·范·奥尔登·巴内费尔特等人。

到目前为止，"缔约省份"派在反对西班牙的斗争中起了带头作用，虽然仍然支持与英格兰结盟，但不愿意看到尼德兰成为伊丽莎白女王外交政策的

约翰·范·奥尔登·巴内费尔特

牺牲品。莱斯特伯爵罗伯特·达德利被"缔约省份"派的指责所刺痛，而他的主要缺点是虚荣心强和喜欢奉承。因此，他转向人民，采取一种更加民主的政策，一种被权贵阶级和贵族市民厌恶的政策。莱斯特伯爵罗伯特·达德利违反了非本地人不得任公职的法律，任命了三个自己的心腹：布拉班特人德文特被任命为乌得勒支市长；弗拉芒人丹尼尔·德·伯格雷夫被任命为他的私人秘书；另一个弗拉芒人，曾在枢机主教安东尼·皮埃诺特·德·格兰维拉和阿尔瓦公爵费尔南多·阿尔瓦雷斯·德·托莱多手下服役的叛徒雷格尔特被任命为新的财政院头目。这是莱斯特伯爵罗伯特·达德利新建立的财政院，用来防止收入上的欺诈，找到财政上的"金山"。伊丽莎白女王拒绝将英格兰生产的布料从东弗里斯兰的埃姆登输送到阿姆斯特丹或代尔夫特，并禁止向西班牙出口任何商品。这一措施对尼德兰贸易的危害远大于对西班牙的贸易，非常不得人心，很快就被废止。莱斯特伯爵罗伯特·达德利本人信奉加尔文派，在宗教问题上欣然采纳了民主派的观点。他宣称天主教是西班牙的宠儿，将七十个天主教徒逐出乌得勒支，并虐待他们。同时，为了宣布加尔文派为国教，莱斯特伯爵罗伯特·达德利在海牙召集了宗教会议。通过此举，莱斯特伯爵罗伯特·达德利放弃了奥兰治亲王威廉提倡的宽容原则，这威胁到了乌得勒支同盟达成的协议，即允许各省自行解决宗教问题，同时也疏远了当时最好的政治家。这些人反对宗教干预世俗事务，害怕加尔文派神父的宗教狂热，并希望避免建立类似日内瓦的神权政体。莱斯特伯爵罗伯特·达德利的追随者们并没有就此止步，他们否认了省邦联议会和省级议会的授权，并宣称主权属于人民。按照这些理论逻辑，莱斯特伯爵罗伯特·达德利长期居住地，乌得勒支政府爆发了革命。最著名的"缔约省份"派代表保罗·贝斯，在莱斯特伯爵罗伯特·达德利的默许下，未经审判被判入狱六个月。

因此，莱斯特伯爵罗伯特·达德利非但没有团结所有共同反对西班牙的人，反倒变成了一个拉帮结派的人，与那些曾经是英格兰的铁杆支持者为敌，加深了各个省份、阶级和宗教的分歧，为今后尼德兰分裂埋下祸根。莱斯特伯爵罗伯特·达德利与下属关系也不融洽。他曾与约翰·诺里斯（抵达尼德兰前曾指挥英格兰特遣部队）、约翰·诺里斯的弟弟爱德华·诺里斯、约翰·诺里斯掌管财务的叔叔以及国务委员会的英格兰成员威尔克斯等都发生过争执。尽管莱斯特伯爵罗伯特·达德利对这些争执不负全责，但这些争执无益改善尼德兰人对他的看法。再加上伊丽莎白女王在资金上的吝啬，莱斯特伯爵罗伯特·达德利在战场上的努力大打折扣。

第17章
无敌舰队失败的远征

精彩看点

1586年的灾难——莱斯特伯爵罗伯特·达德利暂时离开尼德兰——莱斯特伯爵罗伯特·达德利回归尼德兰——莱斯特伯爵罗伯特·达德利最终被伊丽莎白女王召回——回顾莱斯特伯爵罗伯特·达德利的执政——腓力二世决定入侵英格兰——无敌舰队启航——持续八天的英吉利海峡海战——火攻船——最后的决战

幸运的是，在这种情况下，腓力二世一心想确保天主教神圣同盟在法兰西的胜利，并为无敌舰队远征做准备，所以未能向亚历山大·法尔内塞提供有效的帮助。事实上，1586年是尼德兰革命者的灾难之年。1586年6月7日，因总督背信弃义，格拉夫守军向亚历山大·法尔内塞投降。1586年28日，芬洛投降。于

围攻格拉夫

是，亚历山大·法尔内塞几乎成了默兹河流域的主人。最后，莱斯特伯爵罗伯特·达德利企图攻占仍被亚历山大·法尔内塞占领的艾瑟尔河上的聚特芬。结果，莱斯特伯爵罗伯特·达德利英勇善战的外甥菲利普·西德尼爵士阵亡。菲利普·西德尼爵士参加了一次勇敢但失败的行动，试图拦截亚历山大·法尔内塞的部队向聚特芬运送粮草，结果伤重不治（1586年10月2日）。英格兰军队取

菲利普·西德尼爵士受重伤

英格兰军队突袭阿克塞尔

得的胜仗包括1586年7月17日突袭阿克塞尔，1586年9月12日攻占杜斯堡，以及攻克聚特芬的一些外围要塞。

莱斯特伯爵罗伯特·达德利恳切地向伊丽莎白女王提议，对当前困境的唯一补救办法是她应接管尼德兰的主权，并派遣一支善战的军队开赴战场，这一提议得到了威廉·塞西尔的支持。然而，伊丽莎白女王反对莱斯特伯爵罗伯特·达德利的提议，"因为这会引起西班牙人怀疑，会导致持久战争发生"，还"因为这会增加费用"。1586年11月月底，莱斯特伯爵罗伯特·达德利离开尼德兰返回英格兰，这更加剧了混乱与不和。莱斯特伯爵罗伯特·达德利不在的时候，行政权名义上交给了国务委员会。约翰·诺里斯爵士被授予英格兰军队的指挥权，霍恩洛厄-诺伊恩施泰因的菲利普指挥尼德兰军队和德意志军队。

然而，莱斯特伯爵罗伯特·达德利知道国务委员会中的多数人反对他，而约翰·诺里斯爵士、霍恩洛厄-诺伊恩施泰因的菲利普是他的死敌，因此留下了一份秘密文件，禁止国务委员会在未经他同意的情况下取消他对要塞和城镇发出的任何命令。不幸的是，他的最后两位提名人成了叛徒。威廉·斯坦利爵士交出了靠近聚特芬的德文特，罗兰·约克把聚特芬要塞交给了西班牙指挥官塔西斯（1587年1月29日）。莱斯特伯爵罗伯特·达德利提名的心腹的背信弃义行为，再加上已广为人知的伊丽莎白女王与亚历山大·法尔内塞的谈判消息，激起了尼德兰各"缔约省份"的愤慨。约翰·范·奥尔登·巴内费尔特宣称："英格兰人的欺骗无所不用其极，尼德兰政府已经不堪忍受了。"尼德兰政府派出使

约翰·诺里斯爵士

"巴宾顿阴谋"的密谋分子

者向伊丽莎白女王发出强烈抗议,奥兰治的莫里斯又被临时任命为总督,副将是霍恩洛厄-诺伊恩施泰因的菲利普。此时,派出使者很不合时宜。当他们到达的时候,苏格兰玛丽女王的命运堪忧,她陷于"巴宾顿阴谋",激怒了伊丽莎白女王。使者到达四天后(1587年2月17日),伊丽莎白女王终于同意签署死刑令,玛丽女王人头落地。现在人们认为,当时很有必要与腓力二世妥协,或者适当调用英格兰的资源支持尼德兰,否则入侵是不可避免的。而在当时,伊丽莎白女王既不想听尼德兰人指责她最喜欢的人,也不想听他们要求增加兵力和资金的呼吁。伊丽莎白女王的宠臣弗朗西斯·沃尔辛厄姆说:"女王没有理由负责,任何性质的责任都不应承担。"

1587年3月,巴克赫斯特勋爵托马斯·萨克维尔确实被派往了尼德兰。他明智的和解政策在很大程度上缓解了矛盾。但随着1587年7月莱斯特伯爵罗伯特·达德利回归,争吵再次爆发。莱斯特伯爵罗伯特·达德利试图解斯鲁

苏格兰玛丽女王聆听死刑令

苏格兰玛丽女王从容走向行刑台

伊斯之围的努力失败了。1587年8月4日,进攻英格兰的重要前沿基地——斯鲁伊斯,落入亚历山大·法尔内塞手中。斯鲁伊斯的陷落导致了莱斯特伯爵罗伯特·达德利、奥兰治的莫里斯和霍恩洛厄-诺伊恩施泰因的菲利普三人之间相互指责。与此同时,与各派的口角还在继续,而伊丽莎白女王和亚历山大·法尔内塞之间的持续谈判加深了尼德兰人对英格兰人的猜疑。尼德兰人甚至宣称,伊丽莎白女王的目的是获得更多的城镇,这样一来,以牺牲盟友为代价,她就可以为自己做更多的交易。伊丽莎白女王自己是否也抱有这样的想法并没有得到证实。然而,莱斯特伯爵罗伯特·达德利自己的话表明,"如果最坏的情况发生",他至少不会退缩,不会临阵而逃。

1587年10月,莱斯特伯爵罗伯特·达德利徒劳地试图改变阿姆斯特丹和莱顿的政府,正如他以前在乌得勒支时所做的那样。公众舆论认为莱斯特伯爵罗伯特·达德利又在弄虚作假,类似安茹公爵弗朗索瓦那样的把戏。莱斯特伯爵

西班牙军队围攻斯鲁伊斯

罗伯特·达德利别无选择，只好弃职。1587年12月，莱斯特伯爵罗伯特·达德利被伊丽莎白女王召回，尽管直到1588年3月31日，他才真正辞职。伊丽莎白女王不愿听到任何反对自己情人的言论。在伊丽莎白女王的召回信中，她把责任完全归咎于盟友，责备盟友忘恩负义、背信弃义、对莱斯特伯爵罗伯特·达德利进行虚假和恶意的诽谤，并在信中殷切地承诺："出于对尼德兰人可怜处境的同情，目前她会继续给予资助。如果她与西班牙缔结和平协议，她也将对尼德兰给予关心，就像对自己国家一样。"

让莱斯特伯爵罗伯特·达德利对英军远征的失败负完全责任是不公平的。一些主要人物，例如霍恩洛厄-诺伊恩施泰因的菲利普，都很残暴，尤其是在他们醉酒的时候。尼德兰的党派之争和派系分裂不是莱斯特伯爵罗伯特·达德利造成的。政府机构的复杂和松散，以及宗教上的难题，肯定会导致麻烦出现。除了荷兰和西兰，其他各省对独立事业的热情并不高，威廉·斯坦利和罗兰·约克并不是唯一的叛徒。莱斯特伯爵罗伯特·达德利承担的任务是极其复杂的，他远非完成这一任务的适合人选。他傲慢、专横和顽固不化的脾气使他树敌过多。他不接受任何人的谏言，仇视任何不同的政见。他的虚荣心使他愿意听从心腹的奉承，并使他与当时的主流政治家决裂，因为他们敢于批评他。莱斯特伯爵罗伯特·达德利强烈的加尔文派偏见不利于他在尼德兰的宗教党派中保持中立。莱斯特伯爵罗伯特·达德利如果是勇敢、包容的，肯定会是一个能干的政治家，一个好将军。当然，主要的错误在于伊丽莎白女王的政策。伊丽莎白女王拒绝接受尼德兰的主权，不肯全身心地投入尼德兰人的事业。伊丽莎白女王对后勤供应的过度吝啬、苛刻，尤其是与亚历山大·法尔内塞令人质疑的谈判。这些都是引起尼德兰人抱怨的主要原因。伊丽莎白女王的这些行为不仅是因为她的任性。她很清楚腓力二世正在准备对付英格兰，如果不能采取军事行动获得尼德兰主权，就只能利用她在尼德兰的地位，为自己和尼德兰人争取持久而体面的和平。因此，她装模作样地表演一场谈判的闹剧。在腓力二世的指示下，亚历山大·法尔内塞扮演着欺骗伊丽莎白女王的角色，等待时机成熟。怀着同样渺茫的希望,伊丽莎白女王否认了弗朗西斯·德雷克爵士的行动。弗朗西斯·德雷克爵士曾进入加的斯港和里斯本港,"烧焦了腓力二世的胡子",并摧毁了腓力二世大约二百五十艘船。伊丽莎白女王的行为与她对苏格兰和法兰西新教的政策如出一辙。该政策虽然缺乏诚实性,但至少具有灵活性,因此被普遍赞扬。

弗朗西斯·德雷克爵士

吉斯公爵亨利一世·德·洛林

有人断言,通过上述精心调整的政策,伊丽莎白女王成功地阻止了天主教力量的联合,否则英格兰一定早已屈服。在伊丽莎白女王执政头几年,这种局面可能会出现,但现在肯定不会出现了,因为腓力二世已经下定决心要入侵英格兰。腓力二世一度确实害怕吉斯家族,但现在的吉斯公爵亨利一世·德·洛林已经被收买。1584年1月,腓力二世的大使贝尔纳迪诺·德·门多萨,因与"思罗格莫顿阴谋"有关而被逐出英格兰。他告知伊丽莎白女王,"由于他作为和平时代的大臣未能取悦女王,女王将会强迫他试着用战争来满足她",他信守了诺言。后来,贝尔纳迪诺·德·门多萨出使法兰西,成了腓力二世入侵英格兰

苏格兰玛丽女王之子詹姆斯

最积极的推动者。1586年5月,苏格兰玛丽女王向腓力二世表示,她会放弃对英格兰王位的所有主张,条件是自己的儿子詹姆斯在她死前接受天主教。后来,苏格兰玛丽女王被处死最终消除了腓力二世的所有顾虑。在这种情况下,腓力二世决心不再忍受伊丽莎白女王的种种挑衅。伊丽莎白女王曾帮助过尼德兰叛军;她曾支持过篡夺葡萄牙王位的人;更重要的是,英格兰私掠海盗的攻击正在使西班牙"流血"。英格兰必须被征服。如果能实现这一点,尼德兰很快就会俯首称臣。同时,与法兰西结盟胜利在望,腓力二世满怀希望不久就能成为伦敦、阿姆斯特丹和巴黎的主人。在莱斯特伯爵罗伯特·达德利率军征战时,如果伊丽莎白女王把所有的恐惧都抛在脑后,把精力完全投入支持纳瓦拉的亨利和尼德兰人的斗争中,那么腓力二世会因对手过多而无力进攻尼德兰。现在,即使亚历山大·法尔内塞的军队也参加进攻英格兰,也会被伊丽莎白女王竭力疏远的尼德兰人阻止。

莱斯特伯爵罗伯特·达德利离开尼德兰五个月后(1588年5月),西班牙无敌舰队在梅迪纳公爵西多尼亚的阿隆索·佩雷斯·德·古兹曼的率领下启航。

梅迪纳公爵西多尼亚的阿隆索·佩雷斯·德·古兹曼

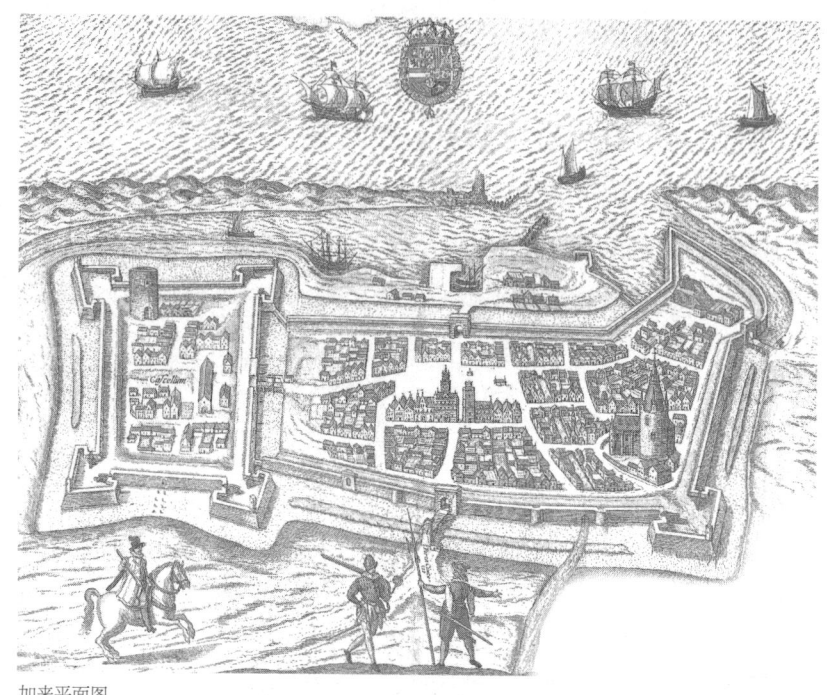

加来平面图

入侵英格兰的计划是由腓力二世和亚历山大·法尔内塞精心策划的。无敌舰队从里斯本出发,通过英吉利海峡的咽喉驶入加来,并在这里等待亚历山大·法尔内塞的到来。亚历山大·法尔内塞的部队大约有一万七千人,乘着准备好的平底船出海,随后横渡英吉利海峡,亚历山大·法尔内塞是远征军的总指挥。亚历山大·法尔内塞负责登陆并进攻伦敦,而梅迪纳公爵西多尼亚的阿隆索·佩雷斯·德·古兹曼则负责保卫港口,不受尼德兰舰队和英格兰舰队的袭击。

无敌舰队的第一次出征并不鼓舞人心。许多战舰被证明是不好使的,梅迪纳公爵西多尼亚的阿隆索·佩雷斯·德·古兹曼的舰队被迫到科伦纳重新启航。直到1588年7月28日,无敌舰队才发现了利扎尔德[①]。行动迟缓意义重大。尽管伊丽莎白女王与亚历山大·法尔内塞一直持续谈判到最后,但她还是做了

---

① 利扎尔德,地理学术语,指大不列颠岛、爱尔兰岛及其他一些岛。——译者注

一些准备。实际上,她在陆地上几乎没有什么准备。不过,当西班牙人出现在普利茅斯附近时,她已经征集了大约一百九十七艘船,其中只有三十艘属于政府,其余是伦敦和其他城镇的商人提供的。舰队的力量似乎被夸大了,虽然说不出绝对准确的数目,但西班牙战舰的实际数量似乎是一百二十多艘,而英格兰战舰的数量大约是一百一十七艘,西班牙个别战舰的吨位更大,但在其他方面,英格兰占优势。英格兰人有更多的武器,这是西班牙人鄙视的,就像鄙视他们的对手那样。如果我们不考虑战舰上的奴隶,有效的战斗人员,英格兰人可能比西班牙人要多。显然,在英格兰舰队中,水手与士兵的比例更大,英格兰水手比西班牙水手更有经验。英格兰舰队里有像弗朗西斯·德雷克、约翰·霍金斯和马丁·弗罗比舍这样的船长,他们在海上度过了一生。

约翰·霍金斯

英格兰舰队与西班牙无敌舰队交战

比起英格兰战舰,西班牙战舰更高、更大,因此越靠近就越危险,但比较笨拙,而且人手不足。总而言之,正如弗朗西斯·德雷克所说,如果英格兰人能够"轻松自如地战斗",胜利就能得到保证。果然,英格兰人做到了这一点。在持续八天的英吉利海峡海战中(1588年7月30日至8月6日),英格兰舰队围绕着西班牙舰队寻找战机,通常是顺风而来,把子弹投进西班牙战舰的船体,在遭受严重打击前马上离开。英格兰人的火力点很低,西班牙人急于阻止英格兰人登上甲板,便向桅杆和索具开火,但常常错过目标。

终于到达加来附近的航道时,无敌舰队已经清晰地认识到原先打算从海上驱赶英格兰舰队的想法是极端荒谬的。如果驱赶英格兰舰队做不到,亚历山大·法尔内塞的部队乘坐平底船出海便是疯狂的举动,因为会受到英格兰舰队的阻击。亚历山大·法尔内塞预料到了这一点,沿着海岸密密麻麻排列的尼德兰战舰将阻止他的进攻。显然，除非无敌舰队能占据海上优势，否则什么也做不了，但无敌舰队在海战中失利了。1588年8月7日晚上，英格兰人在无敌舰队抛锚时，派出六艘火攻船发起了进攻。火攻船原本可以轻而易举地被小船拖到一边，因为船上没有炸药。但西班牙人想起了安特卫普火攻船的惨痛经历，开始恐慌起来。巨大的船体松了锚，两艘战舰被火点燃，其他战舰互相碰撞，剩下的战舰被从西南方向冒出来的暴风吹走了。

1588年8月8日早晨，英格兰人乘胜追击。在随后的战斗中，英格兰人连一艘船都没有损失，伤亡不到一百人，但西班牙人损失了十六艘船，伤亡了四五千人。不幸的是，英格兰人现在缺少火药、枪炮和补给品。海军上将查尔斯·霍华德"摆出一副得意扬扬的样子。让西班牙人来吧，他们什么也得不到"。西班

查尔斯·霍华德

牙人害怕再次面对英格兰舰队，很想在风来之前停下。很快，强风就从西边刮来了。无敌舰队面临被强风刮到西兰沙滩上的威胁。突然，风向转到西南，使无敌舰队免于一场灾难。但这一变化只是狂风的前奏。1588年8月14日，狂风把这些几乎残废的战舰吹得七零八散。1588年7月离开科伦纳的一百三十四艘帆船中，只有五十三艘艰难地返回了西班牙。这些船的风帆被毁得面目全非，变得毫无用处。

第18章

尼德兰独立的实现

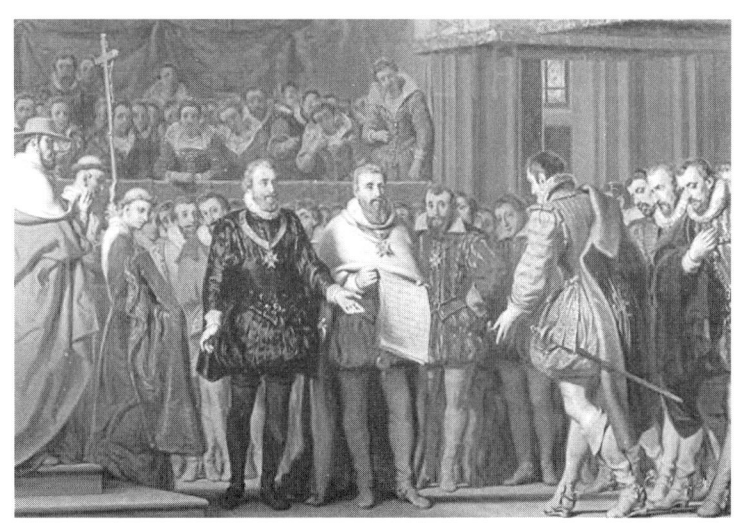

精彩看点

莱斯特伯爵罗伯特·达德利离开后尼德兰的麻烦——尼德兰人和英格兰人远征葡萄牙——攻占布雷达——亚历山大·法尔内塞进军法兰西——奥兰治的莫里斯的早期生活——奥兰治的莫里斯的军事改革——奥兰治的莫里斯扩大战果——亚历山大·法尔内塞去世——奥地利的恩斯特被任命为尼德兰总督——奥兰治的莫里斯的军队占领格尔特鲁登贝格与格罗宁根——反西班牙联盟——尼德兰人拒绝签署《韦尔万和约》——对未反叛省份的处理方案——十二年休战——七省联合的局限性——独立省份和未独立省份的状况对比

腓力二世的事业毁于英格兰人和尼德兰人的联合行动。然而，不幸的是，莱斯特伯爵罗伯特·达德利远征引起的分歧并未消失。作为荷兰、西兰的省长，奥兰治的莫里斯被任命为元帅，但莱斯特伯爵罗伯特·达德利一派对他的权威存有异议，尤其是在乌得勒支、弗里斯兰和荷兰北部。该派宣布莱斯特伯爵罗伯特·达德利只是暂时离职，并拒绝服从奥兰治的莫里斯和各省邦联议会的指挥。奥兰治的莫里斯与查尔斯·威洛比的争吵使困难进一步加剧。查尔斯·威洛比是英格兰军队指挥官，他本人也是莱斯特伯爵罗伯特·达德利忠实的追随者。

在这种情况下，亚历山大·法尔内塞轻松地征服了尼德兰大部分拒不听命的城市。1589年4月1日，奥兰治的莫里斯和英格兰要员罗伯特·温菲尔德发生了争吵。亚历山大·法尔内塞率军趁机占领了重要的城市格尔特鲁登贝格。也是在4月，尼德兰人和英格兰人对葡萄牙进行了一次联合远征，尽管远征未能达到直接目标，即帮助安东尼奥恢复葡萄牙王位，但仍然对西班牙航运造成了一定打击，并使尼德兰和英格兰之间加强了联系，因为它们的利益是如此紧密地结合在一起。

在接下来的一段时间里，奥兰治的莫里斯冒险攻占布雷达（1590年2月28日）。1590年夏，奥兰治的莫里斯开始通过收复几个重要的城镇来展示自己的军事力量。然而，分歧仍在继续。根据最初的协定，两名英格兰议员和英格

亚历山大·法尔内塞率军占领格尔特鲁登贝格

奥兰治的莫里斯攻占布雷达

兰预备部队的指挥官,仍然保留了国务委员会的席位,他们一直在同荷兰人争吵。荷兰人至少贡献了一半战争经费,认为自己在国务委员会的代表名额不够。在荷兰,省邦联议会在政权中占主导地位,开始无视国务委员会的权威,而省邦联议会的权威反过来又经常受到其他省议会的质疑。

幸运的是,此时,腓力二世的注意力转移到了其他地方,仅在法兰西,他就好运连连。如果天主教神圣同盟的胜利能够在法兰西得到保障,就有可能征服英格兰和尼德兰。此外,腓力二世已经开始忌妒亚历山大·法尔内塞。任何长期效忠他的人都会引起他的怀疑。亚历山大·法尔内塞也不乏政敌。谣言四起,说亚历山大·法尔内塞打算在尼德兰独立为王①。因此,亚历山大·法尔内塞被腓力二世疏远,同时由于缺乏兵饷引发兵变。于是,大规模的军事行动是不可能的。最后,亚历山大·法尔内塞尽管提出了抗议,但还是被腓力二世强令"不得再谈困难"。1590年8月3日,他率军进入法兰西,协助马耶内公爵夏尔·德·吉斯。1590年12月3日,亚历山大·法尔内塞远征归来,但他身体虚弱,资金枯竭,麾下部队严重减员。

奥兰治的莫里斯是奥兰治亲王威廉的二儿子,现在终于等来了机会②。按照母亲的辈分,奥兰治的莫里斯是萨克森公爵莫里斯的外孙,他在性格和品格上都很像外公,但在此之前,一直默默无闻。有些人认为奥兰治的莫里斯不过是个脾气暴躁的人。然而,精明的观察家承认他是一个"深沉而沉闷"而且机智的人。随着年龄的增长,奥兰治的莫里斯并没有像那个时代的尼德兰人那样酗酒并沾沾自喜。到目前为止,奥兰治的莫里斯对政治并不太关心,只满足于听从约翰·范·奥尔登·巴内费尔特的领导。

与此同时,奥兰治的莫里斯致力于数学、防御工事和战术的研究,后来在他表弟刘易斯·威廉的帮助下转向军事改革。表弟刘易斯·威廉是弗里斯兰省

---

① 没有证据表明亚历山大·法尔内塞有这样的想法。——原注
② 1567年,奥兰治亲王威廉的大儿子菲利普·威廉在学校被绑架,并被扣押到西班牙。1596年回国时,他成了天主教和西班牙统治的支持者。——原注

马耶内公爵夏尔·德·吉斯

刘易斯·威廉

省长，长着子弹型的小脑袋、明亮的眼睛和蓬松的棕色胡须，一个古怪的小个子。奥兰治的莫里斯引入了一种更精细的训练体系，这可能会使战场上的军队获得更大的灵活性。奥兰治的莫里斯重视武器的火力价值，在步兵中，比起长枪兵，增加了火枪手的比例，并用卡宾枪武装骑兵。此外，奥兰治的莫里斯还重视对铲子的使用，而人们一直鄙视军中的铲子，认为它有损士兵的尊严。奥兰治的莫里斯成立了一所工程学校。为了结束令军队蒙羞并让西班牙人名声扫地的掠夺行为，奥兰治的莫里斯严厉惩处这些"恶习"。为了消除这种"恶习"的所有借口，他坚决防止军官胡作非为，保证士兵们按时领取军饷。尽管受到了许多批评和嘲弄，奥兰治的莫里斯还是使规模较小的尼德兰军队成为一支战斗力强大的军队，而他本人在二十三岁时就已经成为科学防御工程和打围攻坚的军事大师。

现在，考验奥兰治的莫里斯军事改革成效的时候到了。1591年5月24日，奥兰治的莫里斯围攻了艾瑟尔河上的聚特芬。经过六天的时间，他的军队攻下了

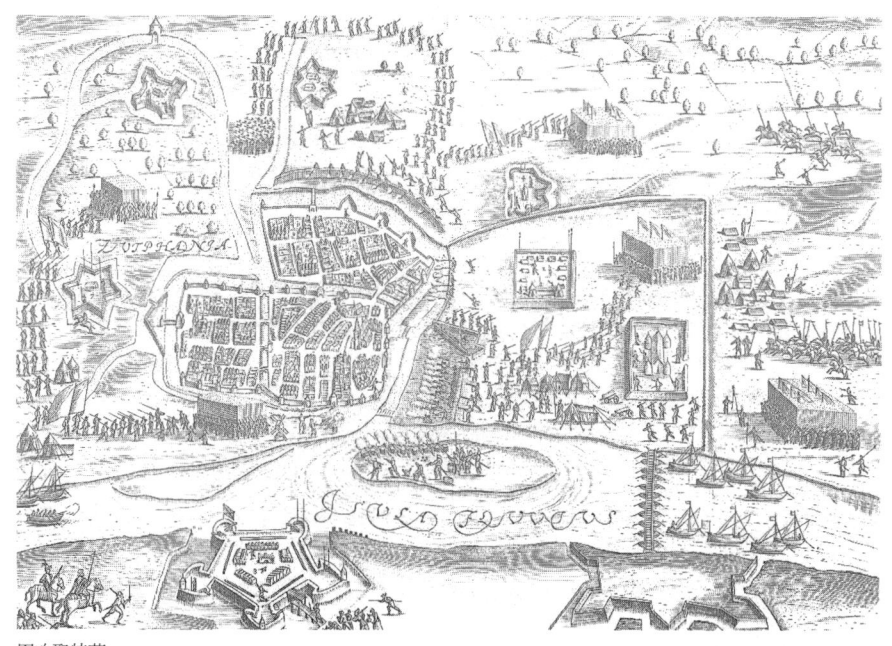

围攻聚特芬

奥兰治的莫里斯的军队攻陷聚特芬的城门，身着女装的人是英军士兵伪装的

这个号称"坚不可摧"的城镇。1591年6月10日，他的军队占领了德文特。1591年6月26日，奥兰治的莫里斯出现在格罗宁根城墙下。他指挥军队攻占了附近的几个要塞。

亚历山大·法尔内塞被奥兰治的莫里斯的战果震惊了。1591年7月，他试图通过袭击瓦尔河上的纽森堡要塞来转移注意力，但被年轻的对手奥兰治的莫里斯打败，被迫撤退。1591年8月，亚历山大·法尔内塞因病被迫退到斯帕。1591年9月24日，奥兰治的莫里斯率军占领了荷兰边境瓦勒河上的霍斯特，1591年10月2日占领了纽曼根。

1592年1月，腓力二世强行命令亚历山大·法尔内塞再次率军进攻法兰西。奥兰治的莫里斯再次进入战场，放手一搏。在围攻斯坦维克四十四天之后，

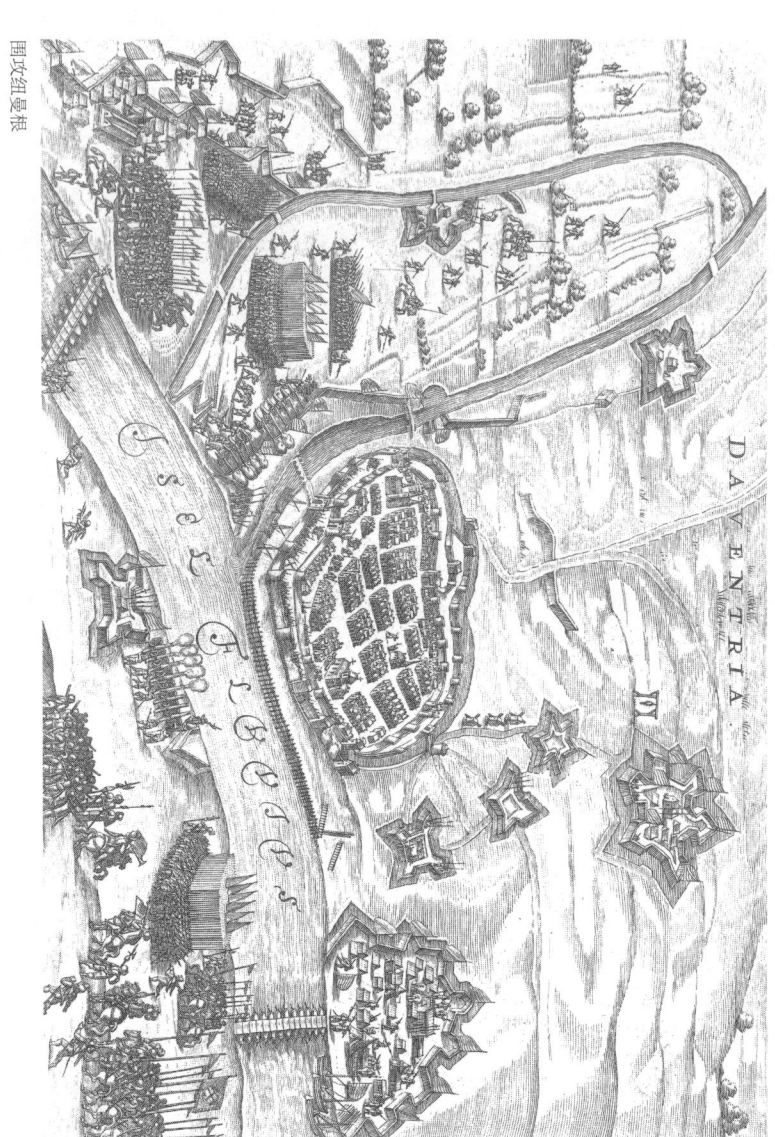

围攻纽曼根

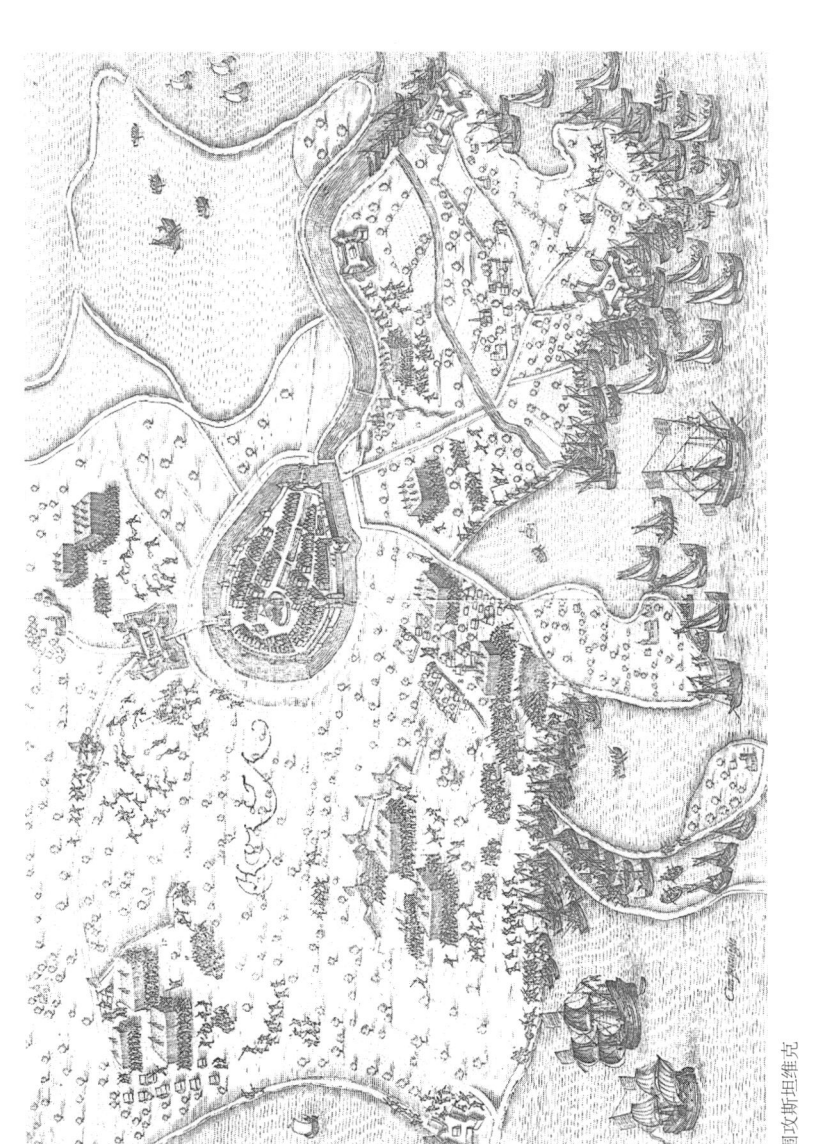

围攻斯坦维克

围攻德文特

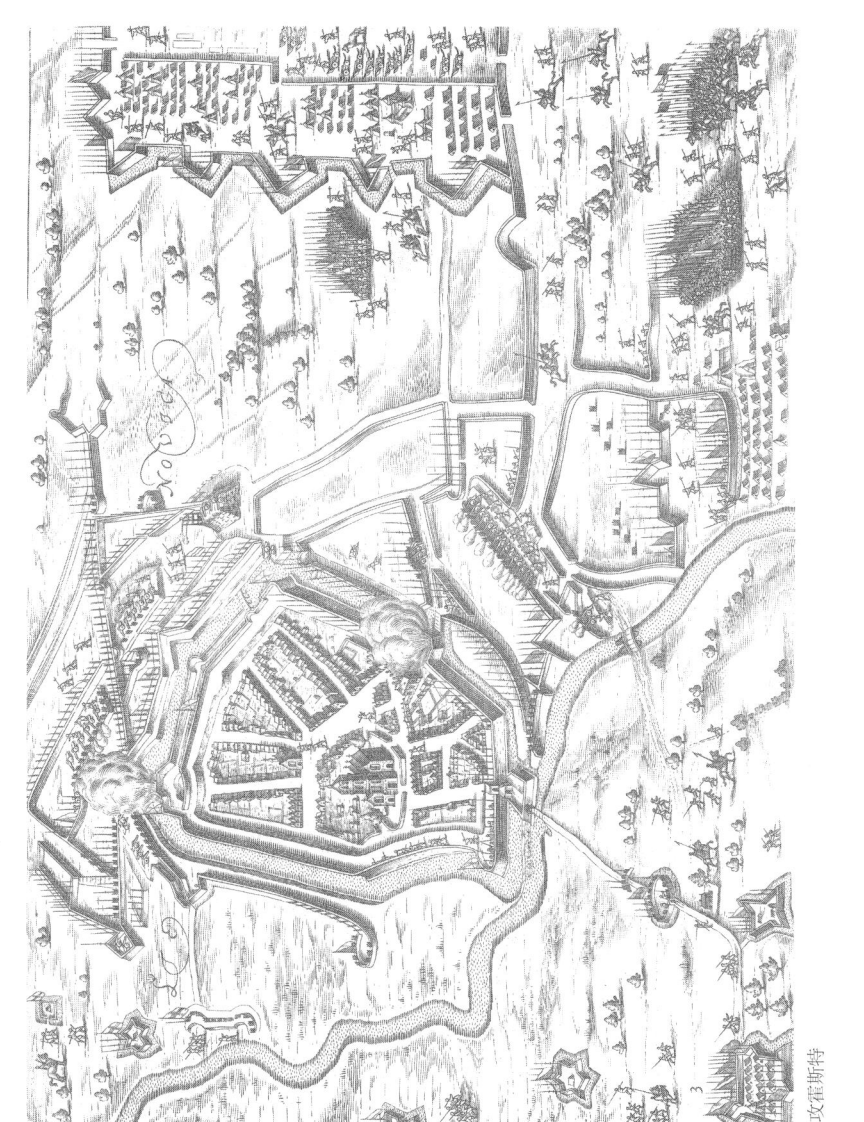

围攻霍斯特

1592年7月3日,斯坦维克最终被攻破①。1592年7月26日,库福尔登要塞投降,于是,奥兰治的莫里斯牢牢控制了弗里斯兰、格罗宁根和德伦特。他用了两个夏天,不仅再次控制了瓦勒河,而且把西班牙人赶出了北部几个省,包括格尔德兰、上艾瑟尔和德伦特,只有格罗宁根尚被收复。收复格罗宁根是奥兰治的莫里斯接下来的目标。

1592年12月3日,亚历山大·法尔内塞去世,他是唯一让奥兰治的莫里斯害怕的军事天才。1592年5月月底,第二次征讨法兰西归来,亚历山大·法尔内塞病入膏肓。即使他身体无恙,腓力二世的猜疑也会让他一筹莫展,因为这个充

奥兰治的莫里斯占领库福尔登要塞

---

① 史称"斯坦维克之围"。——译者注

亚历山大·法尔内塞死后的葬礼

满忌妒的国王听信谗言,认为他图谋尼德兰南部的主权。腓力二世任命了亚历山大·法尔内塞的继任者,打算在必要时,以武力取代他。猜疑从来没有公正可言。亚历山大·法尔内塞听从腓力二世的命令,正准备第三次远征法兰西,但1592年12月3日突然在阿拉斯去世。就这样,腓力二世时代第一位英勇善战的人,也是他最忠诚的仆人,在四十七岁时不幸去世。在亚历山大·法尔内塞政治生涯中,唯一的污点在于他外交上不择手段的性格,但即便如此,他至少能谦卑顺从,忠心耿耿,如果他欺骗别人,那也是奉命从事,而腓力二世后来对他的猜疑是极其残忍、很不公正的。亚历山大·法尔内塞十四年的总督生涯可以看作是腓力二世在位的关键时期,见证了腓力二世为控制西欧而进行的政治游戏的关键一步。亚历山大·法尔内塞之死意味着腓力二世几乎输掉了这场游戏。腓力二世的成功很大程度上要归功于亚历山大·法尔内塞,尽管他在征服尼德兰北部省份这一不可能完成的任务中失败了,但他牢牢地控制住了尼德兰南部和西部各省,并延迟了纳瓦拉的亨利的胜利。腓力二世如果有更多这样的辅佐之人,就可能会获得更大的成功。

亚历山大·法尔内塞死后,政府事务暂时交给了年事已高的老将彼得·恩斯特一世·冯·曼斯菲尔德-沃特洛特。真正的接班人是奥地利的恩斯特。奥地利的恩斯特是神圣罗马帝国皇帝鲁道夫二世的弟弟,也是腓力二世的堂侄。腓力二世建议奥地利的恩斯特迎娶法兰西公主,以便将来赢得法兰西的王位。腓力二世希望西班牙的附属国尼德兰可以与法兰西统一,并且按宗主国的关系

奥地利的恩斯特

奥地利的恩斯特来到布鲁塞尔

进行统治，同时希望新任总督至少是个让他放心的人。奥地利的恩斯特很胖，非常懒散，喜欢喝酒和赌博，完全不胜任尼德兰总督一职。他常常郁郁寡欢，深受痛风困扰，当有人向他抱怨时，常会哭泣。

直到1594年1月，奥地利的恩斯特才来到布鲁塞尔。这时，他获得法兰西王位的机会似乎很渺茫。他没有军队，也没有钱，而是"带着六百七十名贵族、侍从、厨师和拉车用的五百三十四匹马"，这并不是什么好兆头，随之而来的是忌妒和争夺。由于奥地利的恩斯特不懂礼节而使骄傲的西班牙贵族和弗拉芒贵族受到侮辱，士兵们因得不到军饷而叛变。在这种情况下，奥兰治的莫里斯便趁势攻占了被西班牙人占据的仅有的两个北方省份的重镇。1593年6月24日，围攻格尔特鲁登贝格的成功使奥兰治的莫里斯获得进攻默兹河流域的主动权。1594年的6月22日，经过六十五天的围攻，奥兰治的莫里斯占领了格罗宁根，确保了对北方省份的控制。

围攻格尔特鲁登贝格

围攻格罗宁根

1595年2月20日，奥地利的恩斯特去世后，腓力二世的注意力再次集中在法兰西。1596年1月，亨利四世①终于向西班牙宣战。驻尼德兰的西班牙军队奉调抗击亨利四世。此时，暂时担任省长的富恩特斯伯爵佩德罗·恩里克兹·德·阿塞韦多和1596年1月被任命为总督的奥地利的阿尔伯特，都参加了法兰西东部的战役，几乎无暇过问尼德兰事务。奥地利的阿尔伯特是奥地利的恩斯特的弟弟。

奥地利的阿尔伯特

---

① 1589年，纳瓦拉的亨利登上法兰西王位，开创了波旁王朝，史称"亨利四世"。——译者注

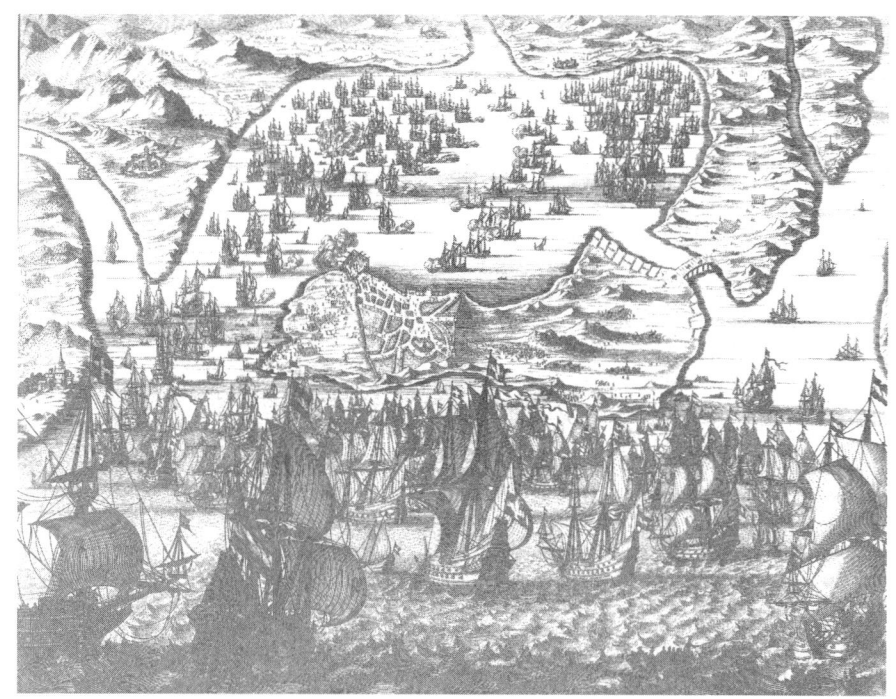

尼德兰人与英格兰人攻打加的斯

尼德兰人暂时解除了后顾之忧，因此与英格兰人一起远征加的斯。这次远征终于摧毁了西班牙无敌舰队和这座城市（1596年月2月）。

1596年8月，奥地利的阿尔伯特从奥兰治的莫里斯手中夺回了霍斯特，但1596年10月，尼德兰加入了反西班牙联盟。反西班牙联盟是亨利四世和伊丽莎白女王在1595年8月组建的。1597年1月24日，奥兰治的莫里斯在格尔特鲁登贝格附近的蒂伦豪特给了奥地利的阿尔伯特致命打击。

在这一重要胜利之后，从1597年8月至10月，奥兰治的莫里斯在克里维斯公国的边境展开了为期三个月的战役。西班牙人把这里作为打击叛乱省份的行动基础。在这场战役中，奥兰治的莫里斯攻占了九座城市和五座城堡，大大巩固了莱茵河东部边疆地区。

尼德兰人加入法英同盟的目的是希望它们最终承认尼德兰独立，但亨利四世现在厌倦了战争，并且已经开始与西班牙人进行停战谈判。尽管尼德兰人

奥地利的阿尔伯特army攻打霍斯特

蒂伦豪特战役

提出了抗议,《韦尔万和约》(1598年5月2日)最后还是签订了。因为尼德兰独立没有获得承认,所以尼德兰人拒绝签署该条约。

随着《韦尔万条约》的签署,未反叛各省的地位发生了一些变化。因为亨利四世不再容忍腓力二世的势力在其东部边疆的存在,所以腓力二世同意放弃对这些省份以及弗朗什-孔泰的主权要求,但条件是应将这些地方的主权授予奥地利的阿尔伯特。奥地利的阿尔伯特将迎娶腓力二世之女克拉拉·尤金妮亚·伊莎贝拉公主。然而,如果联姻不成,这些省份应再次归属西班牙。腓力二世有理由相信奥地利的阿尔伯特不可能有孩子。根据一项秘密条约,奥地利的阿尔伯特承认了西班牙的宗主国地位,并承诺允许西班牙驻军并占领安特卫普、根特和康布雷等城市。

在西班牙和叛乱省份之间,一些没有实质性影响的零星的战斗一直持续到1609年。十二年休战实际上承认了尼德兰独立,但直到1648年《威斯特伐利亚和约》签订,尼德兰独立才正式获得承认。

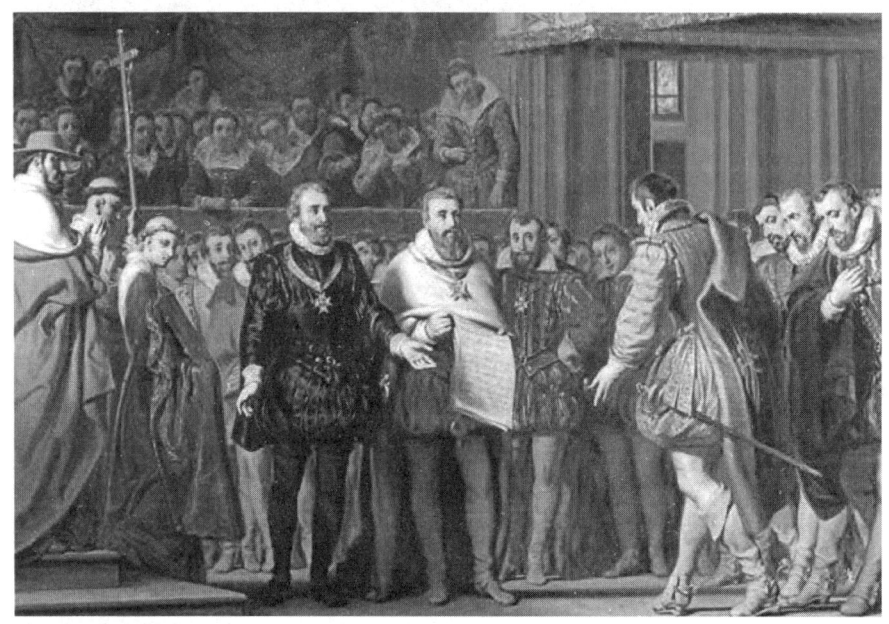

签署《韦尔万条约》

从西班牙分离出来的七个省是：格尔德兰、乌得勒支、弗里斯兰、上艾瑟尔、格罗宁根、西兰和荷兰。这些省据有波罗的海沿海大片土地，从东弗里斯兰一直延伸到斯凯尔特河河口。于是，这些省控制着莱茵河的各个河口，以及默兹河河口和斯凯尔特河河口。在东部和南部，它们的边界是东弗里斯兰、蒙斯特主教领地、克里维斯公国、列日主教领地和南布拉班特。在联合省中，海既是敌人又是朋友。它们的大部分领土被大海环绕，只有造价昂贵的堤坝才能挡住汹涌的海浪。莱茵河里的一些水甚至不得不通过田野中的引水渠入海，但水位远低于涨潮的海水，因此必须用堤坝把海水挡住，随着潮涨潮落而关闭堤坝或打开堤坝。然而，正是这片大海，提供了抗击敌人的屏障，并带来了贸易的繁荣。

腓力二世驾崩（1598年）后，独立省份和未独立省份的状况发生了巨大的变化。在腓力二世执政之初，佛兰德斯和布拉班特是最富裕的地区；安特卫普是欧洲贸易的重要中转地之一；其他大城镇是繁忙的工业中心，对皇家财政的贡献等于其他省份的总和。但在尼德兰革命结束时，这些省份一片荒凉。狼群经常逡巡在空旷的田野上。织布机寂静无声，镇上整条街都是空荡荡的。贸易已经转向北方，阿姆斯特丹已经取代安特卫普。

尼德兰人已经成为"海上马车夫"，并率先向东方殖民。然而，这个年轻的国家受到许多威胁。英格兰对荷兰贸易的忌妒几乎达到可怕的程度。尼德兰内部的危险也很多。政府的性质仅仅是松散的邦联，各省之间发展非常不均衡。除了上艾瑟尔议会和格罗宁根议会外，每个省都是由市议会组成的联合体，参政、选举都限于特权阶层。作为邦联立法机构的省邦联议会的权威及作为行政机构的国务委员会的权威，都一直存在争议；而统治城镇的城邦贵族则不喜欢乡村贵族，以忌妒的心态把他们看成被剥夺公民权的人。荷兰在邦联中占主导地位，贡献了年度预算的一半以上。它是拥有最高军权、行政权的总督和邦联议会的所在地，无疑给了政府一种实际的统一性。然而，总督一直倾向于摆脱市民贵族的统治，希望在非特权阶级的支持下建立更统一的国家。哪里有宗教分歧，哪里的分裂就更加激烈。市民们普遍支持新亚米念派的观点，而总督则支持更极端的加尔文派的新观点。两个党派的争吵动摇着未来尼德兰邦联的根基。

第19章
宗教迫害的加剧：
从弗朗索瓦一世到亨利二世

精彩看点

法兰西王国的第一批宗教改革者——弗朗索瓦一世一开始容忍新教——萨伏依的路易丝迫害新教徒——弗朗索瓦一世采取迫害新教徒的政策——梅兰多勒大屠杀——法兰西新教传向加尔文派——亨利二世对新教徒迫害加剧——巴黎"最高法院"的反抗

法兰西王国长期以来一直采取对抗哈布斯堡王朝的政策，与德意志新教结成同盟，异端邪说早已在法兰西王国境内迅速崛起。埃塔普勒的雅克·勒费夫尔应该称得上是"法兰西新教之父"。作为巴黎大学神学院的一名讲师，1512年，雅克·勒费夫尔曾借助《圣保罗的使徒书简》教授过"因信称义"，这比马丁·路德谴责赎罪券早五年。1521年，在圣马洛主教纪尧姆·布瑞肯特的支持下，雅克·勒费夫尔在尚帕涅的莫城召开宗教会议，威廉·法雷尔是与会者中最重要的人物，慕名而来的还有德西德里乌斯·伊拉斯谟·鹿特丹姆斯的朋友贵族大臣路易·德·伯奎因。

宗教新观点的兴起，立刻激起了巴黎大学索邦神学院神学教师的恐惧。巴黎的"最高法院"也对此不安。弗朗索瓦一世对这两个机构都没好感。"最高法院"在《博洛尼亚协定》上曾反对过弗朗索瓦一世，而索邦神学院则对弗朗索瓦一世创建的法兰西学院忌妒无比。此外，弗朗索瓦一世不喜欢僧侣和修士。一定的文学素养和文化情操，倒也弥补了弗朗索瓦一世性格和修养上的欠缺。再加上姐姐昂古莱姆的玛格丽特的影响，弗朗索瓦一世倾向于容忍新教观点。据说，他的确想在法兰西建立一个以德西德里乌斯·伊拉斯谟·鹿特丹姆斯为首的文学和哲学机构。

1523年，弗朗索瓦一世将路易·德·伯奎因从"最高法院"救出来。弗朗索瓦一世如果在帕维亚战役中获胜，就可能会继续采取宽容政策。然而，他战

埃塔普勒的雅克·勒费夫尔

德西德里乌斯·伊拉斯谟·鹿特丹姆斯

昂古莱姆的玛格丽特

解救路易·德·伯奎因

弗朗索瓦一世在帕维亚战役中战败被俘

败并被囚禁。于是，新教徒的处境变得越来越糟。弗朗索瓦一世的母亲萨伏依的路易丝趁他不在法兰西期间镇压异教徒。1525年7月，莫城的起毛工勒克莱尔被烧死。1525年10月，圣马洛主教纪尧姆·布瑞肯特被勒令解散"莫城兄弟会"。1526年1月，路易·德·伯奎因再次遭到逮捕。事实上，路易·德·伯奎因这次又被弗郎索瓦一世救了出来。当路易·德·伯奎因返回法兰西时，弗朗索瓦一世甚至派雅克·勒费夫尔给他的孩子当家庭教师。

萨伏依的路易丝

教皇克莱门特七世

然而，弗朗索瓦一世变化无常，其宗教政策很快发生了变化。出于政治目的，弗朗索瓦一世与教皇克莱门特七世结盟。此时，教皇克莱门特七世正组建"神圣同盟"对抗查理五世。同时，法兰西国内的神职人员为弗朗索瓦一世进行战争继续提供所需的财力支援。弗朗索瓦一世从来没有接受改革者的宗教观点，只对宗教运动产生的文学影响感兴趣，而一些激进改革者的反传统过激行为使宗教运动具有显著的政治色彩。尽管路易·德·伯奎因与这些过激行为没有任何关系，但拒绝听从德西德里乌斯·伊拉斯谟·鹿特丹姆斯发出的小心谨慎的忠告，最终因"捅了黄蜂窝"而被抓捕，并遭到处决（1529年4月）。

1534年，一张侮辱弥撒的海报立即激起了弗朗索瓦一世的愤怒。1535年，明斯特爆发的"再洗礼教运动"使弗朗索瓦一世更加害怕。1545年1月，由于相信了艾克斯"最高法院"误传普罗旺斯的瓦勒度企图建立共和国，不管是否有意，弗朗索瓦一世下了屠杀令，二十多座城镇和乡村被摧毁，约有三千名新教徒在梅兰多勒被杀。1546年，弗朗索瓦一世的统治结束。这一年，在法兰西新教的摇篮莫城，十四位可怜的工匠被处死。

梅兰多勒大屠杀

法兰西新教受到约翰·加尔文的影响。1535年，约翰·加尔文把自己的研究成果献给了弗郎索瓦一世，希望使他相信新教教义是无害的。从这一刻起，许多法兰西人很快接受了约翰·加尔文的教义。法兰西新教脱离了迄今为止与之有关的文学运动，按照日内瓦的民主制度创建了教会，并很快发起成具有政治性和攻击性的运动。

在这种情况下，弗朗索瓦一世驾崩后，亨利二世对新教徒的迫害就加剧了。这一点并不足为奇，特别是当人们得知年轻的国王（亨利二世时年二十九岁）并不具有父亲弗朗索瓦一世那样的文学情结。弗朗索瓦一世晚年，一度失宠的蒙莫朗西家族和吉斯家族被召回。亨利二世统治初期，为了审判异端，专门设立了"特殊法庭"。该法庭因判处多人火刑，被世人称为"火焰法庭"。1551年，《夏多布里昂敕令》授予"火焰法庭"可以在不经"最高法院"核准的情况下审判异端的权力。1557年，有人试图将宗教裁判所引入法兰西。教皇保罗四世发布敕书，任命由洛林枢机主教、波旁枢机主教和夏迪龙枢机主教组成合议庭，并授予他们审判权。

尽管法兰西采取了严厉的措施，但皈依新教者仍然迅速增加，这也促使亨利二世在1559年4月签订《卡托康布雷齐条约》。尽管无法证实法兰西和西班牙两国君主是否像自己声称的那样，通过和约的秘密条款，一致对抗异教徒，但这方面的谈判肯定会进行。

1559年6月，腓力二世提议帮助亨利二世消灭新教徒。亨利二世拒绝了，同时建议腓力二世一起征讨日内瓦。然而，两国之间的政治对立严重，无法采取联合行动，亨利二世只好单独行动。没想到亨利二世遇到了巴黎"最高法院"的反对。到目前为止，法兰西的宗教异端还属于民事法庭的管辖范围。因此，巴黎"最高法院"便反对《卡托康布雷齐条约》和保罗四世的敕书。在与保罗四世敕书有关的问题上，亨利二世让了步，但争议仍然存在。更严重的是，图尔内勒法庭——"最高法院"的刑事法庭出现了温和派，声称国王无权迫害异教徒，拒绝判处异教徒死刑。亨利二世对此义愤填膺，正要严惩领头的杜·福尔和安尼·德·布尔格时，意外发生了。在为纪念和平而举行的比武大会上，卫队长蒙哥马利伯爵加布里埃尔·德·洛雷斯的短矛刺穿了亨利二世的头，要了他的命。王冠便传给了他的儿子弗朗索瓦二世——一位十六岁的少年（1559年7月）。

第20章

吉斯家族与"安博瓦兹阴谋"

精彩看点

弗朗索瓦二世即位时胡格诺派的状况——法兰西王国的混乱状态——波旁家族——蒙莫朗西家族——吉斯家族——凯瑟琳·德·美第奇——吉斯家族掌权——安博瓦兹阴谋——弗朗索瓦二世驾崩对吉斯家族的影响

新教徒开始时被称为"胡格诺派教徒"①，现在势力非常强大，不可能被目前采取的手段镇压。新教徒大约有四十万人，大部分要么是有物质优势的市民和商人，要么是小贵族群体，形成一个随时准备诉诸武力的好斗阶层。新教徒不愿意服从上层贵族与宫廷有影响力的人，尤其是胡格诺派领袖孔代亲王路易一世·德·波旁和加斯帕尔·德·科利尼的领导。

如果法兰西王国有一位强大而广受欢迎的国王继位，有一部条理清晰、健全完善的宪法，有效的妥协可能会出现，否则新教观点会立即遭到压制。但法兰西王国长期饱受对外战争困扰，同时受路易十一以来历届国王错误政策的影响，导致财政困难。沉重而不平等的税收遭到下层阶级的普遍排斥，人们对政府普遍不满。官僚机构和司法机构买官卖官成风，呈现出无可救药的腐败，不受人们尊重。教会尽管非常富有（其收入占国家总收入的五分之二），但因《卡托康布雷齐条约》而损失严重，教会的利益也被贵族和朝臣垄断。洛林枢机主教让·德·洛林一人就把持三个大主教教区、七个主教辖区和四个大修道院。教会的头头大多是世俗利益既得者，受宫廷派系的影响，左右逢源，对教区信徒的精神需求漠不关心。三级会议很少召开，并且丧失了公信力。城镇在政府机构中没有真正的地位，便倾向于分道扬镳，自立门户。大贵族要么想控制王室，要么想在省一级确立世袭省长地位。较小的贵族除了在军队和教会

---

① 可能是德语"Eidgenossen"（同盟者）一词的变体，它最初适用于日内瓦的新教徒。——原注

任职，被排除在贸易领域和其他所有职业之外。现在战争结束了，被排挤的小贵族要么挤进了教会，使教会更加世俗化，要么形成了一个好斗的军人阶层，希望战争重新爆发。简而言之，法兰西名义上处于一个中央集权的君主政体之下，实际上由于官僚主义带来的糟糕的无政府状态，正变得四分五裂。在法兰西这段不幸的历史时期，瓦卢瓦王室出现了四个无论在性格、智力还是体格都相对低下的男孩，他们是宫廷阴谋和派系恶斗的受害者。这使王室更加不受欢迎，并且很快把国家带入内战的漩涡。

最有影响力的贵族派别中，位居前列的三个家族是波旁家族、蒙莫朗西家族和吉斯家族。其中，波旁家族最接近王位宝座。波旁家族的长子安托万·德·波旁是纳瓦拉国王，其权力来自他的妻子，纳瓦拉女王胡安娜三世。胡

安托万·德·波旁

纳瓦拉女王胡安娜三世

安娜三世是昂古莱姆的玛格丽特的女儿，而昂古莱姆的玛格丽特是弗朗索瓦一世宽容大度的妹妹。安托万·德·波旁是一个颇受欢迎的军人。他按照妻子的意见，接纳了加尔文派，但他天性软弱，不适合领导国家。安托万·德·波旁最小的弟弟孔代亲王路易一世·德·波旁也倾向于新教思想，并且极富个性。安托万·德·波旁的第二个弟弟是波旁枢机主教夏尔·德·波旁，一个天主教徒，与家族政策背道而驰。与波旁家族关系密切的是安内·德·蒙莫朗西的两个外甥，一个是海军上将加斯帕尔·科利尼，另一个是步兵上校弗朗索瓦·德安迪奥特德·科利尼。两人都是激进的胡格诺派教徒。年长的夏蒂隆枢机主教奥代特·德·科利尼虽然同情宗教改革，但人微言轻。

第二个家族是蒙莫朗西家族。安内·德·蒙莫朗西是虔诚的天主教教徒，也是一名严厉的军人，因战争期间的严厉和忠诚而闻名遐迩。安内·德·蒙莫朗

弗朗索瓦·德安迪奥特德·科利尼

安内·德·蒙莫朗西

西一直坚持与西班牙结盟,镇压异端,这种观点在《卡托康布雷齐条约》中得以体现。然而,他对吉斯家族和王太后凯瑟琳·德·美第奇忌妒不已,最终加入了波旁家族的阵营。

吉斯家族源出洛林家族旁系,家族始祖克洛德·德·洛林是洛林公爵勒内二世的儿子,也是安茹公爵勒内一世的孙子。1525年,帕维亚战役失败后,克洛德·德·洛林因保卫东部边疆而赢得了声望,并将女儿玛丽·德·吉斯嫁给了苏格兰国王詹姆斯五世。作为回报,弗朗索瓦一世在吉斯、欧马勒和马耶讷为克洛德·德·洛林建立了公爵领地。1550年克洛德·德·洛林死后,公爵领地遗赠

克洛德·德·洛林

洛林公爵勒内二世

玛丽·德·吉斯

苏格兰国王詹姆斯五世

给他的儿子吉斯公爵弗朗索瓦·德·洛林和欧马勒公爵克洛德。克洛德·德·洛林另外两个儿子夏尔·德·洛林和路易·德·洛林则进入教会分别成为洛林枢机主教和吉斯枢机主教。弗朗索瓦·德·洛林因1552年到1553年坚守梅茨和1558年攻克加来而名声大震，超越了父亲克洛德·德·洛林。由于健谈和开朗，弗朗索瓦·德·吉斯很受欢迎，其欠缺的政治家风度则由弟弟枢机主教夏

吉斯公爵弗朗索瓦·德·洛林

攻克加来

尔·德·洛林来弥补。夏尔·德·洛林尽管贪婪傲慢，但外表一丝不苟，很符合神职人员、外交大师及具有说服力的学者身份。虽然要等到吉斯家族的下一代才能充分展示出家族的宏伟计划，但这两个了不起的人物已经奠定了家族发迹的基础，当然，还要看机遇。吉斯家族其实并非纯法兰西血统，与王室联系并不紧密，被老牌贵族视为暴发户。由于害怕被波旁家族排挤，吉斯家族便声称自己是从安茹家族分出来的。如果安茹家族男系一支仍然后继有人，那么吉斯家族与王室的关系就比波旁家族更近。1481年，安茹公爵勒内一世去世。因此，吉斯家族就提出女系一支的主张，可追溯到安茹公爵勒内一世。然而，吉斯家族的外国血统带来了麻烦，当然，保卫法兰西的军事功绩可以冲淡这一切。战争结束后，吉斯家族自然接管了天主教事业，在下层阶级，尤其是在巴黎颇受欢迎。巴黎完全是天主教教徒的天下。吉斯家族的外交政策充斥着强烈的天主教思想，但不是西班牙式的外交。吉斯家族梦想着让弗朗索瓦二世的妻子苏格兰女王玛丽继承英格兰王位，并最终将法兰西王国、英格兰王国、苏格兰王国统一为一个强大的国家，抗衡奥地利—西班牙联合政权。

在这些相互冲突的派别中，王太后凯瑟琳·德·美第奇虽然不属于任何一个派系，但急于控制一切。亨利四世说她是"一个可怜的女人，她该怎么办？她丈夫死了，她有五个小孩，面临两家夺取王位的阴谋，一家是我们，另一家是吉斯。我感到惊讶的是，她竟然没有把事情弄砸"。这位饱经风霜的女人要实行的政策可从她的外国血统和生活经历中找到线索。凯瑟琳·德·美第奇既是佛罗伦萨人，也是美第奇家族的人，在法兰西不受欢迎。同时，他也没有得到丈

弗朗索瓦二世

黛安娜·德·普瓦捷

夫亨利二世的爱，影响力也被亨利二世的情人黛安娜·德·普瓦捷替代。一切被排挤的感受激发了凯瑟琳·德·美第奇强烈的忌妒心和统治欲望。如果凯瑟琳·德·美第奇能直接掌权，或许会做得很好。虽然凯瑟琳·德·美第奇没有强大的号召力，但她天性并不凶残，而是非常勤劳，兢兢业业，渴望得到认可。她希望国家保持独立，抵抗虎视眈眈的西班牙，同时不愿看到内部派系斗争威胁王权。作为天主教教徒，凯瑟琳·德·美第奇并不偏执，或许会容忍胡格诺派教徒。但当权力被剥夺、地位受到威胁时，她就会露出美第奇家族人的真正面目：工于心计，实施阴谋，这往往是弱者的表现。此外，她奉行权力平衡政策，但这一政策常常是致命的，因为难以实现。

这时，弗朗索瓦二世已经年满十三周岁，没有必要再设置摄政。安托万·德·波旁作为王室成年男性，应该前来掌权，这很自然。然而，吉斯家族阻止了一切。王后①的舅舅们成功地完全控制了年轻的国王弗朗索瓦二世。吉斯家族势力强大，凯瑟琳·德·美第奇无力抗衡。凯瑟琳·德·美第奇忌妒纳瓦拉人，不喜欢安内·德·蒙莫朗西，因为亨利二世在世时，安内·德·蒙莫朗西曾经对她无礼。于是，凯瑟琳·德·美第奇全力依靠吉斯家族的支持。安内·德·蒙莫朗西被罢黜，回到尚蒂伊的庄园。加斯帕尔·德·科利尼被剥夺了皮卡迪总督

吉斯家族的纹章

---

① 即苏格兰女王玛丽。——译者注

处决安尼·德·布尔格

的职务,几乎所有吉斯家族不信赖的总督全被撤掉。弗朗索瓦·德·吉斯控制了军队,洛林枢机主教夏尔·德·洛林则管理民事。因为控制了法兰西政府,所以吉斯家族便开始对顽固不化的"最高法院"成员下手了。安尼·德·布尔格被"特别法庭"定罪,尽管向法院提出合理上诉,但仍被处决,其他人被判缓判或被监禁。

吉斯家族并非没有受到挑战。一个强大的反对派已经崛起,并在政治和宗教上携手合作。贵族们因被剥夺了官职而愤愤不平,并声称血统纯正的诸侯有权反对这群外来的暴发户。沉重的赋税,战争的失利,再加上玛丽·德·吉斯在众兄弟的协助下,与苏格兰新教"教友会"进行的一场实力不对等的斗争,加剧了吉斯家族面临的困境。那些希望重振三级会议权威的人便抓住机会攻击吉斯家族的专制,而宗教上的不满则起到了凝聚人心的作用。

1560年春,佩里戈尔的贵族戈德弗罗伊·德·巴里策划了一场阴谋,想将当时正在安博瓦兹的傀儡国王弗兰索瓦二世,从吉斯家族的控制中解救出来,并扶植孔代亲王路易一世·德·波旁领导政府。然而,阴谋败露。戈德弗罗伊·德·巴里在冲突中被打死,其他同谋者则受到严厉惩罚,一些人被吊死在安博瓦兹城堡的城楼上。

"安博瓦兹阴谋"有新教徒参加,标志着新教徒最终形成了一股政治势力,并且具有攻击性。各省的小贵族纷纷加入新教徒的阵营。"安博瓦兹阴谋"也为政府宣布君主制和天主教利益一致提供了借口。此时,吉斯家族假装要改变政策。在第一次听闻"安博瓦兹阴谋"时,吉斯家族以国王的名义发布了敕令,承诺既往不咎,而1560年5月颁布的敕令赋予教会法庭对传教事务的专属管辖权,同时敦促教会应该温和处理宗教事务。吉斯家族甚至听取加

"安博瓦兹阴谋"的参与者们被吊在城楼上

米歇尔·德·利霍皮特

斯帕尔·德·科利尼的建议，并得到了凯瑟琳·德·美第奇和米歇尔·德·利霍皮特的支持。米歇尔·德·利霍皮特刚刚被任命为议长，负责召集三级会议及高级神职人员大会，讨论人民的政治与宗教诉求。吉斯家族同意了这些提议，深信不久将重新召开特伦特宗教会议，可以推迟召开高级神职人员大会，并通过影响选举，确保在三级会议中获得多数票席位，从而排挤不赞同天主教信仰的人。

1560年6月10日，苏格兰摄政玛丽·德·吉斯去世。按照1560年7月6日的《利斯条约》，法兰西军队要撤离苏格兰，弗朗索瓦二世和妻子苏格兰女王玛丽将放弃对英格兰王位的主张，从而消除了西班牙国王腓力二世的担忧。于是，腓力二世提出要帮助吉斯家族巩固权力。教皇庇护四世和萨伏依公爵伊曼纽尔·菲利贝托派军进攻日内瓦，消灭瓦勒度人，而腓力二世则入侵纳瓦拉。孔代亲王路易一世·德·波旁和纳瓦拉国王安托万·德·波旁轻率地响应号召，向奥尔良进军，而宫廷正在这里召集三级会议。于是，孔代亲王路易一世·德·波旁和纳瓦拉国王安托万·德·波旁被抓。有人试图刺杀安托万·德·波旁，但没有成功。孔代亲王路易一世·德·波旁被"特别法庭"以共谋的罪名起诉。至此，吉斯家族飞黄腾达似乎安全无虞，但一位年轻人的突然死亡改变了事情预定的轨迹。1560年12月5日，法兰西国王弗朗索瓦二世因耳疾驾崩。

第21章
查理九世统治时期法兰西五次内战

精彩看点

凯瑟琳·德·美第奇以查理九世的名义执政——三级会议——普瓦西会谈——《一月敕令》——瓦西大屠杀——《孔代宣言》——法兰西第一次内战——德勒战役——《安博瓦兹和约》——法兰西第二次内战——圣丹尼斯战役——《隆格瑞莫敕令》——法兰西第三次内战——雅尔纳克战役——蒙孔图战役——《圣热耳曼和约》——威廉二世·德·拉·马克夺取布里耶——暗杀加斯帕尔·德·科利尼——圣巴塞罗缪大屠杀——未考虑改变外交政策——欧洲各大国的态度——安茹公爵亨利当选为波兰国王——圣巴塞罗缪大屠杀对法兰西的影响——法兰西第四次内战——《拉罗谢尔条约》——胡格诺派性质和观点的改变——《法兰克-高卢》和《论反抗暴君的自由》——胡格诺派的政治组织——法兰西第五次内战——查理九世驾崩

此时，吉斯家族四面楚歌，惶惶不可终日，躲在宫殿里静观其变。王太后凯瑟琳·德·美第奇终于等来了掌权的机会。由于查理九世只有十岁，毫无疑问，必须有人摄政。摄政理应由纳瓦拉的安托万·德·波旁担任，但安托万·德·波旁同意将权力让给王太后凯瑟琳·德·美第奇，而自己只保留军职。对此，凯瑟琳·德·美第奇喜出望外。在写给女儿西班牙王后瓦卢瓦的伊丽莎白的信中，她说："安托万·德·波旁太听话了，我可以随意差遣他。"现在，凯瑟琳·德·美第奇希望在两个宗教派别之间扮演调解人的角色，并利用波旁家族和吉斯家族的对抗，玩弄权术。她遇到的第一个难题是三级会议，原定1560年12月15日在奥尔良召开，但一直拖到1561年8月，才在蓬图瓦兹召开。

1561年8月15日，三级会议召开。这是七十七年来三级会议第一次复会，令人关注。这意味着胡格诺派的思想已经得到普遍接受。胡格诺派提出了令人瞩目的宗教改革方案。如果宗教改革方案得以实施，法兰西王国本来可以避免内战，从而改变历史进程。贵族们在坚持享有特权的同时，也敦促司法制度改革，通过选任制度取代买官制度，因为买官制度正迅速演变世袭制度。贵族们还谴责教会法庭的欺诈行为及对民众和外地人滥用职权。贵族们请求允许约翰·加尔文的信徒在教堂里礼拜。

第三等级——"市民等级"——的需求进一步增加。"市民等级"要求神职特权应接受三年一次的三级会议的限制，并应设立一个没有神职人员参与的宗教会议。"市民等级"请求出售教会的土地。神职人员将从土地获得的资本利息中得到固定的津贴，余额则用于支付王室的债务，并用于向主要城市贷款，以促进商业活动。"市民等级"要求停止迫害，因为"强迫人们做心中认为错误的事是不合理的，并且应当召集全国委员会。在全国委员会中，无论是神职人员还是世俗人员，都应该有投票权，并以《圣经》为唯一指南，最终解决宗教问题"。这一切表明改革的呼声已经在法兰西盛行，但凯瑟琳·德·美第奇并没有打算接受，因为胡格诺派毕竟只能代表全国大约三分之一人的观点。

不久举行的、旨在增进相互理解的"普瓦西会谈"，也没有带来预定的结果。参加会议的有十一位神父，其中包括约翰·加尔文的弟子西奥多·贝扎、意大利人彼得·马蒂尔，以及二十二位世俗人员。不出所料，"普瓦西会谈"只是凸显了两派教义之间的差异而已。唯一有效的成果是，为了满足第三等级对了解教会财产动向的要求，主教们承诺通过分期付款来偿还那些已被转让的王室土地的债务，以取得公众的信任。

相互理解，难度极大；容忍是否可行，有待观察。1562年1月，《一月敕令》颁布。《一月敕令》虽然坚持要求胡格诺派教徒交出占领的教堂，但在议会做出决定之前，允许他们在城墙外的任何地方集会、礼拜。米歇尔·利霍皮特的政策似乎卓有成效，胡格诺派得到了法律承认，不再是非法的。但一切都是假象，《一月敕令》实际上引发了内战。三级会议召开之初，米歇尔·利霍皮特本人就承认"希望不同教派的人之间实现和平是愚蠢的。同一宗教信仰的法兰西人和英格兰人，比起同一座城市、同一个国家中拥有不同宗教信仰的人更能相亲相爱"。不仅如此，宗教差异在很多情况下起因于个体竞争、自私自利和政治偏见。第三等级的要求则加剧了宗教矛盾。如果满足第三等级的要求，将彻底改变国家的宪法，但只有在国家的支持下，此举才能成功。第三等级主要受城市垄断势力支持，既不代表乡村的农民，也不代表城镇的下层居民，而大部分乡村农民和城镇居民是天主教教徒，构成了这个国家的绝大多数。天主教教徒的利益和偏见普遍受到胡格诺派教徒的攻击。因此，天主教教徒一直

普瓦西会谈

把胡格诺派教徒视为死敌。上层贵族对收回王室土地的要求感到害怕，其中许多土地就在上层贵族手中；教会憎恨没收捐赠的呼声；律师对享受的特权受到攻击而感到愤慨，同时对三级会议接管国家治理而愤愤不平。事实上，从那时起，上层贵族、神职人员和律师这三股强大的反宗教改革势力对胡格诺派抱有根深蒂固的敌视，并不愿意善待胡格诺派教徒。因此，胡格诺派现在唯一的机会取决于维持和平。虽然胡格诺派并没有得到想要的一切，而《一月敕令》也只是临时性的，但胡格诺派教徒的数量仍然快速增加。胡格诺派希望在短时间内赢得尊敬。艾克斯大主教和另外六位主教，再加上夏蒂隆枢机主教奥

夏蒂隆枢机主教奥代特·德·科利尼

思罗格莫顿

代特·德·科利尼,据说都支持新教思想。思罗格莫顿告诉英格兰女王,连查理九世本人也在动摇。凯瑟琳·德·美第奇并不反对女士们读《新约》,吟诵克莱芒·马罗的诗篇。如果能确保自己的权威,凯瑟琳·德·美第奇当然会毫不犹豫地继续保持宽容。不幸的是,政府没有足够的权力来执行法律,宗教和政治仇恨太深了。胡格诺派的领导人不能完全控制教徒们的激进行为,尤其是在南方,还发生了胡格诺派支持者破坏圣像的暴行。在此情形下,天主教教徒决心推翻《一月敕令》。

早在1561年4月,安内·德·蒙莫朗西就已经与吉斯家族取得了和解,并且赢得了摇摆不定的纳瓦拉国王安托万·德·波旁的支持,条件是把撒丁岛和非洲的一个王国让给纳瓦拉国王,或者帮助安托万·德·波旁与信仰新教的妻子胡安娜三世离婚,然后向苏格兰女王玛丽求婚,从而接管苏格兰王室,并在未来的某一天染指英格兰王位。在法兰西南方,大屠杀和暴乱发生了。1562年3月1日,弗朗索瓦·德·洛林经过尚帕涅的瓦西,忽然听到一座大谷仓内传出胡格诺派教徒做礼拜的声音,便以违法为名命令随从驱散集会者。其间,手无寸铁的胡格诺教徒可能进行了抵抗。最终五六十名胡格诺派男女信徒被杀,两百余人受重伤。这个大谷仓不在城墙外,胡格诺派教徒的活动是合法的,但弗朗索瓦·德·洛林没有权力擅自执法。他或许没有打算让随从杀人,但也没有谴责或惩罚杀人的随从。瓦西大屠杀虽然不是《一月敕令》颁布以来发生的唯一一

瓦西大屠杀

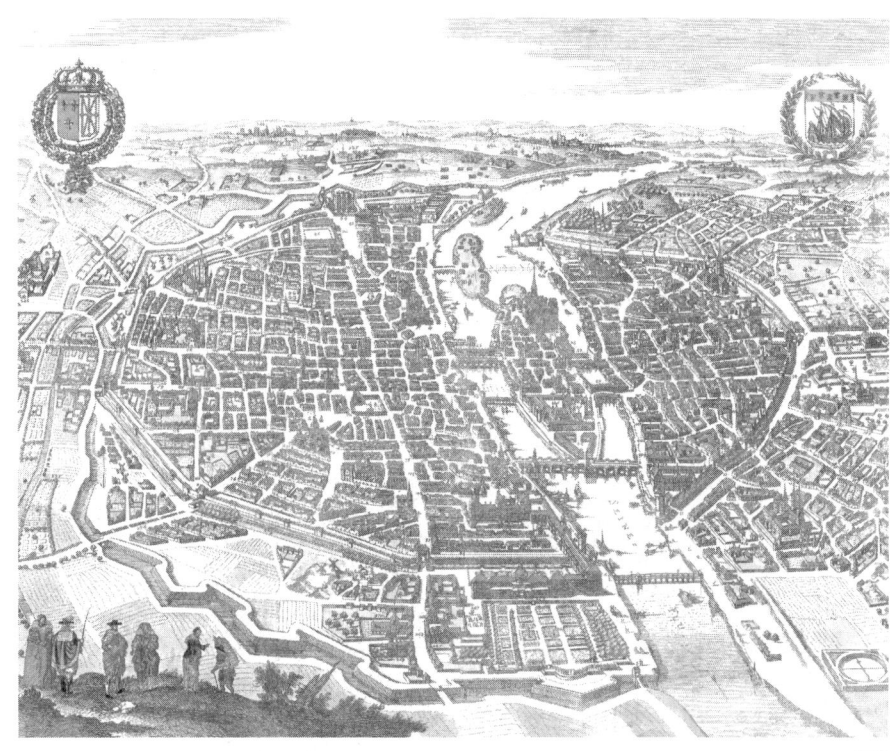

巴黎

个屠杀事件，但影响极大，一方面是因为屠杀与弗朗索瓦·德·洛林的默许有关，另一方面是因为屠杀使宗教矛盾升级至宫廷权力斗争。于是，内战也就不可避免了。现在的问题是，谁应该保护国王查理九世的人身安全呢？

1562年3月16日，不顾凯瑟琳·德·美第奇的反对，弗朗索瓦·德·洛林进军神速，进入巴黎。凯瑟琳·德·美第奇和年轻的国王查理九世一起退出王宫，去了枫丹白露。1562年4月6日，在别无选择的情况下，凯瑟琳·德·美第奇同意再次回到巴黎。查理九世哭着说："他们好像要把我送进监狱。"最初，凯瑟琳·德·美第奇试图支持实力较弱的一派，但最终选择与强者站在一起，这是她的一贯做法。

1562年3月23日，孔代亲王路易一世·德·波旁已经从巴黎撤退到了奥尔良，与加斯帕尔·德·科利尼和弗朗索瓦·德安迪奥特德·科利尼联合发表了一份宣言。宣言重申了诉诸武力的正当性，并宣布这样做是为了把国王从"三人执政集团"的非法拘留中解救出来。"三人执政集团"是指弗朗索瓦·德·洛林、安内·德·蒙莫朗西和雅克·德伯恩。因此，如果说天主教教徒首先破坏了瓦西的和平，那么胡格诺派教徒则首先诉诸武力。许多人指责胡格诺派教徒缺乏耐心，认为他们如果不导致事态升级，就会及时得到宽容。约翰·加尔文一直反对战争。加斯帕尔·德·科利尼迫于妻子的恳求，再三犹豫后，才采取了行

雅克·德伯恩

动。尽管如此，天主教教徒决心镇压异端。1562年宗教受害者超过了"圣巴塞洛缪大屠杀"。更严重的是，胡格诺派教徒披着宗教的外衣，追求政治目标，其他所有宗教派别也是如此。宗教斗争在法兰西和其他地方一样。人们或者出于宗教信仰，或者出于政治因素，或者出于个人因素，把宗教上的不满演变成暴乱的导火索。威尼斯的一位观察家说："贵族们采取行动是为了实现改革宗教的野心，中产阶级是为了谋取教堂的财产，下层阶级则梦想去天堂。"此外，天主教教徒也负有不可推卸的责任。如果孔代亲王路易一世·德·波旁是为了控制政权而战，那么他比吉斯家族更光明正大。在奥尔良的胡格诺派表达的政治主张比吉斯家族的寡头专制更值得支持。有些人指控胡格诺派企图复活封建主义，还有一些人指控胡格诺教派具有共和倾向，但比起吉斯家族为了政治和宗教暴政，伪装成纯粹民主的拥护者，所有这一切都算不了什么。最后，胡格诺派的事业尽管是少数人的事业，并且不得不承认是一个不受欢迎的少数人的事业，但仍然是民族独立的事业，同时受到关系日益紧密的吉斯家族与西班牙腓力二世同盟的威胁。即使如此，两派都有更深层次的原因值得挖掘。事实上，正是宗教信仰的存在使双方在这场斗争中变得既严正以待又凶猛异常。

两派的地理分布既不能证实新教教徒与条顿人之间存在着天然的亲缘关系，也不能证实凯尔特人、拉丁人与天主教之间也存在亲缘关系。的确，在布列塔尼，下层阶级的凯尔特人是虔诚的天主教教徒。在法兰西东北部，尽管条顿人的势力很强，但仍然以信奉天主教为主。胡格诺派则在法兰西西南部找到了主要支持者，大部分为拉丁人。胡格诺派的主要据点可以说是一个四方形区域，包括北部和东部的卢瓦尔河流域、索恩河流域及罗讷河流域，南部和西部是地中海、比利牛斯山脉和比斯开湾，而多菲内和诺曼底是出海口。然而，即使在这片四方形区域内，也只有在朗格多克东部、多菲内及后来的拉罗谢尔，胡格诺派才真正拥有稳固的阵地，受到贵族和平民的广泛支持。而在其他地方，贵族倾向于新教，农民则普遍是天主教教徒。在上层贵族中，除了孔代亲王路易一世·德·波旁和他的亲戚，胡格诺派几乎没有其他支持者，主要支持者是小贵族和城镇商人。胡格诺派贵族出资组建了一支令人敬佩的轻骑兵。尽管武器低劣,但多次战斗证明,轻骑兵足以匹敌身穿盔甲的重骑兵。经费匮乏、纪律松弛及地方利益观念使胡格诺派不适合进行持久战。最终,胡格诺派的结局是悲剧性的。

而天主教教徒多半是大贵族、教会神职人员、小官吏和大官僚等公职阶层,农村地区的农民(除了塞文山脉地区和多菲内),城镇中的下层阶级,尤其是在巴黎,以及后来的奥尔良和鲁昂。这些城镇的天主教教徒的强烈意识是由宗教机构的教育影响形成的。在巴黎,六十五所宗教学院几乎形成了一个大学城,与修道院一起占据了城市和郊区的大部分。天主教的力量取决于人们的保守本能和宗教传统,并与日常生活紧密地交织在一起。胡格诺派教徒破坏圣像的行为震惊了天主教教徒。胡格诺派教徒封建、分裂和共和的倾向又妨碍了内部的和谐,并被指控为国家团结和中央集权的敌人,而国家团结和中央集权已经成为法兰西人非常珍视的观念。天主教教徒还拥有国王个人、政府及教

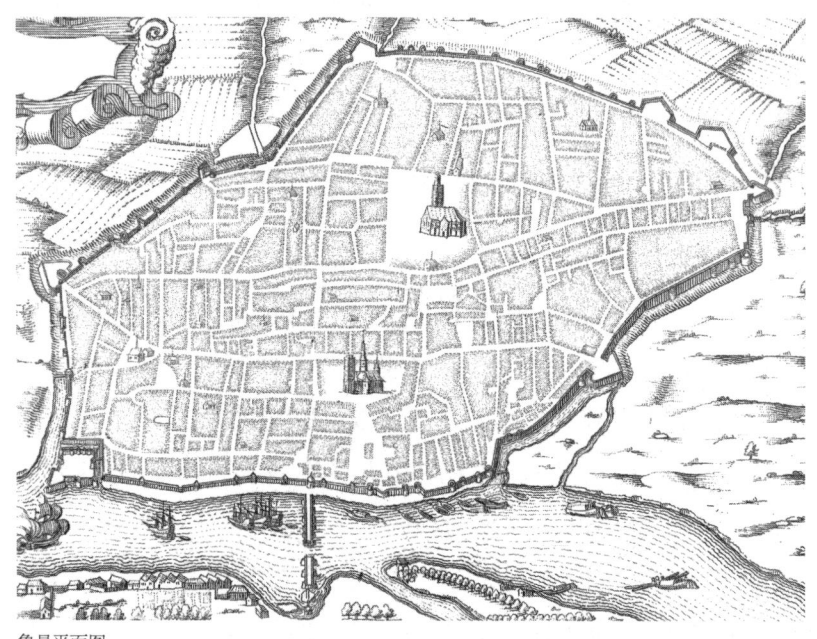

鲁昂平面图

会的财政资源，并得到了西班牙国王腓力二世的资助。最后，天主教教徒不仅从德意志招募了雇佣军，而且从路德派招募了人手。路德派对加尔文派的支持却很少，而胡格诺派教徒的人数从来没有超过法兰西总人口的十分之一。在这种情况下，胡格诺派教徒之所以能够坚持斗争，主要是因为许多人，特别是牧师们的热情和献身精神，新兴资产阶级的顽强，轻骑兵的优势，以及领导人的能力，尤其是孔代亲王路易一世·德·波旁和加斯帕尔·德·科利尼的卓越指挥能力。

1562年8月，内战爆发。先是雅克·德伯恩接管了普瓦捷，接着布尔日投降。于是，天主教派打开了从法兰西中心到奥尔良的大门。1562年9月，胡格诺派与英格兰伊丽莎白女王结盟。伊丽莎白女王担心吉斯家族胜利后，会利用法兰西的全部资源帮助苏格兰女王玛丽登上英格兰王位。一贯谨慎的伊丽莎白女王要求胡格诺派割让迪耶普和勒阿弗尔作为出力的代价。

然而，割让迪耶普和勒阿弗尔立即引起极大的民愤，尽管1562年10月28日伊丽莎白女王向胡格诺派提供了微不足道的帮助，但民愤难平。天主教教徒因占领诺曼底首府鲁昂而获得了辉煌的胜利，鲁昂从此成为"天主教教徒监视胡格诺派教徒的一只眼"。左右摇摆的纳瓦拉国王安托万·波旁在鲁昂之围中伤重不治，孔代亲王路易一世·德·波旁因此取代了安托万·德·波旁在家族中的领袖地位，并惠及儿子——未来的法兰西国王亨利四世，现在是一个十岁的男孩。胡格诺派虽然损失了鲁昂，但多多少少也得到了不错的补偿。

1562年12月，孔代亲王路易一世·德·波旁率军进攻诺曼底，试图消除鲁昂失守的影响。在厄尔的德勒，战斗打响了。最后，天主教教徒虽然取得德勒战役的胜利，但损失确实很大：雅克·德伯恩战死，安内·德·蒙莫朗西被俘，而孔代亲王路易一世·德·波旁本人落入天主教教徒之手，加斯帕尔·德·科利尼被迫退守奥尔良。

1563年2月，加斯帕尔·德·科利尼率军重返诺曼底，占领了几座重要城镇。1563年2月5日，弗朗索瓦·德·洛林趁加斯帕尔·德·科利尼不在，围攻奥尔

德勒戍役

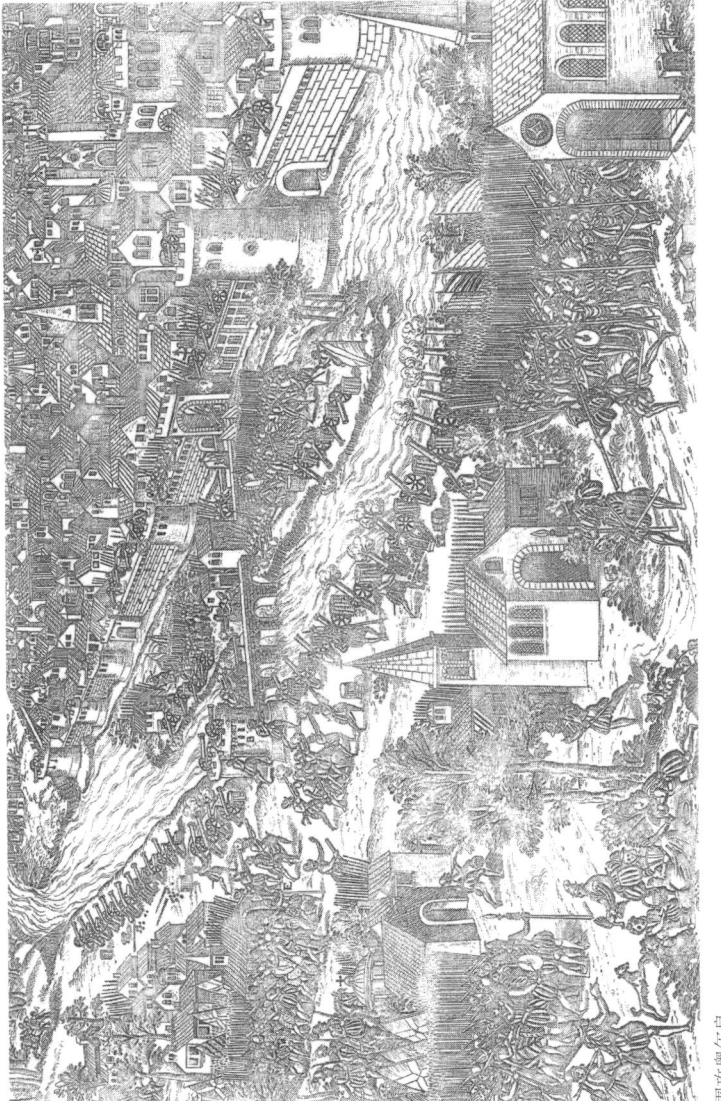

围攻奥尔良

良。奥尔良危在旦夕。不料，弗朗索瓦·德·洛林被胡格诺派刺客让·德·波特鲁克暗杀。让·德·波特鲁克认为除掉"瓦西屠夫"是上帝的旨意，自己是在替天行道。

天主教领袖弗朗索瓦·德·洛林之死，使凯瑟琳·德·美第奇重新燃起维持两派平衡的希望。1563年3月12日，《安博瓦兹和约》规定：双方交换被俘的孔代亲王路易一世·德·波旁和安内·德·蒙莫朗西；允许贵族在自己的房子

让·德·波特鲁克伏击弗朗索瓦·德·吉斯

勒阿弗尔平面图

里举行胡格诺派仪式；在每个行政区，胡格诺派教徒可以在一个指定城市的郊区做礼拜；1563年3月之前已经举行过胡格诺派仪式的每个城镇，国王可以指定几个地方，允许胡格诺派在城内继续举行仪式，但巴黎除外。《安博瓦兹和约》签订后，天主教和新教两派联合进攻勒阿弗尔。1563年7月25日，英格兰人被赶走，伊丽莎白女王被迫放弃加来。加斯帕尔·德·科利尼反对《安博瓦兹和约》，认为它并没有给胡格诺派教徒足够的安全感，但孔代亲王路易一世·德·波旁像在宣战时那样，草率地签署了和约。凯瑟琳·德·美第奇利用一位女随从，诱惑孔代亲王路易一世·德·波旁，并允许他摄政。然而，为了逃避承诺，凯瑟琳·德·美第奇宣布年满十三周岁的查理九世已经到亲政年龄。这让孔代亲王路易一世·德·波旁很失望。虽然凯瑟琳·德·美第奇急于防止矛盾升级，但教皇庇护四世、吉斯家族和腓力二世对胡格诺派磨刀霍霍。

1565年6月,在巴约讷举行的会议上,阿尔瓦公爵费尔南多·阿尔瓦雷斯·德·托莱多以主子腓力二世的名义,敦促凯瑟琳·德·美第奇罢黜大臣米歇尔·利霍皮特,以证明"王太后本人是一个虔诚的天主教教徒",并对胡格诺派教徒采取严厉措施。如果腓力二世同意进一步帮助凯瑟琳·德·美第奇推进掌权计划,凯瑟琳·德·美第奇很可能会答应把二女儿法兰西的克劳德嫁给腓力

法兰西的克劳德

莫城谋反

二世的儿子卡洛斯王子，并让最喜爱的儿子安茹公爵亨利与腓力二世的姑姑，即孀居的葡萄牙王后奥地利的凯瑟琳联姻，但腓力二世拒绝了凯瑟琳·德·美第奇的提议。尽管如此，胡格诺派教徒还是警觉起来，谣传腓力二世和凯瑟琳·德·美第奇结盟，要屠杀胡格诺派教徒。在这种情况下，一支从瑞士征召的天主教部队，表面上是监视阿尔瓦公爵费尔南多·阿尔瓦雷斯·德·托莱多从皮埃蒙特到尼德兰的行军动向，导致了1567年9月的"莫城谋反"。新教领袖提议控制国王查理九世，解除洛林枢机主教夏尔·德·洛林的职务，并要求不得限制传教自由。宫廷发出了最危险的警告。宫廷人员在瑞士军队的护送下逃往巴黎，洛林枢机主教夏尔·德·洛林在千钧一发之际逃到兰斯。

随后，孔代亲王路易一世·德·波旁率军向圣丹尼斯挺进，遭到安内·德·蒙莫朗西军队的猛烈攻击（1567年11月10日）。但由于胡格诺派教徒作战顽强，巴黎形势吃紧，战斗久拖不决。胡格诺派损失了许多重要人物。天主教方面，安内·德·蒙莫朗西受了致命伤。

圣丹尼斯战役

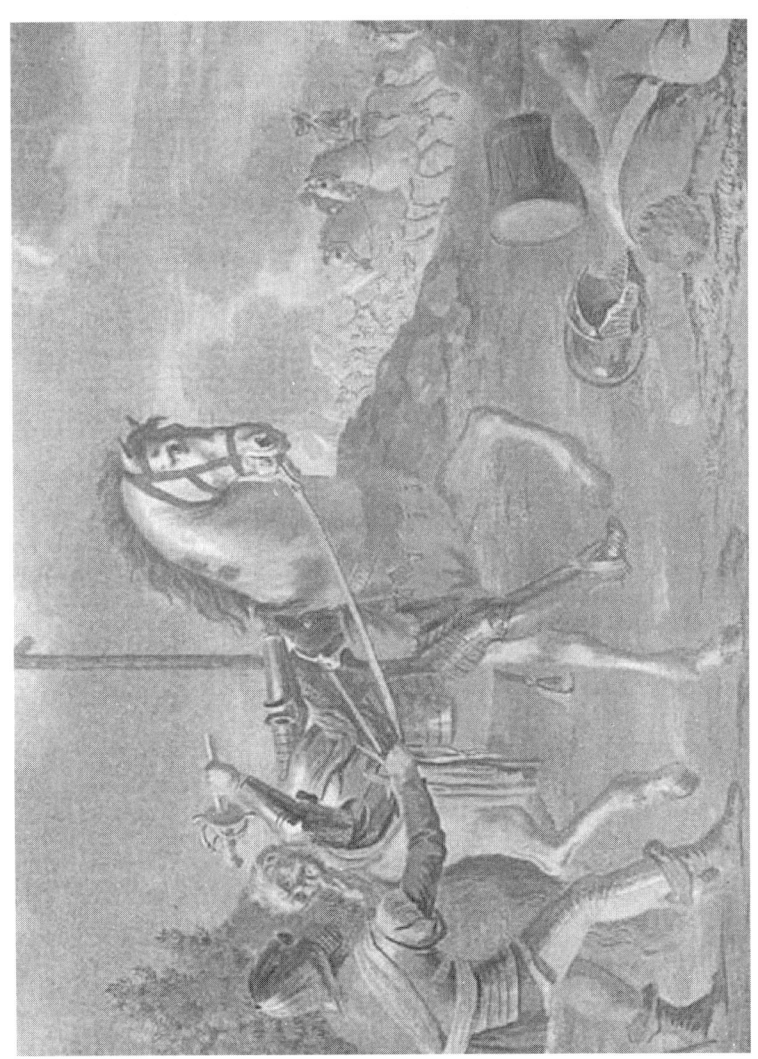

安内·德·蒙莫朗西受致命伤

安内·德·蒙莫朗西之死暂时强化了凯瑟琳·德·美第奇的掌控力和米歇尔·利霍皮特的影响力。1568年3月颁布的《隆格瑞莫敕令》确认持续执行《安博瓦兹和约》，"直至在上帝的恩典下，国王所有臣民在统一的宗教信仰下重聚在一起"。

凯瑟琳·德·美第奇希望天主教势力因安内·德·蒙莫朗西之死而受到削弱。她一直让治安官一职空缺，并把中将军衔授予国王查理九世的弟弟安茹公爵亨利，但她维持和平的愿望并没有实现。法兰西各地的"最高法院"都反对《隆格瑞莫敕令》。图卢兹的"最高法院"甚至以异端罪名处决国王的信使。胡格诺派也拒绝交出在《安博瓦兹和约》中承诺的所有城市。

1568年8月，洛林枢机主教夏尔·德·洛林回来了，设计擒拿孔代亲王路易一世·德·波旁和夏蒂隆枢机主教奥代特·德·科利尼。由于卢瓦尔河突发洪水，他们才得以逃到拉罗谢尔。米歇尔·利霍皮特在绝望中退休，凯瑟琳·德·美第奇再次被迫采取吉斯家族的政策，撤销了实行宽容政策的《隆格瑞莫敕令》，该敕令原本就是"拼凑起来的和约"而已。至此，法兰西第三次内战不可避免。上次休战时投降的奥尔良，成为天主教的前沿阵地之一。1568年2月，拉罗谢尔宣布支持胡格诺派，成为新教的大本营。

然而，直到1569年春，一场激烈的战斗才爆发。1569年3月13日，年仅十八岁的安茹公爵亨利取得了雅尔纳克战役的胜利。孔代亲王路易一世·德·波旁在投降后被杀，沉重打击了胡格诺派的事业。不过，胡格诺派是否从此一蹶不振尚不得而知，因为虽然孔代亲王路易一世·德·波旁很受欢迎，但是个雄心勃勃的人，主要目标放在政治上。为了个人利益，他会牺牲宗教信仰。此外，孔代亲王路易一世·德·波旁尽管是一个勇敢的军人，但不是杰出的将才。凯瑟琳·德·美第奇作为一名政治家，意志并不坚强，常常有勇无谋。

天主教徒本希望雅尔纳克战役的胜利可以结束战争，但目的并没有达到。这场战役不过是一场骑兵的小规模冲突而已。孔代亲王路易一世·德·波旁之死让加斯帕尔·德·科利尼取得最高指挥权，正如同时代的人说的那样，

雅尔纳克战役

加斯帕尔·德·科利尼"充分展示了海军上将的谋略",在各个方面都表现杰出。除了外交方面,他都优于前任。在这个紧要关头,尽管弗朗索瓦·德安迪奥特德·科利尼因发烧而去世,也未能阻止胡格诺派取得巨大胜利。

1569年5月,苏伊布鲁克公爵沃尔夫冈,率领一支由神圣罗马帝国长矛兵和骑兵组成的部队与奥兰治亲王威廉、拿骚的路易率领的法兰西与弗拉芒联军进入法兰西,然后强行推进至卢瓦尔,占领了战略要地拉沙里泰。拉沙里泰控制着从勃艮第到尚帕涅的河道。虽然苏伊布鲁克公爵沃尔夫冈本人在战斗期

苏伊布鲁克公爵沃尔夫冈

间死于发烧，但他的部队在里摩日附近与加斯帕尔·德·科利尼的部队建立了同盟（1569年6月12日）。不幸的是，盟军没有进攻控制通往安茹和布列塔尼要道的索米尔，而是向南进攻普瓦捷。普瓦捷的守将是吉斯公爵弗朗索瓦·德·洛林年轻的儿子，现在的吉斯公爵亨利一世·德·洛林。在这里，吉斯公爵亨利一世·德·洛林第一次展示出卓越的军事才华。1569年8月，由于安茹公爵亨利的进攻，加斯帕尔·德·科利尼被迫放弃围攻普瓦捷。在围攻普瓦捷之前，加斯帕尔·德·科利尼已经损失惨重，现在急于避战。这时，奥兰治亲王威廉已经去德意志搬兵，所以加斯帕尔·德·科利尼很难率部长期坚守。

神圣罗马帝国雇佣兵要求付钱，加斯帕尔·德·科利尼没钱，自然不能带领他们去打仗。在这种情况下，加斯帕尔·德·科利尼被迫接受安茹公爵亨利的挑战。加斯帕尔·德·科利尼部队战斗力远不如对方，1569年10月3日，在蒙孔图战役中惨败。加斯帕尔·德·科利尼也受了重伤。如果安茹公爵亨利乘胜追击，胡格诺派部队可能会被歼灭。幸运的是，不管吉斯家族是否因安茹公爵亨利的胜利而产生了忌妒，天主教的部队最终都决定先占领圣让当热利。经过七个星期的围攻，圣让当热利陷落，但"正如围攻普瓦捷标志着胡格诺派部队灾难开始一样，围攻圣让当热利则是天主教部队好运的浪费"。冬季来临，胡格诺派部队仍在坚守拉罗谢尔。安茹公爵亨利辞去了统帅一职，继任者蒙庞西耶公爵弗朗索瓦·德·波旁率部退守昂热。

1569年10月，加斯帕尔·德·科利尼的伤口已经痊愈，开始了一次声势浩大的远征。加斯帕尔·德·科利尼的部队穿过法兰西南部，到达罗讷河，像滚雪球一样不断壮大。之后，加斯帕尔·德·科利尼的部队依托索恩河右岸，向北行进，前往艾涅勒迪克。1570年6月25日，加斯帕尔·德·科利尼与布里萨克公爵夏尔二世·德·科塞在艾涅勒迪克交战。由于优柔寡断，加斯帕尔·德·科利尼退守拉沙里泰，然后又退守位于卢瓦尔河畔夏蒂隆的城堡内。加斯帕尔·德·科利尼没有与奥兰治亲王威廉联合行动，奥兰治亲王威廉联正在德意志边境集结兵力，并计划向巴黎进军。一切迹象表明胡格诺派并没有被打败。

襄孔圆战役

围攻圣让当热利

腓力二世对天主教徒只有空头许诺。伊莉莎白女王不愿看到胡格诺派灭亡,正在考虑帮助胡格诺派。查理九世则忌妒弟弟安茹公爵亨利在军事上的胜利。凯瑟琳·德·美第奇听从了安内·德·蒙莫朗西长子弗朗索瓦·德·蒙莫朗西的劝告,准备再次举行谈判,从而达成和解。

胡格诺派教徒在法兰西第三次内战结束后,通过缔结《圣热耳曼和约》(1570年8月8日),不仅恢复了从《隆格瑞莫敕令》中获得的一切,而且在法兰

弗朗索瓦·德·蒙莫朗西

西十二个省中，每一个省都有两个城市被允许举行胡格诺派的宗教仪式。胡格诺派还获得四座城市作为和约，分别是拉罗谢尔、蒙托邦、科尼亚克和拉沙里泰。胡格诺派可以控制这些城市两年。《圣热耳曼和约》还将恢复胡格诺派教徒的财产、荣誉和职务，既有权对"最高法院"中一定数量的法官任免提出意见，也有权对图卢兹最高法院提出上诉，因为图卢兹最高法院的暴力行为很猖獗。从此，胡格诺派已经获得了传教自由，尽管还不够完美，但这已经是胡格诺派能获得的极限了。胡格诺派或许还希望，随着宫廷外交政策的重大改变，《圣热耳曼和约》将得到遵守。

到目前为止，凯瑟琳·德·美第奇一直遵循着两条路线，一条路线是试图在两个宗教派别之间充当调解人；另一条路线是试图支持弱者，从而维持两者之间的力量平衡。但两条路线都失败了。王室力量有限，不足以执行第一条路线。同时，由于力量有限，她不得不加入强者的阵营。第三种选择仍然存在，即唤起对西班牙的民族仇恨，通过一场对外战争消除宗教分歧，最好能组成一个反对教皇和西班牙的新教同盟，与英格兰和奥兰治亲王威廉一起瓜分尼德兰，同时在国内维护王室的权威。以上就是加斯帕尔·德·科利尼的观点。现在，他的观点被查理九世和凯瑟琳·德·美第奇采纳。查理九世尽管很软弱，但并非一无是处。他一向反对内战，并且认为西班牙是法兰西内部不和的主要受益者，正如维弗朗索瓦·德·斯科皮诺很久以前说的那样，"在战斗中倒下的勇士，足以把西班牙人赶出佛兰德斯"。1571年10月，西班牙人在勒班陀战胜了土耳其人，更增添了查理九世对腓力二世的恐惧。此外，众所周知，查理九世忌妒弟弟安茹公爵亨利（王太后凯瑟琳·德·美第奇最喜欢的儿子）在与新教对抗中获得的军事声望，希望通过领导一场反对西班牙人的战争扳回一局，从而使安茹公爵亨利的光环黯然失色，但所有这一切设想的实施都取决于凯瑟琳·德·美第奇。腓力二世拒绝在巴约讷会议（1565年6月）上继续支持凯瑟琳·德·美第奇。腓力二世的第三任妻子瓦卢瓦的伊丽莎白1568年去世。现在，腓力二世既不愿迎娶凯瑟琳·德·美第奇的二女儿瓦卢瓦的玛格丽特，也不愿促成瓦卢瓦的玛

瓦卢瓦的玛格丽特

格丽特与年轻的葡萄牙国王塞巴斯蒂安一世的联姻。因此，凯瑟琳·德·美第奇寄希望于把女儿嫁给年轻的纳瓦拉王储亨利，王室的第一正统王储，其领土从比利牛斯山脉一直延伸到加伦河对岸。纳瓦拉的亨利控制着下纳瓦内和贝恩公国；拥有旺多姆公国、博蒙特公国、阿尔伯特公国；统治着比戈尔、阿马尼亚克、埃格、佩里戈尔、马尔勒、马尔萨克、里摩日和其他贵族领地。与纳瓦拉的亨利联姻，无论他最终是否皈依天主教，对凯瑟琳·德·美第奇来说，都大有裨益。然而，纳瓦拉的亨利之母胡安娜三世担心堕落的法兰西宫廷会影响儿子，并怀疑瓦卢瓦的玛格丽特的性格。凯瑟琳·德·美第奇渴望得到加斯帕尔·德·科利尼的帮助，以消除胡安娜三世的顾忌。听取加斯帕尔·德·科利尼的建议后，凯瑟琳·德·美第奇便与奥兰治亲王威廉和英格兰人进行谈判,并受到热烈欢迎。奥兰治亲王威廉早就意识到尼德兰对西班牙的反抗如果仅仅依靠宗教是不可能成功的。新教徒太分散,无法凝聚力量。他唯一的机会是与外国势力联合起来,发动一场针对西班牙暴政的战争。因此,拿骚的路易被派去谈判。谈判涉及与法兰西王国、英格兰王国和神圣罗马帝国的联盟及如何瓜分尼德兰。为了实现目标,奥兰治亲王威廉找到了伊丽莎白女王,但此时伊丽莎白女王正与腓力二世就西班牙所属的南美洲北部海岸的"海盗私掠"问题发生争执,并对腓力二世1571年支持刺杀自己的"里多尔菲阴谋"感到愤怒。一看到安特卫普和斯凯尔特河流域会落入西班牙人手中,伊丽莎白女王本能地表示反对。有人建议伊丽莎白女王与安茹公爵亨利结婚,并拥戴安茹公爵亨利为尼德兰君主。对于这一建议,伊丽莎白女王似乎更赞成,甚至向在法兰西的密探弗朗西斯·沃尔辛厄姆打听安茹公爵亨利的长相。1572年1月,谈判实际已经破裂。因为受到吉斯家族的影响,安茹公爵亨利想牵手苏格兰玛丽女王,苏格兰玛丽女王才是他眼中"真正合法的英格兰女王"。但即便在此时,有人建议伊丽莎白女王嫁给安茹公爵亨利的弟弟阿朗松公爵弗朗索瓦。伊丽莎白女王对这个提议持保留意见,多半是为了争取时间。谈判一直持续到圣巴塞罗缪大屠杀发生。

当伊丽莎白女王正在调整策略时,事态很快发生了变化。1572年4月1日,伊丽莎白女王下令将弗拉芒难民威廉二世·德·拉·马克连人带船一并驱逐出多佛。这表明伊丽莎白女王还没有打算与腓力二世公开断绝关系。威廉二世·德·拉·马克便率众围攻布里耶和弗拉兴,荷兰和西兰的新教徒也跟着起事。1572年5月,在查理九世的默许下,拿骚的路易组建了一支主要由胡格诺派教徒组成的部队,占领了海诺特首府蒙斯。伊丽莎白女王也不甘示弱,允许英格兰志愿者增援弗拉兴。这时,加斯帕尔·德·科利尼的梦想似乎有可能实现,查理九世也似乎要对西班牙宣战了。

不幸的是,在此期间,凯瑟琳·德·美第奇的担忧增加了。因为害怕吉斯家族,凯瑟琳·德·美第奇同意了《圣杰曼条约》,而加斯帕尔·德·科利尼的权势现在更令人恐惧。据传言,加斯帕尔·德·科利尼曾建议查理九世摆脱母亲的控制,成为真正的国王。因此,凯瑟琳·德·美第奇总是难以释怀,决意除掉胡格诺派的领导人,尤其是加斯帕尔·德·科利尼。具体行动日期已无法考证,但有证据表明,早在1572年2月,计划就已付诸实施。即使那样,如果尼德兰革命取得彻底成功,查理九世或许会下决心对西班牙宣战,伊丽莎白女王或许会消除疑虑,一些信奉新教的德意志诸侯或许会加入反西班牙同盟。

对凯瑟琳·德·美第奇来说,加斯帕尔·德·科利尼的势力过度强大了。像以往一样,凯瑟琳·德·美第奇可能会屈服于既成事实,希望威廉·塞西尔和弗朗西斯·沃尔辛厄姆在阿尔卑斯山脉和比利牛斯山脉击退天主教军队。不幸的是,新教领袖弗朗索瓦·德·拉·努伊被赶出了瓦朗谢讷。1572年7月14日,让

弗朗索瓦·德·拉·努伊

利斯伯爵指挥的一支法兰西分遣队在试图解蒙斯之围时，被阿尔瓦公爵费尔南多·阿尔瓦雷斯·德·托莱多之子弗德里克·阿尔瓦雷斯·德·托莱多率部击溃，让利斯伯爵被俘。

凯瑟琳·德·美第奇现在已经腾出手来和安茹公爵亨利、亨利一世·德·洛林一起策划暗杀加斯帕尔·德·科利尼了。暗杀计划在纳瓦拉的亨利和瓦卢瓦的玛格丽特举行婚礼的庆祝活动中进行。如果暗杀成功，凯瑟琳·德·美第奇会不会满意，或者是否希望暗杀会迫使新教徒起义，从而给天主教教徒一个继续镇压的借口，一切都不得而知。最终，刺杀没有成功，加斯帕尔·德·科利尼带伤而逃。在此情形下，凯瑟琳·德·美第奇只能铤而走险。

在安茹公爵亨利、大臣米歇尔·利霍皮特的接班人米兰人勒内·德·比尔格和其他人陪同下，王太后凯瑟琳·德·美第奇见了查理九世。在威逼利诱之

勒内·德·比尔格

下,查理九世最后被说服。查理九世说:"上帝已死。既然你们坚持海军上将加斯帕尔·德·科利尼必须死,我同意,但法兰西每个胡格诺派教徒都必须和他一起死,一个也不能留。这样以后就没有人能以他的死来责备我。你们想做什么就做什么,但务必速战速决。"征得国王查理九世的同意后,凯瑟琳·德·美第奇、安茹公爵亨利、亨利一世·德·吉斯和巴黎商业主管沙朗迅速制订了屠杀计划。即使在此时,屠杀是否打算面对更多新教领导人也值得怀疑。但一旦命令下达,巴黎狂热的暴徒就无法被控制。1572年8月24日星期日上午,大屠杀开始了,随后在各省展开。

这似乎是酿成悲剧的真实原因,有些人认为早在签订《圣杰曼条约》时,预谋就已经有了。然而,所有直接证据都被销毁,真相因党派偏见而被大肆扭曲,已经无法确定。受害者的人数说法不一,最低估算,在巴黎被屠杀的不少于一千人,其他地方不少于一万人。在受害者中,除了加斯帕尔·德·科利尼,还有他的女婿夏尔·德·泰利里尼、普瓦图贵族弗朗索瓦三世·德·拉·罗什福科。纳瓦拉的亨利和孔代亲王亨利一世·德·波旁幸免于难,但被迫放弃新教信仰,受到凯瑟琳·德·美第奇和吉斯家族的严密监视。至于今后的政策,法兰西宫廷没有做出决定。据说,凯瑟琳·德·美第奇曾希望,如果能把责任推给吉斯家族,胡格诺派就会武力攻击吉斯家族,随后双方会开战,从而削弱两派势力。查理九世也就有理由进行干预,从而恢复秩序。"鹬蚌相争,渔翁得利。"这样一来,凯瑟琳·德·美第奇的宝贝儿子,安茹公爵亨利就不会有危险的对手了。因此,查理九世起初宣布,屠杀事件是吉斯家族和胡格诺派长期争吵的结果,而政府已经尽了最大努力来控制局面。

由于吉斯家族不愿承担责任,查理九世改口,宣布胡格诺派一直在密谋反对王室,以此作为定罪依据,并极其卑劣地敦促阿尔瓦公爵费尔南多·阿尔瓦雷斯·德·托莱多处死在蒙斯抓获的所有胡格诺派囚犯。同时,凯瑟琳·德·美第奇把屠杀看作国内事件,希望不要因此疏远国外的新教徒。加斯帕尔·德·科利尼已死,凯瑟琳·德·美第奇自然不愿意继续实行加斯帕

加斯帕尔·德·科利尼被刺杀

尔·德·科利尼的政策。她现在最想做的事，是让儿子安茹公爵亨利入主波兰。由于雅盖隆王朝最后一位世袭国王西吉斯蒙德二世驾崩，波兰王位一直空缺。因此，凯瑟琳·德·美第奇宣布继续执行《安博瓦茨和约》，并与新教势力谈判。这项政策取得了一定的成效。

欧洲各国统治者凭着个人情感时而欢喜，时而忧愁，但都从自身利益出发，谨慎行事。腓力二世起初兴高采烈，认为圣巴塞罗缪大屠杀标志着法兰西与尼德兰同盟的终结。然而，阿尔瓦公爵费尔南多·阿尔瓦雷斯·德·托莱多告诫腓力二世，打败胡格诺派将大大增强法兰西王室的力量。

西吉斯蒙德二世

凯瑟琳·德·美第奇举办舞会,庆祝安茹公爵亨利当选波兰国王

伊丽莎白女王对此表示厌恶,却无力与法兰西争吵。奥兰治亲王威廉一直寄希望于法兰西王国的援助,尤其是在1572年9月19日蒙斯沦陷后。神圣罗马帝国的新教诸侯们起初表现出极大的愤慨,但对安茹公爵亨利取得波兰国王候选资格无动于衷。1573年5月9日,安茹公爵亨利当选为波兰国王。

在法兰西,凯瑟琳·德·美第奇执政并不成功,正如马克西米利安·德·贝蒂讷说的那样,"二十六年时间里,法兰西王国一直遭受着灾难、杀戮和恐怖,在为圣巴塞罗缪大屠杀赎罪"。

一听到圣巴塞罗缪大屠杀的消息,幸存者纷纷拿起武器,但力量薄弱,无法在战场上与敌人周旋。抵抗只限于少数几个城市,其中最重要的是法兰西南

围攻拉罗谢尔

部的尼姆和蒙托邦,西部的桑塞尔和拉罗谢尔。政府试图将这些地区降服,却无功而返。围攻拉罗谢尔损失了大约两万人,包括三百多名高级军官。桑塞尔被围后几乎陷入绝境,最后猫、老鼠甚至是狗都被吃光了,在让·德·莱里的描述中,狗肉在被围困者眼里相当可口。

1573年6月24日,法兰西政府对成功感到绝望,不愿见到波兰大使因围攻一个新教徒控制的城镇而烦扰波兰新国王、统率法军的安茹公爵亨利,便缔结了《拉罗谢尔条约》。根据《拉罗谢尔条约》,法兰西各地的胡格诺派教徒都得到信教自由,并有权在拉罗谢尔、尼姆和蒙托邦等地从事宗教活动。在波兰大使的调解下,桑塞尔被允许列入《拉罗谢尔条约》,但《拉罗谢尔条约》没能持久实施。

政府的诚意值得怀疑,同时,胡格诺教徒也不太可能同意放弃礼拜的权利。除此之外,政府里自称"和平的天主教教徒"的天主教温和派正在崛起。

这个诞生于内战的恐惧和困顿的派别，急于在相互包容的基础上实现和平，其领导人是安内·德·蒙莫朗西的两个儿子巴黎总督弗朗索瓦·德·蒙莫朗西与郎格多克总督亨利一世·德·蒙莫朗西。从父辈那里，他们继承了对吉斯家族的忌妒。然而，他们对新教的宽容则是父辈不能接受的。在南方，天主教温和派力量最强。这里的天主教和新教两种信仰的拥护者势均力敌，斗争也最激烈。整体而言，天主教温和派原则性不强。出于对宗教愤世嫉俗的冷漠，而不是维护宽容价值的信念，同时在一定程度上受到野心或个人动机的影响，天主教温

亨利一世·德·蒙莫朗西

和派采纳了米歇尔·利霍皮特的观点。的确,圣巴塞罗缪大屠杀后,整个法兰西王国的国民素质普遍下降了。

与温和派天主教关系密切的纳瓦拉的亨利和孔代亲王亨利一世·德·波旁被迫放弃自己的胡格诺派信仰,实际上成为王室的囚徒。查理九世的弟弟阿朗松公爵弗朗索瓦私欲膨胀,支持胡格诺派,希望在查理九世死后获得王位。此时,胡格诺派观点处于完全转变的过程中,这与大屠杀的结果有一定的关系。一直以来,胡格诺派一直被大大小小的贵族掌控,赋予宗教改革以封建色彩,但宣称不反对王权,而是为了驱逐不受欢迎的外国神父。第三等级的卑微身份限制了他们参与三级会议的诉求。现在,许多贵族倒下了,许多人放弃了信仰,资产阶级和神父的重要性随之增加。在资产阶级和神父的影响下,共和思想变得更加突出,而以较小的地方贵族作为代表的封建势力,则加强了分裂主义倾向。随着这一变化,许多政治小册子出现了,其中最引人注目的是弗朗索瓦·霍特曼的《法兰克-高卢》,以及来自朗格特的《论反抗暴君的自由》。该书或出自纳瓦拉的亨利的忠实顾问菲利普·德·莫奈之手。

《法兰克-高卢》采用史学方法,断言是条顿民族把法兰西从罗马的暴政中拯救出来,复兴了高卢人的自由制度,并建立了民选的君主制。这种君主制从人民中产生,并为人民服务,最终主权属于人民。自由制度的衰落始于卡佩王朝,它否定了三级会议,实行国王和"最高法院"的专制统治。作者继续引用法兰西历史,说明女性当政的可怕后果,并认为这是女性被排除在王位之外的原因,而不是由于任何与自由选举的原始权利冲突的基本法律,如《萨利克继承法》。

《论反抗暴君的自由》的作者采用了相反的方法,试图通过演绎的论证方式来证明观点。国王和人民都与上帝订立了契约:国王要好好管理国家,人民要在他做不好时废黜他。因此,抵抗暴君是一项义务。然而,抵抗权不属于个人,除非是针对入侵者、篡权者或妇女统治,即使是这样,企图夺取国家政权也是违法的,因为超越了法律的授权。在其他情况下,执政官作为个体的代表,

弗朗索瓦·霍特曼

菲利普·德·莫奈

有权审判违反契约的行为。因此,《论反抗暴君的自由》虽然明确提出了抵抗的观点,但抵抗必须来自当局的授权,论著的作者反对任何形式的极端观点。

胡格诺派教徒没有止步于理论上的构想。1573年8月24日,圣巴塞罗缪大屠杀周年纪念之际,朗格多克和上吉耶纳的新教徒分别组建了两个共和制政府,每一个共和制政府又分为设有小型审议委员会的教区,各教区将派代表到位于尼姆和蒙托邦的中央权力委员会。中央权力委员会与通过选举产生的省长一起有权募兵,并对新教徒和天主教教徒征税。这种共和政体把长老会关于教会政体的思想运用于世俗政治,并将推广到新教徒获胜的法兰西所有地方。在南方正式成立政府机构后,胡格诺派便向查理九世递交了一份请愿书,要求查理九世允许胡格诺派在法兰西全境享有传教和礼拜的自由,并在每个省割让两座要塞,作为胡格诺教派的安全保证。与此同时,政治人士发表了一份要求宗教宽容的宣言,凯瑟琳·德·美第奇却说:"孔代亲王路易一世·德·波旁如果还活着,并控制着巴黎,就不会提出这么多要求。"

1574年2月,法兰西第五次内战爆发。纳瓦拉的亨利和阿朗松公爵弗朗索瓦试图从圣日耳曼逃跑,没有成功,导致天主教温和派领导人弗朗索瓦·德·蒙莫朗西和夏尔二世·德·科塞被监禁。孔代亲王亨利一世·德·波旁幸运地逃掉了,与神圣罗马帝国诸侯谈判、寻求帮助。

1574年3月30日,不幸的国王查理九世突然驾崩,由于对大屠杀的极度恐惧,查理九世一直被悔恨折磨,悔恨不该在那个邪恶的时刻允许大屠杀。

第22章
法兰西第六次、第七次与第八次内战

精彩看点

安茹公爵亨利离开波兰回到法兰西——《蒙斯埃尔和约》——亨利三世试图利用三级会议——法兰西第六次内战——《贝日拉克条约》——法兰西第七次内战——安茹公爵弗郎索瓦接受尼德兰君主权——远征亚速尔群岛——尼德兰君主权赋予亨利三世——《茹安维尔条约》——教皇西克斯图斯五世将纳瓦拉的亨利逐出教会——胡格诺派和天主教处境的改变——法兰西第八次内战——康特拉战役——亨利一世·德·洛林被暗杀——凯瑟琳·德·美第奇去世与亨利三世遇刺

查理九世的驾崩给安茹公爵亨利离开波兰提供了借口，因为他在波兰已经不受欢迎。然而，安茹公爵亨利似乎并不急于回到法兰西。他的母亲凯瑟琳·德·美第奇告诫他绕开德意志北部，因为"德意志诸侯与法兰西的恩怨太多"。于是，他便取道奥地利和意大利。在威尼斯，安茹公爵亨利沉迷于花天酒地，浪费了两个月的时间。据说，在威尼斯的放荡毁了他一生。1574年9月，安茹公爵亨利一到法兰西，就继位为王，史称"亨利三世"。曾经有一段时间，他倾向于实行宗教和解政策。但母亲凯瑟琳·德·美第奇认为自己最心爱的儿子应该是"战争之王"，如果儿子战胜了胡格诺派，那么影响力必然会超乎一切。于是，她期待天主教在雅尔纳克战役和蒙孔图战役大败胡格诺派的胜利重现。很快，亨利三世宣布承认传教自由，但不容忍宗教行为偏离天主教教义，当城市秩序恢复后，将举行和谈。

于是，战争就这样拖延了下来，任何重大事件都没有发生。不久，亨利三世开始渴望和平，以便能放心地寻欢作乐。1574年12月，南方的胡格诺派与天主教温和派结成了同盟，这使叛军得以找到立足点。1575年9月，阿朗松公爵弗朗索瓦加入同盟，1575年2月，纳瓦拉的亨利成功地摆脱了王室的控制。同时，巴拉丁选帝侯腓特烈三世的儿子约翰·卡西米尔，梦想着在欧洲领导一个激进的信奉加尔文派的政治集团，便入侵了法兰西，洗劫了勃艮第和波旁。1576年3月，他在索兹与阿朗松公爵弗朗索瓦会合。

1576年5月，弗朗索瓦·德·蒙莫朗西被亨利三世释放。经过弗朗索瓦·德·蒙莫朗西的努力，《蒙斯埃尔和约》签订了。胡格诺派获得了迄今为止最好的优惠条件。胡格诺派教徒被允许在任何喜欢的地方——包括获得领主许可的任何领地——做礼拜，除了天主教控制下的巴黎。凡是涉及新教徒的案件，都由"最高法院"的合议庭审判，也就是说，由同等数量的两派法官组成的法庭审判。三级会议将在布洛瓦召开，允许胡格诺派教徒占据八个城市以保证《蒙斯埃尔和约》的顺利履行。亨利三世将接管贝里公爵领地、都兰公爵领地和安茹公爵领地。纳瓦拉的亨利被授予吉耶纳总督一职，孔代亲王亨利一世·德·波旁则担任皮卡第总督，定居佩罗讷。最后一个让步是重要的，因为皮卡第人一直非常同情天主教教徒，并致力于离间胡格诺派教徒与尼德兰新教盟友的关系。法兰西天主教徒对《蒙斯埃尔和约》的强烈愤慨，引发了一场反对王室的骚乱。

　　成立"更好的天主教"同盟的想法并不是什么新鲜事。1563年，《安博瓦茨和约》颁布后不久，陆续出现了好几个天主教同盟，比如勃艮第的"圣灵兄弟会"，尚帕涅的"基督教和王室同盟"。随着圣巴塞罗缪大屠杀的发生，这些同盟一度被冷落，但此时将以更大规模复兴。第一个新出现的天主教同盟是"佩罗讷天主教同盟"，由佩罗讷原省长尤米耶尔组建。尤米耶尔曾经拒绝将要塞让给孔代亲王亨利一世·德·波旁（1576年）。这个例子很快就被效仿，并形成了与南方胡格诺派抗衡的天主教同盟。天主教同盟是一种军事同盟，目标是保护罗马天主教教徒和罗马天主教教会，促使亨利三世的臣民服从君主的命令，并维护亨利三世的"瓦卢瓦王朝的利益"，执行即将举行的三级会议的决议，恢复法兰克王国奠基人克洛维一世时代的信仰自由。

　　在天主教同盟的宣言中，吉斯家族的政策有了新的转变。迄今为止，吉斯家族曾试图确保作为王室第一大臣的权力，并支持专制统治，但亨利三世希望摆脱吉斯家族的束缚，并已经开始借助男宠。随着叔叔夏尔·德·洛林1574年去世，亨利一世·德·洛林成了吉斯家族的领袖，拥有与王室抗衡的实力，甚至开始梦想有一天获得王位。由于《蒙斯埃尔和约》的签订，亨利三世不受民众欢迎。许多天主教贵族加入了天主教温和派。吉斯家族在没有与上层贵族完全断绝关系的情况下，开始在较低阶层寻求支持。

吉斯家族政策的变化不仅体现在天主教同盟的条款上，而且体现在当时发行的天主教小册子中。这些小册子开始借用《法兰克-高卢》和胡格诺派其他著作中受大众欢迎的教义。吉斯家族认为《萨利克继承法》不适用于法兰西，声称洛林家族优于波旁家族，甚至优于瓦卢瓦家族，因为洛林家族的后裔可以通过女性追溯到神圣罗马帝国的奠基人查理曼大帝。面对事态的新发展，亨利三世在一段时间内奉行摇摆不定的政策。起初，他禁止一切天主教同盟，后来放弃了这一想法，并试图利用天主教同盟影响在布洛瓦召开的三级会议选举，希望在获得多数天主教教徒的帮助下，打败吉斯家族和胡格诺派。然而，亨利三世只取得了部分成功。事实上，面对天主教同盟的阴谋，胡格诺派对成功感到绝望，甚至拒绝从自己控制的地区派出代表，而天主教徒发现在三级会议中占多数，便要求在法兰西只实行一种宗教。然而，三级会议对持续进行的战争非常反感，便拒绝提供必要的物资供应，进而提出政治要求。亨利三世非常扫兴，急切地想远离三级会议（1577年3月）。

在此期间爆发的战争中，亨利三世略占上风。已经放弃胡格诺派教义的阿朗松公爵弗朗索瓦接管了王室军队。贵族的偏见、天主教温和派对宗教的漠不关心与共和派、加尔文派市民真挚、热情的态度格格不入。由于哥哥弗朗索瓦·德·蒙莫朗西的去世，亨利一世·德·蒙莫朗西现在成了蒙莫朗西公爵和法兰西元帅，很快抛弃了天主教同盟，与王室达成了和解（1577年5月）。在这种情况下，胡格诺派失去了有力支持。1577年5月，卢瓦尔河上的拉沙里泰陷落。1577年8月，布鲁阿日——重要性仅次于拉罗谢尔的地方——陷落。1577年9月17日，由于天主教教徒缺乏团结，加上极度厌倦战争，胡格诺派获得了签署《贝日拉克条约》的机会。

根据《贝日拉克条约》，胡格诺派的礼拜权仅限于贵族领地，每逢礼拜日

孔代亲王亨利一世·德·波旁

可以在所有城市礼拜,其他时间只能在司法管辖区内的一座城市或其郊区礼拜,但巴黎除外。合议庭也只在南方地区的四个"最高法院"内设立,这里的胡格诺派势力最强大。胡格诺派仍然拥有八个城市六年的控制权。孔代亲王亨利一世·德·波旁定居圣让当热利而不是佩罗讷。亨利三世很可能真诚地希望维持《贝日拉克条约》,因为如果可能,他急切地想摆脱吉斯家族的控制,从而稳定局面。然而,各省总督不服从王室、民众的宗教狂热及法庭根深蒂固的恶习,导致违反条约的行为频频发生。

1580年,一场"情人之战"爆发了。法王亨利三世和纳瓦拉的亨利就瓦卢瓦的玛格丽特的嫁妆问题发生了争吵,从而引发了战争。值得注意的是,新教的重要领袖弗朗索瓦·德·拉·努伊反对战争,于是,拉罗谢尔和南方城镇都没有参战。最后,这场战争以在佩里戈尔签署《勒夫莱和约》(1580年11月26日)而告终。《勒夫莱和约》继续确认《贝日拉克条约》有效,从而结束了第七次内战。

《勒夫莱和约》签订后的五年时间相对平静。这时,法兰西王国已经处于政权崩溃的边缘,各阶层士气极端低落。虽然宗教狂热分子仍然存在,但他们的追随者越来越少,大部分人,正如一名称职的观察员说的那样,"人们既不是为了信仰,也不是为了基督,而是为了权力而战斗"。在大贵族中,吉斯家族觊觎王权。其他人像亨利·德·蒙莫朗西和默克尔公爵菲利普·伊曼纽尔·德·洛

默克尔公爵菲利普·伊曼纽尔·德·洛林

林一样在担任总督的省份搞独立。小贵族们也玩着同样的游戏，虽然规模不那么大，但在某些情况下会沦为强盗。而更多的人，无论身份贵贱，往往是出于某种可耻的阴谋，在决斗和暗杀中消磨时光。甚至连女人也用匕首把自己从讨厌的情人手中解救出来，或者因不忠而伺机复仇。上层阶级由于野心和恶习扰乱了国家体制，下层阶级则发泄对社会的不满，撕裂着社会。在这群愤怒的暴徒面前，在政治的、社会的和宗教的无政府状态之下，为首的是一位犹豫不决、阳刚气质不足的国王和一位风韵犹存的王太后。

亨利三世早年就表现出一些与众不同的特点。与查理九世或阿朗松公爵弗朗索瓦相比，亨利三世更有能力，并在雅尔纳克战役和蒙孔图战役中表现很出色。然而，亨利三世天生的才能却毁于奢侈而放荡的生活作风。自即位以来，亨利三世的生活越来越糜烂。他把自己打扮得更像一个女人，而不是一个男人，身边总是围着一群男宠。他们个个牵着狗。亨利三世试图用荒谬的忏悔

亨利三世奢华的宫廷舞会

安内·德·约亚斯

和迷信来消除放荡生活的单调乏味,但适得其反。毫无疑问,培养新的势力来压制贵族的野心,这种想法并不完全愚蠢。其中一些人颇受欢迎,例如埃佩农公爵让·路易·德·诺加雷、安内·德·约亚斯和阿曼德·德·贡托都是有能力的人。但其他人,如维利奎尔和德奥,只会让王室蒙羞。所有人都心怀肮脏和可耻的动机。亨利三世的身边是王太后凯瑟琳·德·美第奇。她正在迅速衰老,但仍然对权力感兴趣。她玩弄权术,从而驾驭对手。显然,直到堕落的瓦卢瓦王朝退出历史舞台,法兰西王国才有希望。维护国内和平的唯一机会依赖于一种强有力的外交政策。它足以引起整个骚动民族的关注,并使国王成为民族团结的核心。

1580年9月，尼德兰请求安茹公爵弗郎索瓦接受君主权，这为凯瑟琳·德·美第奇提供了一个绝好的机会。此时，凯瑟琳·德·美第奇对西班牙国王腓力二世占领葡萄牙非常愤怒，便接受了尼德兰的提议。亨利三世本人也赞成。伊丽莎白女王也对安茹公爵弗郎索瓦的求婚感到满意。1582年2月，尼德兰的君主权终于授予了安茹公爵弗郎索瓦。

1582年6月，凯瑟琳·德·美第奇派军远征亚速尔群岛，以支持葡萄牙王位合法继承人安东尼奥。奥兰治亲王威廉一心希望法兰西能够继续推行加斯帕尔·德·科利尼的政策，并与信奉新教的伊丽莎白女王结盟，一起讨论如何对付天主教。然而，奥兰治亲王威廉的希望没有实现。亨利三世没有为如此大胆的行动做好准备，而且对奥兰治亲王威廉也是心怀忌妒。伊丽莎白女王则一直策划着阻止尼德兰并入法兰西王国，如果可能的话，让法兰西王国和腓力二世纠缠在一起，至于婚姻，伊丽莎白女王并不想真正和安茹公爵弗郎索瓦·德·瓦卢瓦结婚。

前往亚速尔群岛的远征军及1583年6月派出的另一支前往亚速尔群岛的军队被由尚塔-克鲁兹侯爵阿尔瓦罗·德·巴赞率领的西班牙无敌舰队摧毁。而安茹公爵弗郎索瓦对严格受限的权力感到不满，便轻率地试图通过夺取布鲁日和安特卫普以巩固自己的地位（1583年1月16日）。尝试失败后，1583年6月，安茹公爵弗郎索瓦离开尼德兰，1584年6月去世。1584年7月，奥兰治亲王威廉被巴尔塔扎尔·杰拉德刺杀。

安茹公爵弗郎索瓦之死和奥兰治亲王威廉之死导致了严重的后果。首先，它使纳瓦拉的亨利成为潜在继承人，内战的重新爆发几乎是不可避免的。其次，尼德兰的君主权将赋予亨利三世。亨利三世很有可能与新教和解，并接受尼德兰的君主授权。这一提议立刻引起了法兰西天主教教徒、吉斯家族和西班牙国王腓力二世的担忧，结果就是天主教圣神同盟的出现。

按照1576年天主教协会的模式，天主教圣神同盟在巴黎成立了。巴黎被划分为五个区，每个区由一名主席和十一位选举委员会成员组成著名的"十二

法兰西军队远征亚速尔群岛

人委员会"。委员会审议应采取的措施，并通过专门机构将委员会决定公之于众。巴黎的例子很快得到省级行政区的效仿。于是，法兰西面临一个权力集团及其附属组织暴政的威胁。该集团的权威部分依赖暴力，部分依赖神父和耶稣会传教士激起的宗教狂热。

虽然吉斯公爵亨利一世·德·洛林并不完全赞同天主教圣神同盟采用的原则，但家族利益要求他担任天主教圣神同盟领袖。这并不是吉斯家族政策的唯一重大变化。吉斯家族的名声最初是在保卫法兰西对抗西班牙斗争中建立起来的，吉斯公爵弗朗索瓦·德·洛林一直坚持反西班牙的观点。然而，西班牙国王腓力二世最不愿看到吉斯家族的亲戚信奉天主教的苏格兰女王玛丽获得英格兰王位。他甚至秘密帮助苏格兰反叛者。后来，为了防止法兰西人支持尼德兰革命或者将尼德兰并入法兰西，腓力二世改变了立场。早在1581年年底，他就与吉斯公爵亨利一世·德·洛林谈判。他假装赞成吉斯家族的计划，支持已经被伊丽莎白女王囚禁的苏格兰女王玛丽。

安茹公爵弗郎索瓦之死、亨利三世与纳瓦拉的亨利和解的危险，进一步引起了腓力二世的担忧。因此，腓力二世同意成立天主教圣神同盟。1585年1月，腓力二世与吉斯家族缔结了《茹安维尔条约》。参加天主教圣神同盟的各方有义务联合起来消灭异端，并宣布在亨利三世驾崩后，波旁枢机主教夏尔·德·波旁将成为法兰西国王。贝阿恩子爵领地和法属纳瓦拉地区将被割让给腓力二世。1585年3月，天主教圣神同盟发布了宣言，宣布恢复王室的尊严和统一，确保王室古老特权和尊贵地位，清除宫廷中的无能者，免除新税，确定天主教君主的继承权，定期召开三级会议，防止未来麻烦的出现。

同时，为了实施宣言，天主教圣神同盟控制了梅茨、图勒和凡尔登三个主教辖区，皮卡第大多数城镇和整个尚帕涅，以及勃艮第、诺曼底和布列塔尼的大部分地区。1585年6月，天主教圣神同盟向亨利三世发出最后通牒，要求撤回《容忍敕令》。这场即将拉开序幕的可怕运动揭示了三种迹象：一、天主教派决心对抗信奉新教的王位继承人纳瓦拉的亨利；二、吉斯家族忌妒亨利三世身边的男宠；三、腓力二世不仅担心自己的政策会导致法兰西与尼德兰结盟，还担心可能会导致法兰西与信奉新教的伊丽莎白女王的联盟，从而粉碎他重建个人权威和强化天主教地位的希望。

面对可怕的阴谋，亨利三世会采取什么样的行动路线还有待观察。新教皇西克斯图斯五世部完全赞成天主教神圣同盟。西克斯图斯五世说："我害怕天主教神圣同盟的深远影响。尽管国王是天主教教徒，但形势可能会逼迫他不得不向异教徒求助，从而帮助他摆脱天主教的控制。"这种结局很可能会出现。

亨利三世甚至把纳瓦拉的亨利定为自己的合法继承人，嘲笑波旁枢机主教夏尔·德·波旁是"老傻瓜"。亨利三世禁止一切联盟，甚至试图抓住在梅

西克斯图斯五世

茨的吉斯公爵亨利一世·德·洛林,但未成功,只是如此大胆的政策能否延续执行,很难断定。伊丽莎白女王尽管可能会责骂亨利三世不该屈从于国内的反叛者,但不会放弃中立立场。纳瓦拉的亨利虽然声称愿意遵从亨利三世的"指示",但拒绝宣称自己是天主教教徒。凯瑟琳·德·美第奇希望自己的女儿法兰西的克劳德和女婿洛林公爵夏尔三世能够获得王位继承权,于是劝告亨利三世,反对势力强大的天主教神圣同盟是危险的。

亨利三世听从了母亲凯瑟琳·德·美第奇的劝告。在1585年7月5日的内穆尔会议上,他接受了天主教神圣同盟的要求,从而埋下了祸根。《容忍敕令》被撤销,胡格诺派信徒中不顺从的人将被驱逐。教皇西克斯图斯五世现在已经摆脱了部分忧虑,对纳瓦拉的亨利发出了《逐出教会敕书》。

亨利三世的妥协使纳瓦拉的亨利脱颖而出。纳瓦拉的亨利已经在"情人之战"中展现了卓越的军事才能,1581年,他被任命为"教会的守护者",代表了所有不因偏执和私利而丧失爱国情怀的力量。值得注意的是,两派的处境也发生了改变。曾经用来反对胡格诺派教徒的所有指控,例如反对合法的继承人,坚持共和理念,与外国人结盟等,说不定哪天就会落在天主教徒的身上,而胡格诺派教徒也可以宣称为自己教派的合法性和国家独立而战。纳瓦拉的亨利因此得到天主教温和派和亨利·德·蒙莫朗西的支持。亨利·德·蒙莫朗西受到吉斯家族的猜忌。巴黎"最高法院"反对教皇西克斯图斯五世的《逐出教会敕书》。像以往那样,"最高法院"反对向新教礼拜权让步,但赞成传教自由,谴责教皇西克斯图斯五世对法兰西内政的干涉。因此,胡格诺派绝不是可轻视的力量。胡格诺派势力的中心位于纳瓦拉的亨利的领地内,从西班牙的边境延伸到多尔多涅,从比斯开湾延伸到郎格多克,其中包括下纳瓦拉和贝阿恩。纳瓦拉的亨利对上述地区拥有所有权,并控制着法兰西国王的七个采邑。纳瓦拉的亨利还是吉耶纳总督。虽然郎格多克由亨利·德·蒙莫朗西统治,但纳瓦拉的亨利在诺曼底和布列塔尼也不乏追随者。尽管如此,胡格诺派的处境还是令人沮丧。宗教活动现在成为凝聚胡格诺派的唯一力量,否则胡格诺派将陷入逐渐削弱的分裂境地。法兰西大部分地区属于天主教派，在尼德兰，亚历山大·法尔内塞坚守着安特卫普（1585年8月），并扬言收复一切失地。亚历山大·法尔内塞在尼德兰的任务一旦完成，谁又能阻挡天主教神圣同盟和腓力二世的联合力量呢？又有多少人会变节或逃跑呢？纳瓦拉的亨利愁得连胡须都变白了。腓力二世已经梦想着推翻伊丽莎白女王，扶植苏格兰玛丽女王，并把法兰西降服在自己的盟友吉斯公爵亨利一世·德·洛林的脚下。不过，幸运的是，腓力二世像往常一样拖拖拉拉，宁愿通过外交手段、贿赂而不是用武力来解决问题。吉斯家族没有和腓力二世协调一致，亨利三世越来越对母亲凯瑟琳·德·美第奇的束缚失去耐心。鉴于上述原因，拯救法兰西王国的重担只能落在纳瓦拉的亨利身上。

亨利三世曾希望，通过战争征服支持纳瓦拉的亨利的胡格诺派教徒，同时抑制吉斯公爵亨利一世·德·洛林的野心。因此，他授予宠臣安内·德·约亚斯军事指挥权，以对抗胡格诺派教徒，而他本人则亲自率军抵抗约翰·卡西米尔派去援助新教徒的德意志骑兵。

1587年10月20日，安内·德·约亚斯被纳瓦拉的亨利击败，并在康特拉战役中被杀。巴黎狂热分子叫嚣："一个叫索尔的人杀了几千人，一个叫戴维的人杀了上万人。"此刻，腓力二世正急于阻止他人破坏无敌舰队计划。因此，他的使者贝尔纳迪诺·德·门多萨敦促吉斯公爵亨利一世·德·洛林向亨利三世施压。1588年5月12日，吉斯公爵亨利一世·德·洛林对遵守腓力二世的要求稍加犹豫后，便率部进入巴黎，挑战亨利三世的王权。

亨利三世命令瑞士雇佣军确保巴黎城中要地安全。吉斯公爵亨利一世·德·洛林设置"街垒"予以回应。此时，亨利三世发现自己已经不再是巴黎的主人，便撤退到沙特尔，再也没有回来。

亨利三世被迫向天主教神圣同盟屈服。1588年9月16日，在布洛瓦召开的三级会议上，他高价贿赂会议代表。然而，此时天主教神圣同盟态度极其强硬，亨利三世的计谋失败。于是，亨利三世转而采用懦夫常用的无赖手段，下令

康特拉战役

安内・德・约亚斯被杀

在布卢瓦暗杀了亨利一世·德·洛林（1588年12月23日）。1588年12月24日，吉斯公爵亨利一世·德·洛林的弟弟路易二世·德·洛林也被处决，波旁枢机主教夏尔·德·波旁被囚禁。亨利三世说："现在我终于是真正的国王了。"然而，这种错觉很快就被消除了，因为吉斯公爵亨利一世·德·洛林的遇刺导致天主教神圣同盟公开反抗。在索邦神学院的支持下，天主教神圣同盟宣布王位要由选举产生，当"最高法院"反对时，顽固的反对者遭到囚禁。被害的吉斯公爵亨利一世·德·洛林年龄最大的弟弟马耶讷公爵夏尔·德·洛林获得了军队指挥权，与天主教神圣同盟附属组织代表组成的、四十人参与的委员会共同管理巴黎。

亨利一世·德·洛林之死

雅克·克莱门特刺杀亨利三世后伏诛

巴黎的模式被广泛效仿，天主教神圣同盟控制了法兰西中部和南部大部分重要城镇。

与此同时，亨利三世的军队在吉耶纳的行动失败，从而失去了主导权。亨利三世终于做了四年前（1585年）应该做的事，与纳瓦拉的亨利握手言和。1589年4月30日，两个亨利之间达成了为期一年的休战协议。亨利三世答应不再迫害胡格诺派教徒，纳瓦拉的亨利则承诺对抗马耶讷公爵夏尔·德·洛林。

不久，亨利三世和纳瓦拉的亨利的军队向巴黎挺进，但前景凶多吉少。1589年7月31日，"天主教同盟"的密使雅克·克莱门特用匕首刺杀了亨利三世[①]，为吉斯公爵亨利一世·德·洛林报了仇。1589年1月5日，在瓦卢瓦王朝最后一位君主被刺仅仅几个月之前，他的母亲凯瑟琳·德·美第奇去世了。临终时，凯瑟琳·德·美第奇仍然受到波旁枢机主教夏尔·德·波旁的责备，谴责声

---

① 休战期一共延续了十年。其中，1589年的休战期为一年。——译者注

一直萦绕耳边:"如果你没有欺骗我们,用好话把我们带到布卢瓦来,那么吉斯家族的两个兄弟就不会死,而我应该是一个自由的人。"

第23章
亨利四世、法兰西第九次内战与法兰西恢复统一

精彩看点

法兰西第九次内战——阿奎斯战役与伊夫里战役——包围巴黎——亨利四世"接受指令"——亨利四世率军攻下鲁昂、进入巴黎——洛林公爵夏尔三世和吉斯公爵夏尔·德·洛林达成协议——耶稣会传教士被驱逐——马耶讷公爵夏尔·德·洛林被赶出勃艮第——马耶讷公爵夏尔·德·洛林归顺——奥地利的阿尔伯特攻占加来——马克西米利安·德·贝蒂讷的金融改革——波尔图·卡瑞奥占领亚眠——亨利四世收复亚眠——腓力二世同意休战——默克尔公爵菲利普·伊曼纽尔·德·洛林投降亨利三世遇刺后，纳瓦拉的亨利成为法兰西合法的国王，史称"亨利四世"。现在的问题是亨利四世是否会兑现承诺改信天主教。亨利四世如果宣布改信天主教，将会立刻赢得大批保守民众的支持，因为天主教神圣同盟变得越来越无政府主义。波旁枢机主教夏尔·德·洛林虽然自称为法王"查理十世"，但只是西班牙的傀儡，而西班牙已经越来越不受欢迎。然而，亨利四世一旦皈依天主教，就可能失去胡格诺派教徒的支持，不会得到天主教神圣同盟中狂热分子支持。于是，亨利四世提出，尊重天主教，同时给予胡格诺派教徒迄今为止获得的一切特权，并服从三级会议的"指令"。因此，亨利四世的行为是以政策而不是宗教信念为指导。如何理解亨利四世最喜欢的短语"接受指令"，取决于政策是否成功。

亨利四世觉得自己的力量还不足以攻占巴黎，于是决定先占领皮卡第、尚帕涅和诺曼底，而首都巴黎所需物资就靠这些地方供应。弗朗索瓦一世·德·隆格维尔被派往皮卡第，欧蒙元帅被派往尚帕涅，而亨利四世本人率军占领了诺曼底最重要的港口迪耶普。迪耶普离英格兰很近，因此很有战略价值。

马耶讷公爵夏尔·德·洛林企图率军转移，但在阿奎斯战役中大败（1589年9月21日）。1590年3月，亨利四世在德勒附近的伊夫里战役中取得了辉煌胜利。这表明亨利四世具有优势。亨利四世把一个王国的命运都押在了伊夫里战役上。当时，亨利四世部队战斗力处于劣势。他也许做了"最勇敢的蠢事"，

阿套斯战役

伊夫里战役

但至少他的勇敢赢得了同胞们的钦佩。如果亨利四世乘胜追击，巴黎可能早已被攻下，但他没有充分利用胜利的有利条件，而是采用更谨慎的政策，围攻巴黎，使巴黎得不到粮食，从而逼迫巴黎守军投降。

亨利四世占领了科贝伊、拉尼和克雷伊，控制了上塞纳河、马恩河和瓦兹河流域。1590年8月月底，巴黎陷入了困境。"除了神父布道，什么都不便宜。"即使在美酒之乡桑塞尔，狗、猫、大小老鼠也都被吃光，据说，甚至发生了吃孩子的事情，人们大声叫喊着要和平，要面包。这时，亚历山大·法尔内塞率军从尼德兰向巴黎挺进，阻止亨利四世的围攻巴黎，迫使亨利四世撤军（1590年9月10日）。

1592年，亚历山大·法尔内塞率军再次进入法兰西，把鲁昂从亨利四世手中夺了过来。1592年12月，亚历山大·法尔内塞去世，这使亨利四世终于摆脱了眼前的困境。天主教神圣同盟失去了一位无与伦比的战斗英雄。

战争拖延至今，似乎没有尽头。天主教神圣同盟面临着解散的威胁。马耶讷公爵夏尔·德·洛林受够了西班牙的指手画脚，每天都对天主教神圣同盟的

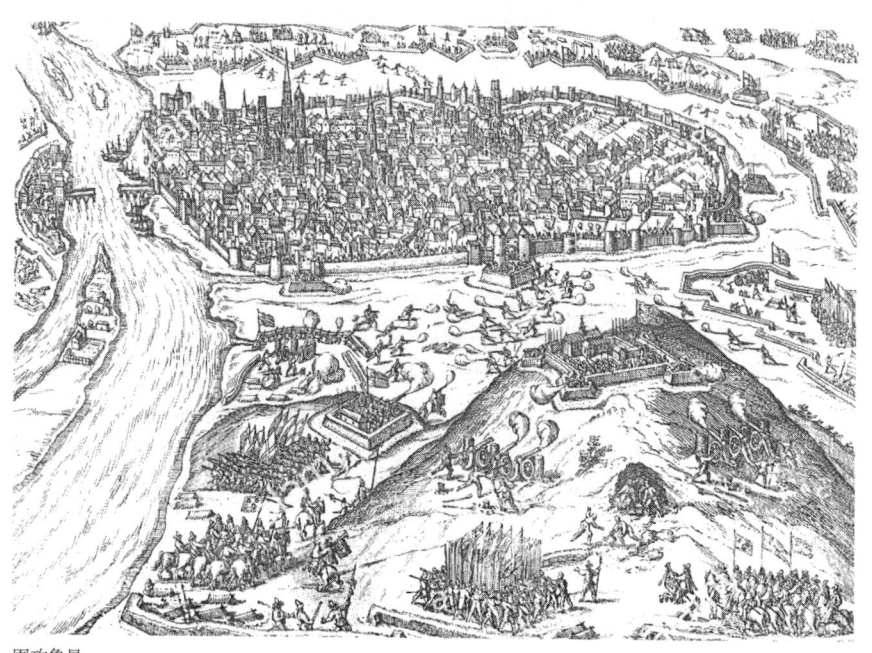

围攻鲁昂

巴纳贝·布里松

胡作非为感到厌恶。1591年11月,十六人委员会甚至胆大包天地处决"最高法院"主席巴纳贝·布里松和其他两位法官,并建立了恐怖统治。因此,马耶讷公爵夏尔·德·洛林便率军进入巴黎,逮捕并判处十六人中四人死刑,重申自己的权威。然而,狂热分子憎恨马耶讷公爵夏尔·德·洛林。除非有西班牙人的帮助,否则马耶讷公爵夏尔·德·洛林无力进行战争,而马耶讷公爵夏尔·德·洛林不希望西班牙人介入。

亨利四世越来越受欢迎了。虽然他耽于声色,缺乏真正的宗教信念,愤世嫉俗而麻木冷淡,使我们无法完全认可他是一位英雄国王,但他精力充沛,勇气非凡,坦率和蔼,具有真正的人性,加上了不起的智慧,已经赢得了同胞的喜爱。然而,亨利四世的力量还不足以平定内乱,天主教教徒也不愿意看到异教徒登上法兰西王位。于是,他企图通过《芒特宣言》(1591年7月),承认天主教为国教，来解决宗教问题，而他本人仍然是一个新教徒，结果两派都不满意。对于很多人来说，比如控制财政大权的阿曼德·德·贡托和德奥元帅，兴趣是使战争永久化，以免和平一旦恢复，他们就会坐冷板凳，或者丧失发战争财的机会。

与此同时，法兰西王国正在走向毁灭。贸易处于停滞状态。即使是爱国的贵族，无论是天主教教徒还是新教徒，由于对和平失去希望，都各自寻找出路，而法兰西的敌人却乘人之危，渔翁得利。西班牙国王腓力二世希望自己支持的人登上法兰西王位，以确保布列塔尼的安全。萨伏依公爵夏尔·伊曼

萨伏依公爵夏尔·伊曼纽尔一世

费里亚公爵洛伦佐·苏亚雷斯·德·菲格罗亚

纽尔一世正试图入侵法兰西东南边境,就连英格兰伊丽莎白女王也要求得到加来或其他一些领土作为英格兰援助法兰西的回报,尽管英格兰的援助总是吝啬的,时断时续。而在法兰西,所有尚未被腓力二世收买的温和派天主教教徒,都渴望亨利四世赶快"改宗天主教",这种热切愿望丝毫不令人惊奇。1593年春,为了解决继承人问题而召开的三级会议导致危机出现。1590年,夏尔·德·波旁去世。根据天主教的观点,王位已空缺三年。因此,腓力二世指示自己的代表费里亚公爵洛伦佐·苏亚雷斯·德·菲格罗亚建议三级会议将法兰西王位授予西班牙公主(通过母系一支代表瓦卢瓦家族)。在不违反《萨利

吉斯公爵夏尔·德·洛林

克继承法》的前提下,费里亚公爵洛伦佐·苏亚雷斯·德·菲格罗亚建议让尼德兰总督,也就是神圣罗马帝国皇帝鲁道夫二世的弟弟奥地利的恩斯特当法兰西国王候选人。如果奥地利的恩斯特落选,就应该推选年轻的吉斯公爵夏尔·德·洛林为国王,而西班牙公主则做夏尔·德·洛林的王后。如果费里亚公爵洛伦佐·苏亚雷斯·德·菲格罗亚立刻提议吉斯公爵夏尔·德·洛林为国王,他定会接受。然而,亨利四世非常幸运,因为提议将王位授予西班牙公主引起了"最高法院"和所有关心国家基本法的人的愤慨,这些人没有完全被西班牙收买。

亨利四世认为拖延是危险的,便接受了三级会议与他在叙雷纳举行会谈的代表的提议,并承诺在两个月内"接受指令",但同时通过占领德勒加强自己的地位。1593年7月23日,亨利四世承认天主教是国教,承诺自己会皈依天主教。1593年2月27日,在夏特尔大教堂,亨利四世举行了顺应民意的加冕仪式,而本应举行加冕仪式的兰斯大教堂仍然被"天主教同盟"控制。

要理解亨利四世"皈依"天主教的原因,必须记住的是,虽然亨利四世绝不是一个无宗教信仰的人,但他对天主教和加尔文派的相对优点都没有强烈的信念,从而在宗教信仰上没有太大的思想包袱。因此,对宗教问题的处置,他必然出于政治考量。即使亨利四世确信胡格诺派信仰具有优越性,他仍有责任考虑实行什么样的政策。有人说,任何处于亨利四世境遇的人,都有可能接受天主教为国教。原因有两个:第一,没有其他办法给国家带来和平;第二,在承认天主教为国教的同时,可以确保与胡格诺派彻底、永远和解。亨利四世试图用武力赢得和平,但失败了。我们还必须记住,胡格诺派教徒毕竟只代表法兰西的一小部分人,而天主教徒大部分更喜欢吉斯公爵夏尔·德·洛林和他的西班牙妻子,也就是腓力二世的长女克拉拉·尤金妮亚·伊莎贝拉,而不是信奉胡格诺派的亨利四世。很难相信如果亨利四世有意掩饰自己的宗教倾向,就能与胡格诺派达成解决问题的协议。亨利四世承认天主教为国教的危险是,这会加强教会和国家之间的亲密关系,从而把异端视为叛国。众所周知,奉行宗教宽容政策的《南特敕令》没有长久生效,最终被废除。亨利四世是否预见到了这一点,不得而知。

纳瓦拉国王终于被承认为法兰西国王。通过"皈依"天主教,亨利四世赢得了所有天主教徒的拥护,但天主教神圣同盟中的狂热分子及那些像马耶讷公爵夏尔·德·洛林、默克尔公爵菲利普·伊曼纽尔·德·洛林那样一心追求个人利益的人,不在此列。因此,亨利四世尽量不诉诸武力,对反对者长期使用收买政策。各省总督要么官复原职,要么拿钱走人,对级别较低的贵族,亨利四世用高官厚禄来笼络。他承诺免除过重的城市赋税,不让胡格诺派在城堡内随意进行礼拜活动。当然,这些政策的明智性和必要性一直颇受争议,同时带来不少恶果：贵族独立、政府官员贪赃枉法、财政超支严重，这些早已超出亨利四世的设想。尽管如此，总的来说，亨利四世的政策还是有成效的。

1594年3月17日，鲁昂投降，亨利四世确保了诺曼底的安全。1594年3月21日，被马耶讷公爵夏尔·德·洛林任命为巴黎总督的布里萨克公爵夏尔二世·德·科塞接受了亨利四世的提议，打开了城门。亨利四世接管了巴黎。马耶讷公爵夏尔·德·洛林本人早已离开，西班牙军队被迫撤离，同时撤离的有约大六十名著名的天主教神圣同盟成员。最后，亨利四世成了巴黎的主人。有人对

布里萨克公爵夏尔二世·德·科塞与亨利四世的代表谈判，并接受了亨利四世代表的提议

亨利四世进入巴黎

国王亨利四世说:"恺撒的东西已经还给了恺撒。"亨利四世说:"是还给吗?不,是卖给,价钱很贵。"

  亨利四世急于保卫东部边疆,那里一直受到尼德兰的威胁。于是,他率军围攻拉昂。1594年8月2日,拉昂投降。1594年8月16日,亚眠和皮卡第的其他城镇也归附了。1595年春,亨利四世成功地调解了洛林公爵夏尔三世和吉斯公爵夏尔·德·洛林之间的矛盾。洛林公爵夏尔三世获得图勒和凡尔登的几个城市,吉斯公爵夏尔·德·洛林用尚帕涅换取普罗旺斯。在普罗旺斯,吉斯公爵夏尔·德·洛林赶走了亨利三世以前的"心腹"埃佩农公爵让·路易·德·诺加雷。加入亨利四世阵营后,他一直欺骗吉斯公爵夏尔·德·洛林。仍然坚持不降的贵族主要是马耶讷公爵夏尔·德·洛林和默克尔公爵菲利普·伊曼纽尔·德·洛林,这两人都是吉斯家族的成员。马耶讷公爵夏尔·德·洛林和默克尔公爵菲

内穆尔公爵夏尔·伊曼纽尔

利普·伊曼纽尔·德·洛林都不愿放弃家族的野心,并希望在西班牙人的帮助下,把勃艮第和布列塔尼的总督职位变成世袭的领主制。在萨伏依公爵夏尔·伊曼纽尔一世的支持下,内穆尔公爵夏尔·伊曼纽尔开始威胁里昂周边的村落。

亨利四世与西班牙进行了一场徒劳无益的谈判。在这场谈判中,亨利四世和西班牙公主的联姻很诱人。不过,亨利四世断然决定与西班牙开战。亨利四世认为,战争可以激起全国上下一致对外的热情,所有继续反对他的人都将以叛逆罪论处。英格兰人和尼德兰人答应向亨利四世提供援助。战争爆发之前,耶稣会教士被驱逐。亨利二世把耶稣会引入法兰西时，就招致许多反对声音："最高法院"反对耶稣会过分宣扬教皇权威至高无上，反对耶稣会教士对王室的攻击。主教们对耶稣会传教士声称摆脱主教管辖感到不满。年长的神职人员忌妒耶稣会的知名度，巴黎大学则忌妒耶稣会传教士在教育方面的成功。尽管耶稣会传教士几乎没有在天主教神圣同盟中扮演任何重要的角色，尽管事实上耶稣会传教士因反对宗教裁判所的暴政而在西班牙不受青睐，但他们还是被谴责为腓力二世的工具。耶稣会的一位传教士企图暗杀亨利四世，尽管不是由耶稣会煽动，但加重了危机。1594年12月29日，耶稣会传教士被判企图颠覆教会和国家的法律、煽动叛乱和暗杀等罪行，被驱逐出法兰西。

1595年1月17日，法兰西对西班牙正式宣战。在勃艮第担任总督的阿曼德·德·贡托得到重用，把马耶讷公爵夏尔·德·洛林赶出了勃艮第。亨利四世率军前去支持阿曼德·德·贡托，抵抗卡斯蒂尔治安官费尔南·德·韦尔斯科率领的西班牙军队的进攻。在枫丹法兰西，亨利四世的军队遭到突然袭击。亨利四世侥幸逃过一劫。费尔南·德·韦尔斯科率军撤退，令马耶讷公爵夏尔·德·洛林极其恼火。亨利四世现在进入了弗朗什-孔泰，但瑞士人对亨利四世发出了警告。亨利四世不愿树敌过多，于是撤军。

的确，到处需要亨利四世。弗朗索瓦一世·德·隆格维尔在阿图瓦战役胜利后，于1595年4月去世。1595年7月24日，布伊隆公爵蒂雷纳企图解杜朗之围时，遭到富恩特斯伯爵佩德罗·恩里克兹·德·阿塞韦多指挥的西班牙军队的毁灭性打击。杜朗陷落了，富恩特斯伯爵佩德罗·恩里克兹·德·阿塞韦多又围攻康布雷。自1581年安茹公爵弗郎索瓦远征以来，康布雷就一直为法兰西人所控制。亨利四世救不了1595年10月已经投降的康布雷，于是便围攻瓦兹河上的拉费尔，拉费尔是天主教神圣同盟让给西班牙人的。围攻一直拖到冬季。在战场上，亨利四世没有取得理想的战果。

比起战果，亨利四世在外交上更加成功。1595年9月，教皇克莱门特八世终于同意接受他。1597年1月，马耶讷公爵夏尔·德·洛林与亨利四世握手言和。马

埃佩农公爵让·路易·德·诺加雷

耶讷公爵夏尔·德·洛林得到很高的回报：巨大的债务被代偿，被任命为法兰西岛总督，并得到三座要塞作为容身之地。埃佩农公爵让·路易·德·诺加雷很快就效仿马耶讷公爵夏尔·德·洛林，也得到了同样优惠的回报。亨利四世确实是在教导臣民，只有争取得到王室的恩典，才是反叛者唯一的出路。

现在，除了默克尔公爵菲利普·伊曼纽尔·德·洛林，已经没有其他重要的武装贵族了。1597年1月，吉斯公爵夏尔·德·洛林取得马赛战役的胜利，这使亨利四世不禁感慨："上帝确实眷顾法兰西。"然而，前景并不乐观。财政困难是严峻的，现在不但伊丽莎白女王不会，连尼德兰人也不会提供任何有效的帮助。胡格诺派教徒也蠢蠢欲动。他们听说亨利四世想和不忠而讨厌的妻子瓦卢瓦的玛格丽特离婚，然后想娶情妇加布里埃尔·德·埃丝特蕾，对此感到非常愤慨。胡格诺派教徒还对亨利四世迟迟不处理他们的冤情感到愤慨，而参加叛乱的天主教神圣同盟却得到了想要的一切。胡格诺派教徒甚至打算使用武力来维护自己的主张。

1596年4月，尼德兰总督奥地利的阿尔伯特率军入侵法兰西，攻占了加来，严重打击了亨利四世军队的威望。如果不是因为英格兰伊丽莎白女王要求用加来作为她出兵援助的代价，加来是可以得救的。但讨价还价耽误了时间。接下

亨利四世与情妇加布里埃尔·德·埃丝特蕾

来的一个月，亨利四世一举攻占了拉费尔，并把奥地利的阿尔伯特赶出了边境，一定程度上挽回了颜面。但亨利四世无法完全将西班牙驻军从加来或杜朗驱逐。如果这场战争继续打下去，亨利四世必须找到资金来源。为此，最近被任命为财政"监督"的马克西米利安·德·贝蒂讷引起了亨利四世的注意。

马克西米利安·德·贝蒂讷修建了新的办公室。这些办公室被卖给出价最高的投标者，从富人那里筹钱。那些从国库骗取钱财的人被迫拿出部分不义之财。马克西米利安·德·贝蒂讷力图在将来杜绝腐败行为。盐税提高了。秋季来临，贵族委员会批准亨利四世"明码抽税"，对所售商品征收百分之五的税。当马克西米利安·德·贝蒂讷在采取措施改善亨利四世的财政时，亨利四世的对手腓力二世却试图用一种更简单的方法。1596年11月20日，腓力二世公开取消了所有抵押贷款，从而得到了王室领地的税收款项。腓力二世的借口是，他为天主教事业的贡献使他变成了乞丐，而放债人却发了财。然而，这一行为引起了恐慌。商人和银行家暂停付款。西班牙的信贷受到了冲击，并且很难从这一冲击中恢复过来。

然而，亨利四世花钱一贯不顾一切，总是左手进右手出。大部分钱都被浪费在巴黎成本高昂的庆祝活动上。1597年3月11日，有消息突然传来，杜朗总督波尔图·卡瑞奥占领了重镇亚眠。亨利四世很生气："他把法兰西国王捉弄够了，该是我教训他的时候了。"于是，亨利四世立即派阿曼德·德·贡托围攻亚眠。1597年6月，亨利四世亲自率军出征，同行的有亨利一世·德·蒙莫朗西、马耶讷公爵夏尔·德·洛林和埃佩农公爵让·路易·德·诺加雷，这表明旧派系已经几乎被消灭。英格兰人和尼德兰人也根据前一年签订的盟约（1596年8月至10月）派遣了援军。1597年9月3日，波尔图·卡瑞奥去世。

这时，奥地利的阿尔伯特被腓力二世疏远了，无法筹集物资，直到1597年9月12日才能出兵救援亚眠的军队。然而，奥地利的阿尔伯特发现自己面对的是一支战斗力极强的军队，于是服输，乖乖地撤退了。1597年9月19日，亚眠终于被收复。亨利四世现在决心与西班牙进行谈判。

亨利四世亲临围攻亚眠前线

腓力二世没有拒绝亨利二世的提议。因疾病折磨，腓力二世知道自己将不久于人世。西班牙不再能承受战争的压力，腓力二世懦弱的儿子不可能在他失败的地方取得成功。腓力二世急于给自己的国家带来和平，同意休战。1598年1月，会议在韦尔万举行，最终签订了《韦尔万和约》。

　　由于西班牙撤回了援军，布列塔尼人对抵抗已感到绝望，于是抛弃了默克尔公爵菲利普·伊曼纽尔·德·洛林。1598年3月20日，默克尔公爵菲利普·伊曼纽尔·德·洛林被迫在昂热求和。默克尔公爵菲利普·伊曼纽尔·德·洛林交出布列塔尼总督一职，并把女儿嫁给亨利四世与情妇加布里埃尔·德·埃丝特蕾的私生子恺撒。他得到了一笔养老金，退出了历史舞台。一切抵抗最终结束，法兰西王国再次统一。

第24章

《韦尔万和约》签订后的欧洲

> 精彩看点

《南特敕令》——《韦尔万和约》——西班牙的衰落——腓力二世重振天主教的成功——神圣罗马帝国的混乱状态——法兰西王国的状况——王权的复兴

亨利四世现在可以解决胡格诺派的不满了。进入巴黎后，他重新颁布了《1576年敕令》，完善了《贝日拉克条约》与《勒夫莱和约》。由于亨利四世不再是胡格诺派的保护者，不允许任何其他人成为"保护者"，亨利四世就授权胡格诺派为自卫而组织联盟体系，并且已经在十个省实施。每个省都有选举产生的议会和由议会提名的十人组成的委员会。但胡格诺派并不满意，抱怨这些让步是不够的。胡格诺派教徒经常遭到冒犯，因为天主教神圣同盟所有成员，无论是贵族还是平民，都达成一致，禁止在其管辖范围内传播新教。既然如此，胡格诺派还有什么安全保障呢？难道一个如此轻易改变自己宗教信仰的国王，会关心或敢于保护其他人的宗教信仰吗？因此，胡格诺派教徒要求更正式地承认已经给予他们的权益，将"合议庭"制度扩大到法兰西所有"最高法院"内，并允许胡格诺派教徒担任所有职务。尽管严重不满可能会引发战争，但亨利四世一直拒绝满足胡格诺派的要求，直到与天主教教徒彻底和解为止。这种政策可能是危险的，也是徒劳的，因为亨利四世没有足够的力量来履行承诺。然而，现在他是法兰西真正的主人了。他既没有借口，也不想再拖延。谈判进行了一段时间，终于形成了《南特敕令》。1598年4月15日，《南特敕令》正式公布。《南特敕令》与1577年的《贝日拉克条约》一脉相承。《南特敕令》规定：允许胡格诺派教徒在所有敕令规定的城镇举行神圣的礼拜仪式，包括1596年和1597年早已举行过仪式的城镇。除此之外，每个辖区的一个城镇和新教贵族

《南特敕令》颁布

的领地也可以举行新教仪式。在这些享有特权的城镇里，胡格诺派教徒可以建立学校，出版书籍。然而，巴黎还和以前一样。在1606年之前，上述规定不适用于巴黎。1606年之后，在巴黎五英里之外的沙朗通，亨利四世将建造一座新的教堂。胡格诺派牧师可以免服兵役。亨利四世承诺每年向牧师拨付一笔年金，而新教徒则要上交十一税。巴黎、鲁昂和雷恩的"最高法院"将设立一个特别的"敕令法庭"，其中有一名信奉新教的法官，负责审理与胡格诺派教徒有关的案件。卡斯特的"合议庭"、波尔多的"合议庭"和盖普的"合议庭"将在法兰西南部行使类似的权力。最后，胡格诺派教徒被允许举行宗教会议，可以进入所有学校。所有的办事机构都向他们开放。胡格诺派教徒不会因宗教信仰而受到迫害。胡格诺派教徒将拥有八座城市的八年管辖权，同时允许天主教徒在这八座城市继续进行宗教活动。考虑到胡格诺派教徒的人数不到法兰西人口的十二分之一，因此，他们获得意想不到的有利条件。就法兰西当时的条件而言，亨利四世已经竭尽所能了。

但《南特敕令》依据的原则是完全错误的，几乎不是"宽容和解的敕令"，因为它的宽容仅仅是对加尔文派的宽容。此外，对个别贵族以及特定城镇礼拜特权的让步，往往会加剧胡格诺派的独立和被孤立，从而使封建主义离心倾向永久化。宗教战争加剧了这种倾向。这种倾向将不断给法兰西带来麻烦。只要亨利四世在位，愿意并且有能力这样做，宗教宽容政策将继续推行，同时结果令人满意，但一旦亨利四世驾崩，《南特敕令》将越来越难维持。胡格诺派教徒部分出于自卫，部分出于政治考虑，试图将那些半独立的城镇组成一个联邦。为了制止这种情况的发生，黎塞留抛弃了执行《南特敕令》的承诺。最后，面对路易十四的暴政和偏执，胡格诺派教徒束手无策。

黎塞留

平定法兰西最后的叛乱时，亨利四世与西班牙人的谈判也在进行。1598年5月2日，《韦尔万和约》签订了。西班牙撤出了所有在战争中占领的法兰西领土，康布雷除外；亨利四世收复了夏洛来。萨伏依公爵夏尔·伊曼纽尔一世交出了自己在普罗旺斯唯一领地贝尼，而有关普罗旺斯的萨卢佐侯爵领地的争议则交由教皇克莱门特八世仲裁。尼德兰人和西班牙人都没有参与和谈。尼德兰人拒绝签订任何不承认尼德兰独立的条约，而伊丽莎白女王却不愿意看到法兰西和西班牙之间的战争继续下去，甚至建议腓力二世放弃加来以换取布里耶和弗拉兴。

签订《韦尔万和约》

埃斯库里亚尔宫

《韦尔万和约》对欧洲的地缘政治几乎没有做出任何改变。它的重要性在于其对欧洲各国国情的影响。《韦尔万和约》签署几个月后，1598年9月12日，腓力二世在埃斯库里亚尔宫驾崩，享年七十二岁。埃斯库里亚尔宫是腓力二世在位时期的主要建筑物，兼有"纪念碑、修道院和陵墓"等多种功能，既宏伟又有点儿奇特。腓力二世如果明智一点，可能早已降服尼德兰，并从尼德兰的工业化中获益。

腓力二世本可以开发西班牙的资源和促进民主政治的发展，并通过与美洲的贸易而使国家富有。他本可以把枪口转向土耳其，使自己成为地中海的主人，使西班牙变得巩固和繁荣。然而，他尽管心怀宏伟计划，但竟以灾难性的失败而告终。腓力二世试图重振天主教，并在西班牙至上的基础上重建教会的团结，但最终惨败。无敌舰队的战败使英格兰摆脱了西班牙的威胁。联合起来的尼德兰实际上赢得了宗教信仰自由和政治自由，而亨利四世也在自己的国门口礼送西班牙人出境。腓力二世驾崩后，王室迅速衰落，人口减少，工业瘫痪，被迫退出欧洲舞台中心，拱手让出了霸主地位。

然而，以腓力二世为精神主导的天主教重振运动并非没有成功。如果英格兰、统一的尼德兰和斯堪的纳维亚诸国彻底清除天主教，那么西班牙和意大利的新教或许也会被彻底消灭。1587年，西吉斯蒙德三世在波兰重振天主教。

西吉斯蒙德三世

巴伐利亚公爵阿尔伯特五世

在法兰西，胡格诺派教徒获得了一定的宗教宽容，但宗教宽容不会持久，天主教最终会控制国王。在神圣罗马帝国，新教的发展从16世纪中叶就受阻了。此时，耶稣会传教士不仅在民众中进行广泛的传教和教育工作，而且对诸侯的政策产生了影响。巴伐利亚公爵阿尔伯特五世驱逐新教徒，使巴伐利亚公国成为天主教的堡垒。1576年，鲁道夫二世继承了父亲马克西米利安二世的奥地利大公之位①，掌控着奥地利的最重要领土。马克西米利安二世有路德主义倾向。

---

① 马克西米利安二世的弟弟斐迪南和查理分别接收了蒂罗尔和施第里尔，神圣罗马帝国皇帝斐迪南二世统治统治时期，蒂罗尔和施第里尔重新并入奥地利。1621年，奥地利被宣布为不可分割的整体。——原注

鲁道夫二世在母亲查理五世之女奥利地的玛丽亚影响下接受教育，后来又在西班牙宫廷继续接受教育，所以强烈地信奉天主教。鲁道夫二世驱逐了维也纳的新教传教士，奉行支持天主教的政策。天主教的发展也得益于路德派和加尔文派之间的分歧。两派分别由萨克森选帝侯和巴拉丁选帝侯领导。在这种情况下，对《奥格斯堡和约》条款的争论就必然会出现。天主教徒质疑马格德堡主教获得议会席位的权利，并于1581年剥夺了格布哈特·特鲁赫泽斯在科隆选区的选举权，因为他们都接受了新教。

格布哈特·特鲁赫泽斯

神圣罗马帝国徽章

日复一日,两派教徒之间的关系变得更加紧张。三十年的战争已经迫在眉睫,新教确实保住了自己的地位,但代价是德意志民族统一的毁灭、神圣罗马帝国独立的丧失、国家繁荣的破坏和一个多世纪人才发展的停滞。

在长达三十六年的内战中,法兰西王国遭受了重创。贸易和工业被毁,财政拮据,行政系统日益腐败。在三级会议和"最高法院"中,宪法精神遭到质疑,不时采取极端行动,对天主教神圣同盟唯命是从。内战以来,由于亨利四世采取金钱收买策略,贵族的权力和自我意识膨胀。民众对共和政体的渴望,随着加尔文派的发展逐步增强。

上述这些都是法兰西内战产生的后果。各教派不可调和的矛盾最终使王室权力和威望恢复。正因为如此,亨利四世才能给国家带来和平,从而赢得了人民的感激。亨利四世的胜利主要利用了人们对宪法失去信赖，人人之间互不信任。贵族的确是危险的势力，但亨利四世成功地击败了贵族的阴谋。亨利四世能干的大臣马克西米利安·德·贝蒂讷虽然自我膨胀，但能使国家财政重整旗鼓，并采取了一些措施遏制了根深蒂固的贪婪和腐败。法兰西非凡的复兴力量都得益于亨利四世。在这个伟大国王机灵而有点愤世嫉俗的统治下，法兰西王国再次成为一流强国。如果亨利四世活得更久，或者如果他有一个能干的儿子，后来三十年战争或许不会发生，或者很快会结束，哈布斯堡家族完成可能会销声匿迹，法兰西王国可能已经获得欧洲的霸权。1610年，亨利四世遇刺身亡，这一切变成了泡影。在他死后，法兰西王国变得虚弱不堪，麻烦缠身，直到在路易十四时代，欧洲才再次受到法兰西霸权的威胁。

译名对照表

Abd-el-Melek	阿卜杜勒·马利克
Aben Aboo	阿本·阿布
Aben Farax	阿本·弗拉克斯
Aben-Humeya	阿本·胡梅亚
Adrian VI	阿德里安六世
Albaicin	阿尔拜辛
Albert of Austria	奥地利的阿尔伯特
Albert V	阿尔伯特五世
Alcantara	阿尔坎塔拉
Alexander Farnese	亚历山大·法尔内塞
Alexander VI	亚历山大六世
Alkmaar	阿尔克马尔
Almeria	阿尔梅里亚
Alonso Pérez de Guzmán	阿隆索·佩雷斯·德·古兹曼
Alost	阿洛斯特
Alpujarras	阿勒普耶罗斯
Alvaro de Bazán	阿尔瓦罗·德·巴赞
Amboise Conspiracy	安博瓦兹阴谋
Amsterdam	阿姆斯特丹
Ana de Mendoza	安娜·德·门多萨
Anabaptists	再洗礼派

Andalusia	安达鲁西亚
Angers	昂热
Anjou	安茹
Anna of Austria	奥地利的安娜
Anna of Saxony	萨克森的安娜
Anna van Egmont	安娜·范·埃格蒙特
Anne de Bourg	安尼·德·布尔格
Anne de Joyeuse	安内·德·约亚斯
Anne de Montmorency	安内·德·蒙莫朗西
Anne of Austria	奥地利的安妮
Anthony van Stralen	安东尼·范·斯特兰
Antonio Perez	安东尼奥·佩雷斯
Antony de Bourbons	安托万·德·波旁
Antwerp the cathedral	安特卫普大教堂
Apologia	《辩解书》
Apology	《申辩》
Archbishop of Mechlin	梅克林大主教
Archduke Mathias	马蒂亚斯大公
Archduke Philip	腓力大公
Arias	阿里亚斯
Armada	无敌舰队
Armand de Gontaut	阿曼德·德·贡托
Arnay Le Due	艾涅勒迪克
Artois	阿拉斯
Aumale	欧马勒
Austruweel	奥斯特劳威尔
Axel	阿克塞尔
Azores	亚速尔群岛
Babington Plot	巴宾顿阴谋
Balthasar Gérard	巴尔塔扎尔·杰拉德
Barbary	巴巴里

Barnabé Brisson	巴纳贝·布里松
Baron of Montigny	蒙蒂尼男爵
Bartolomé Carranza	巴托洛梅·卡兰萨
Battle of Alcazar-Kébir	凯比尔城堡战役
Battle of Arques	阿奎斯战役
Battle of Gembloux	让布卢战役
Battle of Heiligerlee	海利赫莱战役
Battle of Ivry	伊夫里战役
Battle of Jarnac	雅尔纳克战役
Battle of Jemmingen	哲明根战役
Battle of Lepanto	勒班陀战役
Battle of Middleburg	米德尔堡战役
Battle of Mookerheyde	莫克海德战役
Battle of Pamplona	潘普洛纳战役
Battle of Pavia	帕维亚战役
Battle of St.Denis	圣丹尼斯战役
Bayonne	巴约讷
Bernardino de Mendoza	贝尔纳迪诺·德·门多萨
Berre	贝尼
Besancon	贝桑松
Bishop of Magdeburg	马格德堡主教
Bishops	大主教
Bouges	布赫斯
Bourges	布尔日
Brabant	布拉班特
Breda	布雷达
Brille	布里耶
Brittany	布列塔尼
Brotherhood of Meaux	莫城兄弟会
Brouage	布鲁阿日
Bruges	布鲁日

Bull of Excommunication	《逐出教会敕书》
Buoncampagno	邦科姆帕格尼
Burgundy	勃艮第
Cadiz	加的斯
Cæsar	恺撒
Calabrian	卡拉布里亚
Calais	加来
Calatrava	卡拉特拉瓦
Cambray	康布雷
Capture of Breda	攻占布雷达
Capuchins	嘉布遣修会
Caraffa	卡拉法
Cardinal of Lorraine	洛林枢机主教
Carlo Borromeo	卡洛·博罗梅奥
Castile	卡斯蒂尔
Castle of Amboise	安博瓦兹城堡
Cathedral of Chartres	夏特尔大教堂
Cathedral of Rheims	兰斯大教堂
Catherine de Medici	凯瑟琳·德·美第奇
Catherine of Austria	奥地利的凯瑟琳
Catholic Reaction	反改革派
Central Councils	中央权力委员会
Chambre de la Tournelle	图尔内勒法庭
Chambres de l'Edit	敕令法庭
Champagne	尚帕涅
Chantilly	尚蒂伊
Charenton	沙朗通
Charles de Berlaymont	夏尔·德·伯莱蒙特
Charles de Guise	夏尔·德·吉斯
Charles de Lorraine	夏尔·德·洛林
Charles de Téligny	夏尔·德·泰利里尼

Charles Emmanuel I	夏尔·伊曼纽尔一世
Charles Howard	查尔斯·霍华德
Charles II de Cossé	夏尔二世·德·科塞
Charles III	夏尔三世
Charles IX	查理九世
Charles Willoughby	查尔斯·威洛比
Charlotte of Bourbon	波旁的夏洛特
Charolais	夏洛来
Charron	沙朗
Chinchon	钦琼
Christof	克里斯托弗
Christoval de Moura	克里斯托瓦尔·德·穆拉
Clara Eugenia Isabella	克拉拉·尤金妮亚·伊莎贝拉
Claude de Lorraine	克洛德·德·洛林
Claude of France	法兰西的克劳德
Clement VII	克莱门特七世
Clement VIII	克莱门特八世
Coeworden	库福尔登
Colloquy of Poissy	普瓦西会谈
Communion	圣餐仪式
Company of Jesus	耶稣之友
Compromise of Nobles	贵族同盟
Comte de Genlis	让利斯伯爵
Concordat of Bologna	《博洛尼亚协定》
Conference of Bayonne	巴约讷会议
Conspiracy of Meaux	莫城谋反
Constantinople	君士坦丁堡
Coqueville	科克维尔
Cordova	科尔瓦
Corfu	科孚
Corunna	科伦纳

Council of Aragon	阿拉贡议会
Council of Blood	杀戮法庭
Council of Castile	卡斯蒂尔议会
Council of Indie	印度委员会
Council of Orders	军事委员会
Council of State	国务院
Councils of Constance	康斯坦茨宗教会议
Count of Chinchon	钦琼伯爵
Count of Egmont Lamoral	埃格蒙特伯爵拉莫雷尔
Count of Genlis	让利斯伯爵
Count of Horn	霍恩伯爵
Count of Nassau-Dillenburg	拿骚－迪伦堡伯爵
Count Palatine of Simmern	巴拉丁－西摩恩伯爵
Count Renneburg	瑞纳伯格伯爵
Court of Rome	罗马法庭
Cristóbal de Mondragón	克里斯托瓦尔·德·蒙德拉贡
Cruzada	特许券
Daniel de Burgrave	丹尼尔·德·伯格雷夫
de Bours	德·布尔
Declaration of Mantes	《芒特宣言》
Decrees of Council of Trent	《特伦特宗教会议法令》
Delft	代尔夫特
Dendermonde	登德尔蒙德
Desiderius Erasmus Roterodamus	德西德里乌斯·伊拉斯谟·鹿特丹姆斯
Deventer	德文特
Diane de Poitiers	黛安娜·德·普瓦捷
Diego de Espinosa	迭戈·德·埃斯皮诺萨
Diego Deza	迭戈·德萨
Diego Fernández de Cabrera	迭戈·费尔南德斯·德·卡布雷拉
Diet of Augsburg	奥格斯堡帝国议会
Doctrine of justification	因信称义

Doesburg	杜斯堡
Dominicans	多明我会
Don Quixote	《堂吉诃德》
Dordogne	多尔多涅
Dort	多特
Douay	杜埃
Dragut	德拉特
Drenthe	德伦特
Dreux	德勒
Du Faur	杜·福尔
Duchies	公爵领地
Duck of Beja Lewis	贝加公爵刘易斯
Duiveland	杜伊韦兰岛
Duke of Aerschot	亚斯科特公爵
Duke of Alva	阿尔瓦公爵
Duke of Arenberg	阿伦贝格公爵
Duke of Aumale Claude	欧马勒公爵克洛德
Duke of Lorraine	洛林公爵
Duke of Medinaceli	梅迪纳塞利公爵
Duke of Montpensier	蒙庞西耶公爵
Duke of Norfolk	诺福克公爵
Duke of Savory	萨伏依公爵
Duke of Sesa	塞萨公爵
Duke of Zweibrücken Wolfgang	苏伊布鲁克公爵沃尔夫冈
Dukes of Burgundy	勃艮第大公们
Dutchman	荷兰人
Edict of Châteaubriant	《夏多布里昂敕令》
Edict of Longjumeau	《隆格瑞莫敕令》
Edict of Nantes	《南特敕令》
Edict of Toleration	《容忍敕令》
Edit of January	《一月敕令》

Edward Norreys	爱德华·诺里斯
El Habaquin	埃尔·哈巴金
Eleanor	埃莉诺
Elector of Bravaria	巴伐利亚选帝侯
Elector Palatine	巴拉丁选帝侯
Elisabeth of Valois	瓦卢瓦的伊丽莎白
Emanuel John	伊曼纽尔·约翰
Emanuel of Portugal	葡萄牙的伊曼纽尔
Emanuel Philibert	伊曼纽尔·菲利贝托
Embden	埃姆登
Enkhuizen	恩克赫伊森
Epistles of St. Paul	《圣保罗的使徒书简》
Ernest of Austria	奥地利的恩斯特
Escurial	埃斯库里亚尔宫
Estates of Brabant	布拉班特三级会议
Estates-General	三级会议
Estremadura	埃斯特里马杜拉
Etaples	埃塔普勒
Eure	厄尔
Excusado	什一税
Fadrique álvarez de Toledo	弗德里克·阿尔瓦雷斯·德·托莱多
Famagusta	法马古斯塔
Ferdinand I	斐迪南一世
Fernan de Velasco	费尔南·德·韦尔斯科
Fernando álvarez de Toledo	费尔南多·阿尔瓦雷斯·德·托莱多
Fernando Valdes	费尔南多·瓦尔德斯
Flamand	弗拉芒语
Flanders	佛兰德斯
Flemish	弗拉芒人
Floris van Montmorency	弗洛里斯·范·蒙莫朗西
Flushing	法拉盛

Fontainebleau	枫丹白露
Fontaine-Française	枫丹法兰西
Francesco Xavier	方济·沙勿略
Franche-Comté	弗朗什-孔泰
Francis de Enzinas	弗朗西斯·德·恩齐纳斯
Francis de Lorraine	弗朗索瓦·德·洛林
Francis Drake	弗朗西斯·德雷克
Francis II	弗朗索瓦二世
Francis Walsingham	弗朗西斯·沃尔辛厄姆
Franciscans	方济会
Francisco de Valdés	弗朗西斯科·德·瓦尔德斯
François d'Andelot de Coligny	弗朗索瓦·德安迪奥特德·科利尼
François de Bourbon	弗朗索瓦·德·波旁
François de la Noue	弗朗索瓦·德·拉·努伊
François de Montmorency	弗朗索瓦·德·蒙莫朗西
François Hotma	弗朗索瓦·霍特曼
François I de Longueville	弗朗索瓦一世·德·隆格维尔
François III de La Rochefoucauld	弗朗索瓦三世·德·拉·罗什福科
Fraternity of the Holy Ghost in Burgundy	圣灵兄弟会
Fray Bernardo de Fresneda	弗雷·伯纳多·德·弗雷斯内达
Fray Diego de Chaves	弗雷·迭戈·德·查维斯
Frederick Henry	腓特烈·亨利
Frederick III	腓特烈三世
Freibourg	弗莱堡
French court	法兰西宫廷
Friedrich von Schiller	弗里德里希·冯·席勒
Friesland	弗里斯兰
Gabriel de Lorges	加布里埃尔·德·洛雷斯
Gabrielle d' Estrées	加布里埃尔·德·埃丝特蕾
Galera	加莱拉
Galicia	加利西亚

Gallican Church	天主教会
Garcia de Toledo	加西亚·德·托莱多
Gaspard de Coligny	加斯帕尔·德·科利尼
Gebhard Truchsess	格布哈特·特鲁赫泽斯
Gemblours	让布卢
Gertruydenberg	格尔特鲁登贝格
Ghent	根特
Giovanni Morone	乔瓦尼·莫罗内
Girolamo Savonarola	季罗拉莫·萨沃纳罗拉
Godefroy de Barry	戈德弗罗伊·德·巴里
Goletta	格雷塔
Gonsalvo de Cordova	冈萨尔沃·德·科多瓦
Gonzalo Perez	贡萨洛·佩雷斯
Granada	格拉纳达
Granvella	格兰维拉
Grave	格拉夫
Great Siege of Malta	马耳他岛之围
Groningen	格罗宁根
Guards of Castile	卡斯蒂尔近卫军
Guelderland	格尔德兰
Guelders	盖尔德斯
Gueldres	吉尔德雷斯
Haarlem	哈勒姆
Hague	海牙
Hainault	海诺特
Hazienda	大总管委员会
Hendrick van Brederode	亨德里克·范·布利德罗德
Henri I de Montmorency	亨利一世·德·蒙莫朗西
Henry I	恩里克一世
Henry III	亨利三世
Henry IV	亨利四世

Henry of Nassau	拿骚的亨利
Henry of Navarre	纳瓦拉的亨利
Holland	荷兰
Holy League	神圣同盟
Hoogstraten	霍赫斯特拉滕
House of Hapsburg	哈布斯堡王朝
House of Lorraine	洛林家族
Huguenots	胡格诺派
Hulst	霍斯特
Humières	尤米耶尔
Iago Lainez	伊阿古·莱内斯
Iberian Peninsula	伊比利亚半岛
Iconoclasm	破坏圣像运动
Ignatius Loyola	依纳爵·罗耀拉
Ingelmunster	英厄尔蒙斯特
Innsbruck	因斯布鲁克
Inquisitor-General	首席审判官
Isabella Clara Eugenia	伊莎贝拉·克莱拉·尤金妮亚
Isle de France	法兰西岛
Jacob Hessels	雅各布·赫塞尔斯
Jacques Clement	雅克·克莱门特
Jacques d'Albon	雅克·德伯恩
Jacques de la Torre	雅克·德·拉·托雷
Jacques Gruet	雅克·格吕埃
Jacques Lefevre	雅克·勒费夫尔
James V	詹姆斯五世
Jan van Casembroot	扬·范·卡森布鲁特
Jean de Lery	让·德·莱里
Jean de Ligne	让·德·利涅
Jean de Lorraine	让·德·洛林
Jean de Poltrot	让·德·波特鲁克

Jean Louis de Nogaret	让·路易·德·诺加雷
Jean Parisot de Valette	让·帕里佐·德·瓦莱特
Jerbah	杰尔巴岛
Jerome de Roda	杰罗姆·德·罗达
Jerusalem	耶路撒冷
Jesuits	耶稣会
Joanna	乔安娜
Johann VI	约翰六世
John Andrew Doria	约翰·安德鲁·多利亚
John Calvin	约翰·加尔文
John Casimir	约翰·卡西米尔
John Hawkins	约翰·霍金斯
John Knox	约翰·诺克斯
John Norris	约翰·诺里斯
John of Austria	奥地利的约翰
John Van Olden Barneveld	约翰·范·奥尔登·巴内费尔特
Juan Alfonso Pérez de Guzmán	胡安·阿方索·佩雷兹·德·古兹曼
Juan de Escobedo	胡安·德·埃斯科维多
Juan de Idiaquez	胡安·德·伊迪亚克斯
Juan de la Cerda	胡安·德·拉·切尔达
Juan de Vargas	胡安·德·巴尔加斯
Justiza	正义法庭
Justiza's prison	"正义法庭"的监狱
Knights of St.John	圣约翰骑士团
La Chambre Ardente	火焰法庭
La Charité	拉沙里泰
La Fere	拉费尔
La Joyeuse Entrée	《共荣入城法案》
La Mancha	拉曼查
La Rochelle	拉罗谢尔
La Vega	拉维加

Lake of Haarlem	哈勒姆湖
Languet	朗格特
Laon	拉昂
Leclerc	勒克莱尔
Lepanto	勒班陀湾
Lewis William	刘易斯·威廉
Leyden	莱顿
Libertines	自由党
Lille	里尔
Limburg	林堡
Limoges	里摩日
Lisbon	里斯本
Lizard	利扎尔德
Lodewijk van Boisot	洛德维克·范·博伊索特
Loire	卢瓦尔河
Lord Buckhurst	巴克赫斯特勋爵
Lord of Backerzele	贝克泽尔勋爵
Lord of Saint-Aldegonde	圣阿尔德贡德勋爵
Lords of the Congregation	教友会
Lordships	侯爵领地
Lorenzo Suárez de Figueroa	洛伦佐·苏亚雷斯·德·菲格罗亚
Louis de Berquin	路易·德·伯奎因
Louis de Bourbon	路易·德·波旁
Louis I de Bourbon	路易一世·德·波旁
Louis II	路易二世
Louis Of Nassau	拿骚的路易
Louis XI	路易十一
Louise de Coligny	路易莎·德·科利尼
Louise of Savoy	萨伏依的路易丝
Lower Navarre	下纳瓦拉
Luis de Requesens	路易斯·德·雷克森斯

Luis del Río	路易斯·德尔·里奥
Luis Hurtado de Mendoza	路易斯·乌尔塔多·德·门多萨
Luxemburg	卢森堡
Lyons	里昂
Maestricht	马斯特里赫特
Mahomet Sirocco	穆罕默德·西罗科
Marco Antonio Bragadin	马尔科·安东尼奥·布拉加丁
Margaret of Parma	帕尔马的玛格丽特
Margaret of Valois	瓦卢瓦的玛格丽特
Margaret of Austria	奥地利的玛格丽特
Marguerite of Angoulême	昂古莱姆的玛格丽特
Marne	马恩河
Marquis de Mondejar	蒙德哈尔侯爵
Marquis of Almanara	阿尔曼拉侯爵
Marquis of Los Vélez	洛斯韦莱斯侯爵
Marquisate of Saluzzo	萨卢佐侯爵领地
Marshal d'Aumont	欧蒙元帅
Martin Frobisher	马丁·弗罗比舍
Mary de Guise	玛丽·德·吉斯
Mary of Burgundy	勃艮第的玛丽
Mary of Guise	吉斯的玛丽
Mary of Hungary	匈牙利的玛丽
Massaccre of Durance	梅兰多勒大屠杀
Massacre of Vassy	瓦西大屠杀
Maurice	莫里斯
Maximilian I	马克西米利安一世
Maximilian II	马克西米利安二世
Maximilien de Béthune	马克西米利安·德·贝蒂讷
Mayenne	马耶讷
Mazarquivir	马扎基韦
Meaux	莫城

Mechlin	梅克林
Meeting of Estates of Brabant	布拉班特各省邦联会议
Melilla	梅利利亚
Mérindol	梅兰多勒
Messina	墨西拿
Metz	梅茨
Meuse	默兹河
Michael Servetus	迈克尔·塞尔维特
Michel L'Hôpital	米歇尔·利霍皮特
Middleburg	米德尔堡
Miguel de Cervantes	米格尔·德·塞万提斯
Modon	莫登
Mons	蒙斯
Mont Cenis	塞尼山
Moriscoes	摩里斯科人
Munster	明斯特
Murcia	穆尔西亚
Mustapha	穆斯塔法
Naarden	纳尔登
Namur	那慕尔
Naples	那不勒斯
Netherland	尼德兰
New Christians	新基督徒
New World	新世界
Nicolas Perrenot de Granvelle	尼古拉·皮埃海诺特·德·格兰维拉
Nicosia	尼科西亚
Nîmes	尼姆
Nymwegen	纽曼根
Odet de Coligny	奥代特·德·科利尼
Oise	瓦兹河
Oliver Cromwell	奥利弗·克伦威尔

Oporto	波尔图
Oran	奥兰
Orchies	奥尔希
Order of the Golden Fleece	金色羊毛骑士团
Orleans	奥尔良
Orvieto	奥维多
Ostend	奥斯坦德
Ottavio Farnese	奥塔维奥·法尔内塞
Overysse	上艾瑟尔
Pacification of Ghent	《根特协定》
Padules	帕德勒斯
Palermo	巴勒莫
Pancarte	明码抽税
Parlements	最高法院
Paternoster Jacks	天主教主祷派
Paul Buys	保罗·贝斯
Paul III	保罗三世
Paul IV	保罗四世
Peace of Fleix	《勒夫莱和约》
Peace of Monsieur	《蒙斯埃尔和约》
Peace of St.Germain	《圣热耳曼和约》
Peace of Vervins	《韦尔万和约》
Peace of Westphalia	《威斯特伐利亚和约》
Pedro Calderón de la Barca	佩德罗·卡尔德隆·德拉巴尔卡
Pedro Guerrero	佩德罗·格雷罗
Pedro Henriquez de Acevedo	佩德罗·恩里克兹·德·阿塞韦多
Perigord	佩里戈尔
Perpetual Edict	《永久法令》
Peter Faber	彼得·费伯
Peter Martyr	彼得·马蒂尔
Philip de Montmorency	菲利普·德·蒙莫朗西

Philip III	腓力三世
Philip of Hohenlohe-Neuenstein	恩洛厄－诺伊恩施泰因的菲利普
Philip Sidney	菲利普·西德尼
Philip William	菲利普·威廉
Philippe de Mornay	菲利普·德·莫奈
Philippe de Noircarmes	菲利普·德·诺尔卡姆斯
Philippe Emmanuel de Lorraine	菲利普·伊曼纽尔·德·洛林
Philippe III de Croÿ	菲利普三世·德·克罗伊
Philips of Marnix	马尼克斯的菲利普
Pialii	皮亚利
Picardy	皮卡第
Piedmont	皮埃蒙特
Pius IV	庇护四世
Pius V	庇护五世
Placards	警示牌
Poictiers	普瓦捷
Pontoise	蓬图瓦兹
Porto Carrero	波尔图·卡瑞奥
Presbyterian	长老会
Princes of Condé	孔代亲王
Princess Elizabeth	伊丽莎白公主
Privy Council	枢密院
Queen Mary	玛丽女王
Regent Joanna	摄政乔安娜
Regnault	雷格尔特
René de Birague	勒内·德·比尔格
René I	勒内一世
René II	勒内二世
René of Chalon	沙隆的雷内
Rennes	雷恩
Rheims	兰斯

Rhodes	罗得岛
Rhone	罗讷河
Richelieu	黎塞留
Ridolfi Plot	里多尔菲阴谋
Robert Dudley	罗伯特·达德利
Robert Wingfield	罗伯特·温菲尔德
Rouen	鲁昂
Rowland York	罗兰·约克
Rudolf II	鲁道夫二世
Ruy Gomez de Silva	鲁伊·戈麦兹·德·西尔瓦
Saint-Jean-d'Angély	圣让当热利
Salic Law	《萨利克继承法》
Sancerre	桑塞尔
Sancho d'Avila	桑乔·达维亚
Santarem	圣塔伦
Santiago	圣地亚哥
Saône	索恩河
Saragossa	萨拉戈萨
Sardinia	撒丁岛
Saumur	索米尔
Scadinavian Kingdoms	斯堪的纳维亚半岛各王国
Scheldt	斯凯尔特河
Schouwen	舒文岛
Sebastian I	塞巴斯蒂安一世
Segovia	塞戈维亚
Selim II	塞利姆二世
Senne	塞讷河
Sepulveda	塞普尔韦达
Seron	塞隆
Siege of Haarlem	哈勒姆之围
Siege of Leyden	莱顿之围

Siege of Rouen	鲁昂之围
Siege of Zierikzee	基济里克之围
Sierra Nevada	内华达山脉
Sigismund II	西吉斯蒙德二世
Sigismund III	西吉斯蒙德三世
Siguença	西古恩萨
Simancas Castle	西曼卡斯城堡
Sixtus V	西克斯图斯五世
Sluys	斯鲁伊斯
Sorbonne	索邦神学院
Spa	斯帕
St. Bartholomew's Day Massacre	圣巴塞洛缪大屠杀
St. Denis	圣丹尼斯
St. Iago	圣拉戈
St. Omer	圣奥默
St.Trond	圣特隆
States-General	各省邦联议会
States-General	省议会
Steenwijk	斯坦维克
Strasburg	斯特拉斯堡
Supreme Council	最高委员会
Supreme Tribunal of the Inquisition	宗教裁判所最高法庭
Suresnes	叙雷纳
Sweet Robin	甜蜜知更鸟
Tassis	塔西斯
Tetuan	得土安
Teutonic nations	条顿民族
The Camera	法官办公室
The Catholic Church of the West	西方天主教会
The Compromise	《妥协方案》
The Institutes	《基督教要义》

The novices	初学修士
Theatines	戴蒂尼会
Theodore Beza	西奥多·贝扎
Theresa	特蕾莎
Tholen	托伦岛
Thomas Aquinas	托马斯·阿奎那
Thomas Cecil	托马斯·塞西尔
Thomas Howard	托马斯·霍华德
Thomas Sackville	托马斯·萨克维尔
Throckmorton Plot	思罗格莫顿阴谋
Throgmorton	思罗格莫顿
Tiers Etat	第三等级
Tithes	十一税
Toulouse	图卢兹
Tournay	图尔奈
Treaty of Bergerac	《贝日拉克条约》
Treaty of Cateau Cambresis	《卡托康布雷齐条约》
Treaty of Granada	《格拉纳达条约》
Treaty of Joinville	《茹安维尔条约》
Treaty of La Rochelle	《拉罗谢尔条约》
Treaty of Leith	《利斯条约》
Treaty of Madrid	《马德里条约》
Treaty of Plessis-les-Tours	《普莱西斯勒斯塔尔斯条约》
Treaty of St. Germains	《圣杰曼条约》
Triumvirate	三人执政集团
Turenne, the Duke of Bouillon	布伊隆公爵蒂雷纳
Turnhout	蒂伦豪特
Uluch Ali	乌鲁克·阿里
Union of Brussels	布鲁塞尔联盟
Upper Guienne	上吉耶纳
Upper Seine	上塞纳河

Utrecht	乌得勒支
Uzada	乌萨达
Valencia	巴伦西亚
Valenciennes	瓦朗谢讷
Valois	瓦洛瓦
Vaud	沃州
Vaudois	瓦勒度人
Vaudois of Provence	普罗旺斯的瓦勒度
Vega	维加
Velez-Malaga	贝莱斯－马拉加
Venloo	芬洛
Viana	维亚纳
Vielleville	维耶勒维尔
Viglius	维格利乌斯
Villequier	维利奎尔
Virgin and the infant Christ	圣母玛利亚和圣婴基督
Vizier Mahomet	维泽尔·穆罕默德
Waa	瓦勒河
Waal	瓦尔河
Walcheren	瓦尔赫伦岛
Walloon	瓦隆
West Friesland	西弗里斯兰
Willem Bloys van Treslong	威廉·博罗伊斯·范·特雷斯隆
William Cecil	威廉·塞西尔
William de La Marck	威廉·德·拉·马克
William Farel	威廉·法雷尔
William II de la Marck	威廉二世·德·拉·马克
William of Orange	奥兰治亲王威廉
William Stanley	威廉·斯坦利
Ximenes de Cisneros	西门乃斯·德·西斯内罗斯
Zealand	西兰

Zutphen	聚特芬
Zuyder Zee	须德海